中国校本教研与校本课程数字出版平台
中国校本教研网 www.schooledu.com.cn
◎特别推荐◎

# 高品质学校生长要素

王益民◎著

江蘇教育出版社

**图书在版编目（CIP）数据**

高品质学校生长要素/王益民著．—南京：江苏教育出版社，2013.8（2023.11重印）

ISBN 978-7-5499-3128-6

Ⅰ.①高…　Ⅱ.①王…　Ⅲ.①中小学—学校管理　Ⅳ.①G637

中国版本图书馆 CIP 数据核字（2013）第 139553 号

**书　　名**　高品质学校生长要素
**作　　者**　王益民
**责任编辑**　林　琬　万晓文
**出版发行**　凤凰出版传媒股份有限公司
　　　　　　江苏教育出版社（南京市湖南路 1 号 A 楼　邮编 210009）
**苏教网址**　http：//www.1088.com.cn
**照　　排**　润星之源文化有限公司
**印　　刷**　唐山富达印务有限公司
**厂　　址**　唐山市芦台经济开发区农业总公司三社区
**开　　本**　787 毫米×1092 毫米　1/16
**印　　张**　17.25
**字　　数**　265 千字
**版　　次**　2013 年 8 月第 1 版　2023 年11月第 2 次印刷
**书　　号**　ISBN 978-7-5499-3128-6
**定　　价**　88.00 元
**网店地址**　http：//jsfhjy.taobao.com
**邮购电话**　025-85406265，85400774　短信　02585420909
**E - mail**　jsep@vip.163.com
**盗版举报**　025-83658579

# 名校长推荐语

我想用“视野开阔、底蕴深厚”来形容这本书；我想用“底蕴深厚、视野开阔”来形容作者王益民。我们这一代教育者，连同王益民在内，是不幸的，不幸在于扎根在了一块几乎枯竭了的土地上，表面的纷繁无法掩盖它的腐朽。我们这一代教育者，连同王益民在内，是幸运的，有幸和孩子们在一起，和渴望成长的学校在一起，和挚爱着教育的朋友们在一起，也才能够呼吸，并互相取暖。王益民的书，不是一本理论书，而是一本地地道道的实践书，因为无论怎么读，都能读出那永恒不变的人性，在照耀着未来。

——郑　杰　北京大学教育文化战略研究所

字里行间，我是熟悉的，因为在江阴的两年，我们曾经“同心、同行、同乐”；字里行间，我是亲切的，阅读本书，再次领略了益民开阔的视野、开放的心态、创新的思维和扎实的行动。高品质的学校最重要的是有高品质的学术，而高品质的学术的重要标志是有高品质的思想者，高品质的思想者则构成了学校的文化气质，我们才能“享受学校”。

——夏青峰　北京市管庄中心小学

与益民同事三年了，他的勤奋给我留下深刻的印象，别人还在沉睡，他已经醒来；别人醒来，他已经起身；别人起身，他已经行动！人与人的差别在8小时之外，读益民的文字，感受尤深。三年来，他不断地向学习要灵感，向思考要智慧，向课堂要质量，向流程要规范，向细节要品质，向管理要效益。其实，学校的生长，这也是“要素”。

——潘晓芙　江苏省镇江市外国语学校

阅读益民激情而厚重的文字，真是“羡慕、嫉妒、恨”。我们在6年前做过8年同事，那时候的益民除了喜好读书、思辨与写作之外，也如我一样“泯然众人”一个，可他在近6年却是风生水起好生了得。益民真正担任校长职务的时间并不长，长的是为名校长做幕僚。恰是这样的角色，可能才正使他能写出这些令长期在校长任上的读者醍醐灌顶甚至汗颜的文字。

——樊　瑞　广东省佛山市中山大学附属中学三水实验学校

益民一直是我最佩服的草根教育改革实践家之一，他最大的特点是能处理好教育理想和教育现实的关系。在与他一起共事的过程中，他在学校管理方面给予我很多影响和启发，使我在教育教学管理上有了突飞猛进的提高。这本书写的非常好，对学校管理者的情怀、领导方法和艺术，对学校的制度建设、组织建设、教育教学评价的阐述准确细致。相信通过阅读本书，大家一定能够提高自身学校品牌建设的水平。

——韩彦君　山东省泰安市菁华双语学校

在新疆做教育，有太多的困惑。与益民交流时，他告诉我：“改造学校的最大魔力来自自己的内心，内心坚定，一切都是浮云！”对于我，这样的鞭策和鼓励真是特给力。王益民老师，这位教育的行者所到之处、所行之履，何时无坚定！何处无坚定！《高品质学校生长要素》这本书一定能使大家进一步认识这位坚定的王益民、幸福的王益民！这本书一定会在我们基于现实的基础、向现代化学校教育和管理迈进时给我们有益的启示和有力的启迪！

——米贤辉　新疆维吾尔自治区伊犁哈萨克自治州巩留县阿尕尔森乡中学

一直以来，我有一个梦想，那就是将学校办成一所高品位的学校。我希望学校的教师向上进取、充满活力，有一种阳光的味道；希望学校的学生天真烂漫、童趣满满，他们爱生活、爱学习、能挑战、会探索，有一种泥土的气息……益民多次来我校，帮我们构建高品质学校。今天，又有了《高品质学校生长要素》这本书，我们似乎找到了创办高品质学校的那把钥匙。

——陈良俊　湖北省武汉市吴家山第三中学

学校是有“品质”的，而且有高低之分。学校有了“品质”，就活了，就有了生命；学校有了“高品质”，也就有了旺盛的生命力。但“高品质学校”不是从天上掉下来的，不是靠吹牛吹出来的，而是“生长”出来的。“生长是自然的发展，需要遵循教育生命的规律”，这固然是正确的；但“生长”一定是内因外因——各“生长要素”相互作用的结果，是一个从必然王国走向自由王国的过程。

——贾书建　黑龙江省哈尔滨市香坊区教师进修学校

读此书，让我们懂得了学校教育发展的方向、要素和目标。这本书告诉我们：高品质学校的核心是有一位教育家校长，学校教育观念创新乃至学校发展与校长的理论素养和领导能力具有直接的联系；关键是有好的教师队伍，教师是学校发展的第一生产力；根本标志是要教育好学生，因为学校因学生而存在，一切教育活动都是以学生的发展为目的；动力是要有先进的学校文化，这不仅是培养好学生的基础和前提条件，也是造就教育家的基础和前提条件。

——王三阳　上海市金山区教育发展研究中心

益民是一个善于思考和对教育负责的人，多次聆听他对于高品质学校的宏论，他不断为我们描绘学校的美好愿景。这本书就是他献给所热爱的教育事业的最好的礼物，朴实的语言，独到的见解，生动的案例，“从怎么看到怎么办”，为校长们开了一剂良方。认真品读，会使我们认清自己，从而在教育的路上走得更远。

——汪　茜　云南省红河哈尼族彝族自治州蒙自县第二中学

手中读的是《高品质学校生长要素》，心中想的是高品质教师——三槐堂堂主王益民的生长要素。他信奉尼采的话：“每一个不曾起舞的日子，都是对生命的辜负。”让自己的思想每天起舞，在校园里，在课堂上，在书页间，在键盘上，不要让自己的灵魂走得太快，也不要让自己的灵魂一不小心掉队……保持并享受那种情态，就是益民高品质的教育生长的“核心要素”。

——邱华国　江苏省无锡市蠡园中学

# 序

# 王益民的品质追求

人，一定要有追求。有追求的人，一定是有理想的人。无限的可能就在追求中，就在理想中。

人的追求，首先是追求人生的意义。如《古丽雅的道路》里所说的，人的一生不能只是冒烟，而应燃起熊熊的火焰。也如卢梭在《爱弥儿》里所说的，人的一生不仅要获得关于生存的出生机会，更要获得关于生活的这第二次出生机会。

人生意义的追求，总是与人所从事的职业联系在一起。当人把职业意义上升到事业意义的时候，再跃升到人生意义的时候，理想如同一次美丽的日出，意义好似闪烁着的光彩。也许丘吉尔说得好："人都是昆虫，但是我相信我是萤火虫。"

王益民，这位年轻人，就是一个有理想、有追求的人。他的追求聚焦在品质上，尤其是一流学校品质的研究上。可贵之处在于，王益民对学校品质的追求，说到底是对自己品质的追求，抑或说，在追求学校品质的过程中，他锻造、培育、提升了自己的品质。他的研究，他的这本专著，更深层的意义启示是，没有优秀人才的品质，怎能有一流学校的品质？

于是，我尤要欣赏王益民的品质。如果用下面的话语来表述，我以为是适合、妥当的：王益民是思想者、研究者、实践者。如果诗意的表达，则是：王益民是教育园地的耕夫、教育草根的写手。我想，这样的评述对教师的成长是有启发的：教师往往是实践者，而缺少理性思考，显得平庸了一点儿；教师常常是问题的发现者，而缺少研究，显得肤浅了一点儿；教师总是辛勤的耕耘者，而缺少总结提炼，显得散乱了一点儿。那么，实践——研究——思想——写作，是不是教师成长的一般规律呢？王益民告诉我们：是的。

正是实践基础上的研究、思想、总结、提炼、写作，王益民才会从不同的维度讨论了一流学校的品质。他的研究中，情怀、自觉、艺术是相当重要的，而这些关键词又离不开文化。因此，一流学校的品质，实质上是文化的品质、文化的品位。反过来说，是文化的力量，推动了一流学校品质的培育和形成，是文化的方式带来了领导的科学，也带来了管理的艺术，最终成为学校的文化自觉。

王益民在研究中，喜欢用“从……走向……”的表述方式，这说明，一流学校品质的追求与形成是一个过程，在这个过程中，充溢着发现、学习、思考和研究。而且，这是一个永远“走向”的过程，也许没有终点。

教师们在写作时喜欢用案例和故事，这是一种写作的方式，也是一种研究的方式。王益民也运用了这样的方式，不过，他更多的是着力于思考和研究，其专著中有许多可贵的思想在闪光，可见，王益民是有理性深度的，是有自己的主张的。

看了这本专著以后，我心里涌动着一种激情，这种激情是对年轻人有无限美好的期待。王益民，继续前行，用品质垫起你人生的高度，用理想彰显你发展的可能，用写作表达你永远的追求。

**国家督学　成尚荣**

# 目　录

## 要素8 评价要走向激励 …… 171



## 要素9 课堂要走向文化重构 …… 185

# 要素1　校长要有教育家的情怀

GaoPinZhiXueXiaoShengZhangYaoSu

## 本章导言

高品质的学校一定有高品质的校长，高品质的校长应该有教育家的情怀。什么是教育家的情怀？可能有无数种回答。我认为，最重要的是历史的使命感：关注国家的命运，关注人类的命运。康德说，世界上有两件事最能震撼人们的心灵，一件是人们内心深处的道德标准，一件是头顶上的灿烂星空。前者不难理解，后者却被很多人忽视。“仰望星空”，正是一种使命感、责任感，是一种对于民族命运的敬畏，这需要广大的校长去坚守、去隐忍、去保持。本章的几篇文章将从不同的角度与大家分享校长应该具有的一种被称作“教育家情怀”的历史担当。

## 观点释放

### 什么是教育中的爱

——由电影《看上去很美》《放牛班的春天》说开去

什么是教育中的爱？这是一个陈旧而又常提常新的话题，我可能不能为它去下一个定义，但我可以根据自己的理解对其内涵进行一些阐述。中国人民大学附属中学原校长刘彭芝是这么说的：“爱是教育的最高境界，爱是自然流淌的奉献。尊重是教育的真谛，尊重是创造的源泉。”人大附中这几年所作出的具有开创意义的教育贡献是与这位当家人的理念不无关系的，她对于爱的理解更多的是基于经验的一种感悟、一种总结、一种升华。

还有镇江市外国语学校的潘晓芙校长，她说：“我们学校核心价值的原则是‘热爱、尊重、责任、创造、发展’。”我注意到了，之前的“原则”里没有“尊重”这个词，是后来加进去的。她还说，我们要“尊重每一位学生，尊重每一位家长，尊重每一位同人，还有尊重自己和自己的家人”。我想，爱的真谛大概就是“尊重”了。

艺术家们对于爱的理解不因地域、时代而有所不同，正所谓“大爱无疆”吧！有非常经典的两部电影，一部是由王朔的原著改编，张元导演的《看上去很美》；还有一部是法国导演克里斯托夫·巴拉蒂的《放牛班的春天》。前一部电影更多的是在于“破”，第二部电影则是在于“立”。

电影《看上去很美》讲述了一个名叫方枪枪的小男孩在幼儿园的故事。这是一部“成人”电影，导演用了一个非常聪明的方法，以儿童的视角看成人世界。我们可以说“童言无忌”，但讽刺的是，正是这样一种儿童视角却恰恰构成电影中处处表现出的批判色彩，渐渐剥离出一个荒谬虚伪的“成人世界”。

电影开始的时候有一个游戏镜头，班主任李老师领一班小朋友在院子里做游戏，就是那种“老狼、老狼几点了”的游戏。当说到9点的时候，小朋友一下子就散开了，因为扮演“老狼”的李老师会张牙舞爪地去“吃”扮演“小鸡”的小朋友。这个镜头是一个非常巧妙的隐喻，这所幼儿园的管理模式可不就是“狼和小鸡”的模式？不知大家有没有发现，中国的幼儿园是一个规矩最多的地方，也是“执行力”最强的地方，他们是以管理为本而不是以人为本。一些幼儿园，如果你有可能看到幼儿园一天的生活，你会惊讶地发现，这里几乎每分钟都在发生着戕害幼儿天性的事件。可惜你看不到，幼儿也不会说。悲剧的意义正是如斯。

影片中，汪部长来到幼儿园接自己的孩子，因为没到接孩子的时间，被班主任李老师冷冷地拒绝了。那个老园长马上赔笑说：“汪若海的父亲是后勤部副部长，工作特别忙，今天是路过这儿，顺便接下汪若海。”你知道接下来发生了什么事吗？全园老师包括生活老师都围了过来……当高喊教育“平等”的时候，我们心里已经有了根深蒂固的“不平等”，仰视“部长”，俯瞰“幼儿”，如此何来“尊重”，何来教育的爱？

面对炫目的小红花，方枪枪有着强烈的欲望，但所有的努力都成为幻影，他孤独，他不懂这世界的规则。然而渐渐地，他发现，在周围的小生命之间，有一种自由的情感正悄悄地奔放着，在那个灵魂主宰的内心世界，他无拘无束。于是，方枪枪开始散发生命的热力与无穷的幻想，他脱下女孩的裤子给女孩打针，把小红花当作礼物送给他钟情的女孩……“老师是吃人的妖怪！”方枪枪把这个秘密告诉了她，而她又告诉了他。于是，在一个月黑风高的夜晚，没有睡觉的孩子们开始行动了……

这一现实中的童话本来应该让每一位教育者感到一种真实的生命的律动，然而，方枪枪被关进了“黑屋子”。他在呐喊：“我不想上幼儿园！我想上学！”但园长的话是极具有穿透力的：“方枪枪，你不要认为离开了幼儿园就是特别高兴的事情。其实幼儿园啊，是你一生当中最幸福、最无忧无虑的时光，将来你想回啊，都回不来了！”如此谆谆教诲，每每想起，即使在炎热的夏天，后脊梁还是禁不住冒冷汗。

前些日子，有关媒体报道了幼儿园出现的体罚现象。其实，有一种比体罚更可怕的“惩罚”每天都在规则的外衣下悍然发生——“心罚”！

电影《放牛班的春天》中，主人公克莱蒙·马修——一位失业的音乐教师，在一所管教寄宿学校找到了一份管教的工作，此后他如同进入了一个孩子们的地狱。他被匆忙逃走的原任管教的经历所震惊，又亲眼目睹了学校各项严厉的惩罚手段。在这里，我们看到教育的“理念”——“行动—反应”原则。有孩子恶作剧，弄伤了马桑大叔——一位无辜的校工，全校师生立即集合，肇事者将受到严厉的惩罚。设若三秒内找不到肇事者，所有人都要被关6小时的禁闭，轮流进行，取消所有娱乐活动，禁止任何外来探访，直到肇事者自首或被揭发为止。“一人生病，大家吃药”，这里距离“爱”已经很遥远了。

教育中的爱与知识无关。电影《放牛班的春天》中有这样一个镜头，每每回忆起，总令人倍感温馨。马修老师要求误伤马桑的乐格克承担责任——去医务室照看马桑大叔。

马桑：你人真好，自愿来照顾我。医生，你知道吗，新老师找人照顾我，他毫不犹豫地举手来帮忙。

马桑：真为这些可怜的孩子难过……大家都说他无药可救，但不是真的，他是个好孩子。

（马修问乐格克；乐格克无语，后小声回答；马桑大叔安慰说）

马桑：算了，他是个害羞的孩子，就像我。

马桑是在这个名为“池塘底”的学校工作了几十年的老校工，对于这班孩子的认识更多是出于本能地对于生命的同情，他没有校长的知识，但有校长所不具有的对于生命的敬畏。教育还是要有一点儿宗教情怀的。在很多教师的眼里，学生是分三六九等的，不然缘何有“差生”一说？既然有三六九等，教育时的态度就有别了，于是乎同样是上课睡觉便有了“好生上课睡觉也在思考问题，差生一思考问题就睡觉”的咄咄怪事了。一个西方人临死前，可能会对牧师说：“我宽恕以前伤害我的人。”而一个中国人死前，可能会对儿子说：“记住，谁是害了咱家的仇人。”国内最流行的金庸的武侠小说，主题基本是：报仇。“此仇不报，誓不为人”成了中国人对待仇恨的唯一选择。以至于聂荣臻元帅在战争年代救了两个日本女孩的事迹，今天还有“爱国青年”表示不理解。难怪中国人民大学已故教授余虹会说“有一种爱我们还很陌生”了。

爱与知识无关，爱是一种保护。第一次与学生相遇，马修便遭遇重重戏弄。远远地，他就听到教室内喧闹沸腾，推开木门看到骷髅嘴里叼着点燃的烟头，刚上讲台就被滑倒，飞出去的皮包被学生四下抛传。直到校长出现，教室才恢复了本该的平静。然而，马修还是用善良的谎言“我原来打算让他去前面答题的”，宽容了这群孩子，在一双双惊愕的目光中开始了师生生命的对话。他没有加入校长“行动—反应”的圈子。

现在的教育者谈到爱的时候，其实容易“泛爱”，教育中的爱并不拒绝惩罚——科学的惩罚。马修要求打伤马桑的乐格克承担责任，可是乐格克在侥幸规避校长的三秒后，又遗憾地错失了马修的宝贵的 15 秒，因此在被送往校长室的途中企求马修发发慈悲以求宽恕时，也未得到谅解。然而，当马修看到乐格克被禁闭三天又被抽打得声嘶力竭后，他还是意识到可以采用另外的人性化方式私下处理——让乐格克去医务室照看马桑，这种“惩罚”的意义在于让“凶手”去感受生命的脆弱从而认识到自己的“罪过”。

更多的时候，教育中的爱是一种宽容。马修请被前任教师评价为“天使的脸蛋，魔鬼的心肠”的皮埃尔监管课堂秩序。可惜，当处理好乐格克事件后回往教室，马修却发现皮埃尔在黑板上画出了自己的肖像速写。面对这一场景，马修可以采用很多不同的处理方式，或是依据学校的“行动—反应”原则，将皮埃尔禁闭三天，给学生们来个下马威；或是以此杀鸡儆猴，严惩恐吓抽打；或是进行思想教育，反省，检查……而马修选择了宽容的力量，他因势利导地还皮埃尔一个肖像素描，漫画式的素描。我们有一些老师，很容易“小题大做”，缺少宽容，缺少幽默，缺少“相逢一笑泯恩仇”的豁达，把学生弄得很累，自己也心力交瘁。

但是，学校中的爱不是简单的宽容和保护，我们还担负着“育人”的责任。有一个故事，耳熟能详，启发甚深。有一天，苏格拉底带他的学生来到一片杂草地，然后问他的学生如何除掉这些杂草？学生有的回答用手拔掉，有的说用镰刀割掉，还有的说用火烧。然而，苏格拉底告诉大家：除掉杂草的最好方法是种上庄稼，让庄稼来占据杂草的生存之地。学校的爱就是要在孩子们的心中“种庄稼”。

马修是如何“种庄稼”的呢？首先是唤醒。他请孩子们在小纸片上写下自己的姓名、年龄、理想的职业。这群早已听从野性的呼唤的孩子，从来没有正视过自己的灵魂，从来没有晤对过自己的心灵。现在，马修要他们重新拾起早时的梦想，重新捡回属于自我的人格尊严。学生的答案是真实生动的：消防员、牛仔、驯虎员、亡命徒、间谍、将军、热气球驾驶员、战士……

音乐，一个被学校完全忽视了的名词，一种贴近人类心灵节奏的律动，再次春暖花开。马修选择了音乐，他要用音乐来荡涤孩子们的心灵杂草，他的音乐创作将和孩子们一起迎来生命的新生。马修决定组建合唱团，让孩子们在幽晦的“池塘之底”，看到黑暗中的希望之光，感受到单调生命深处的热忱。也许，童年时代的诸多欢乐，转瞬消逝即被遗忘。但是，这道绚烂的音乐金光，将在每一个孩子的生命的道途上闪亮。

因为合唱团，一切都在跳跃，奔腾，开放，变化。连古板的校长也加入了足球队，甚至爬上办公桌，放飞纸鹤，放飞童真。

翔宇教育集团总校长卢志文在他的“志文箴言”里罗列了一年内要做

的15件事，其中有三件特别引人注目：第一件，“控制好血脂指标，体重不超过65千克，定期全面体检，每天行走8000步”；第二件，“增加陪伴家人的时间，陪母亲坐一次飞机”；第三件，“帮助三名家庭经济困难学生支付学费和生活费”。他告诉自己，要爱自己，爱家人，爱弱势群体。

在“模式”和“兵法”被推崇的时代，教育其实已经背离了教育的本质。但是，支撑课堂的，不是技巧，而是教师对教育这份事业的爱，对学生的爱，对于同事的爱，还有对学校、对自己、对亲人、对弱者的爱！

## 教育的真谛还是一个“爱”字

我们语文教研组中有几个年轻的妈妈，那天批改语文试卷时，她们聊起了各自的孩子，满脸幸福，满眼放光。一位妈妈说，她儿子会说一个“哦”字了，并噘起嘴学了几声“哦——哦——”；有一位妈妈说，她女儿会喊“妈妈”了，还示范着喊了一声“妈——妈——”。我这个“老爸爸”也被感染得心柔起来，竟把一篇很糟糕的作文批了个满分……等大家都回过神来的时候，我笑着“引申”了一下：如果我们对待学生也像对待自己的孩子一样，充满着爱意，那么他们就没有“缺点”了，最简单的“哦——哦”和“妈——妈”也会成为最美妙的音乐。

曾经，有一位班主任私下里给我们介绍“经验”：你们对学生不要太好，你给学生阳光，他就灿烂；尤其是刚接班时，要给学生一点儿下马威，否则今后日子就难过了。这大概就是教育的“潜规则”吧！我也跟着学，但终究憋不住，24小时后又跟孩子们混到一起了。所以，我现在对于评选出来的各级各类“优秀班主任”都有一种天然的警惕，担心他们为了“优秀”而伤害了孩子们。事实上，在评价体系还不是很科学的情况下，“优秀”的背后往往伴随着“专制”。

在基础教育界，爱的最关键的表现是一种“等待”。龙应台在《孩子，你慢慢来》一书中有这样一个句子，每当想起，心中总是充满着温暖：“我，坐在斜阳浅照的石阶上……愿意等上一辈子的时间，让他从从容容地把这个蝴蝶结扎好，用他五岁的手指。”尤其对于男孩，他们调皮、注意力不集中、懒惰、粗心，这些都不是问题，你要等待，等待他们，有一天，他们会绚烂开放。

最近大家都在谈论教育家办学的事情，对于什么是教育家，缺少权威的界定，但“教育家”的几个核心要素是基本明确的。教育家应充满着“爱”、一种“大爱”，是无疑的。玉树地震，“教育家”们的反应应该是最迅速的，而不是等待教育局的文件下达后才匆忙捐款、捐物。最重要的，这种“大爱”随时影响着他（她）的员工，还有他（她）的学生。他（她）的员工和学生每时每刻都能感受到来自“教育家”的那一份爱。

我们的周围似乎有一些“名校”，之所以“名”是因为高升学率，还有一个什么“模式”。这些学校被世人看作圣殿，大家纷纷慕名前去学习，校长也被一些媒体称作“教育家”，这些校长便也心领了。令人不解的是，这些所谓的“教育家”拿着高额的“讲课费”四处传经，他（她）的学校也开始“收门票”，他（她）的学校门口刻写着励志的“记住你的户口在哪里”的标语，他（她）的学校的精神文化里流淌着“抓出血来”的誓死宣言！师生的身心健康换来了一张张荣誉证，带血的荣誉证！试问：这也是教育家所为?

把每一个学生当成自己的孩子，你还未必是教育家，但你已经具有教育家最核心的特质。

## 中国的校长最不容易成为教育家

朋友的儿子在QQ里跟我说，他们学校刚刚进行了“期中学情调查”。这个孩子刚刚读四年级，我问他什么是“期中学情调查”。他神秘地告诉我：“就是以前的期中考试。考试前，全校的老师都不知道，是突然袭击的。”我问为什么。他发来一个“鄙视”的表情图标，并向我透露说：“教育局不准学校进行期中考试，所以只能‘学情调查’，老师一再叮嘱学生不要对外声张……”

对于孩子的表述，我一点儿也不奇怪，这样的虚假每天都在把“千教万教，教人求真；千学万学，学做真人”写在墙上的校园里理所当然地发生着，谁要是奇怪了，那倒是“奇怪”了。总有人在讨论“人性善”还是“人性恶”，其实，“人之初，性本善”，人之成年，性便恶了。何以？教育使然也！“本善”的孩童在这个社会中说不定哪天就被一滴污水所沾染，如此“恶”的教育如何能产生教育家？

一次，我外出听课，执教的是一位年轻的女教师。她执教的课文是《司马迁发愤写〈史记〉》。因为是借班上课，上课伊始，老师为了活跃气氛，便问学生：“你们最崇拜的是谁？”学生纷纷举起了手，有的说崇拜球星姚明，有的说崇拜影星刘德华，有的说崇拜自己的爸爸妈妈……学生交流结束后，老师反问：“你们猜，我最崇拜谁？”话音刚落，学生们异口同声地答道：“司——马——迁。”……我在听课笔记上写下这样一段话：一个虚假的老师，设置了一个虚假的问题，孩子们作出了虚假的回答——悲哀！

在中国，对于校长们而言，不得不说假话还并不是最可怕的事，最可怕的是没有办学自主权。就拿“期中学情调查”来说吧，学校是传授知识、增长能力、培养情操的地方，哪怕是小学，期中进行一下检测是再理所当然不过的事情了，我们反对应试主义，但不是不要“考试”，小学不准考试，这种矫枉过正的做法让校长们只能整日“躲猫猫”。上级教育机关不要做“教研组长”的事，如果校长连这点办学自主权也没有，何以产生教育家？

北京十一学校原校长李金初曾在《中国教育报》上发文《校长最有可能成为教育家》。他说：“从古到今，中华民族涌现出了很多杰出的教育家，如古代的孔子，近代的陶行知，还有当代的斯霞、李吉林、霍懋征等人。”可惜，李校长所列举的这几个人中只有陶行知曾担任过校长，个中滋味是很耐人寻味的。新中国成立以后的教育没有培养出一位诺贝尔奖获得者，也没有出现一位真正意义上的教育家，从教育本身寻找原因是南辕北辙的。

“教育家办学”是温家宝提出来的。在任期间，温总理曾多次在各种场合提出“要教育家办学”，已获通过的《国家中长期教育改革和发展规划纲要（2010－2020年》也提到“倡导教育家办学”。关于教育家，温总理提出了三条标准：第一，热爱教育；第二，懂得教育；第三，终身从事教育。这里的第二条“懂得教育”是最难做到的。应该说，既“懂得教育”又能将之付诸实践并一以贯之最难。

当前，校长要成为教育家的最大障碍是殉道的精神。没有，请别奢望做教育家。

## 我们的教育到底出了什么问题

2009年9月4日，时任国务院总理温家宝到北京市第三十五中调研时有这样的一段讲话：

“任继愈老先生90岁生日时，我给他送了一个花篮祝寿，他给我回了一封信，这不是感谢信，而是对教育的建议信。我坦率告诉大家，他对我国教育的现状有一种危机感，他尖锐地指出了教育存在的一些问题。我多次看望钱学森先生，给他汇报科技工作，他对科技没谈什么意见，他说你们做的都很好，我都赞成。然后，他转过话题就说，为什么现在我们的学校总是培养不出杰出人才？这句话，他给我讲过五六遍。”

温家宝能把这些“内幕”抖搂出来，足见其真诚，但更多的是中国教育危机的确已经到了十分严重的地步。

20世纪70年代末恢复的高考，曾经是国家政治解放的里程碑，但经过30年的发展，已经不折不扣地成为应试教育的典型代表，而走向了自身的反面。在以高考为象征的应试背景下，可以说，中国的大地没有一处不为其所荡涤。冗长的考试链占去了人生三分之一的最宝贵的时光，幼儿园、小学、初中、高中、大学，甚至毕业后上岗还是一个考试，考试方针成了对于具有法律效率的“教育方针”的一种莫大嘲讽。

有人要说，考试与教育方针并不矛盾。看看2009年诺贝尔奖的评审结果吧，又一次给了中国教育一记响亮的耳光。有人说，不是有个叫高琨的华人吗？拜托了，人家拥有英国和美国双重国籍，就是没有中国国籍。我们的考试链已经完全消解了人的创新思维，而进入了一个用考试去认识世界的荒谬的时空。人，经过几十年几百次的考试，还能不变成滑稽可笑的考试动物？不然，任继愈、钱学森们何以忧患至此呀！

为规范中小学管理，江苏省从2009年开始实施了一项“五严”规定，

"五严"像一把悬在每一个教育者头上的达摩克利斯之剑。但应试教育的毒瘤不是一纸文件能简单摘除的。值得警惕的是，有的学校开始将应试的担子转嫁，如超量布置家庭作业，让家长帮助孩子进行过关性检测（如单词过关、计算过关、背诵过关）；鼓励学生找家教补课，家长们看"减负"了，也急得团团转，病急乱寻医，一些良莠不齐的社会补习班粉墨登场。有了"五严"，而事实上的方针没变，"五严"只能是教育界的躲猫猫。我曾经走访了一所名校，发现这所学校实施了10年的校本课程"国学诵读""小发明"已然悄悄地下架了。问其原因，校长一脸无奈："规定学生在校时间后，我们每周少了5节课，加上原来周六的4节，整整没了9节课，实施国家课程的时间尚且不足。校本课程，就让让路吧！"

想起镇江市外国语学校"培养三年，服务一生"的办学理念，以及由"合作学习""五自""1+2+N""全员学习"等构成的价值体系，这或许不可能彻底改变教育的现状，却可以为学校教育提供一种正确的选择，让我们重回教育的原点，去思索，去实践，纵然带着镣铐，也要舞蹈起来，哪怕悲壮！潘晓芙校长关于分数有三个追问：分数如何？分数如何取得？分数以外还有什么？我们在解读的时候不能只看到第一个追问，事实上，潘晓芙校长更多的侧重是在第二和第三个追问。她说："分数之外还有什么，是教育的价值追求问题，也是教育的核心问题，只是我们在更多情况下舍本求末而已，而已。"

家长和社会需要学校教育继续培养解题的机器，国家的教育方针却需要学校教育"面向现代化，面向世界，面向未来"，或许，两者目标和谐了，素质教育的春天就真正到来了。

## 中国校长的十种类型

忽然想起来给中国的校长分分类。不是我闲来无事找话题，"分类"原本就是一种科学研究的方法，我们不能因"校长"一词便遮蔽了校长之间的差异，这样既不利于研究的发展，也不利于一些自我感觉良好的校长能够在对号入座后看清别人，从而懂得自己。很多论文、著作也曾对校长进行过分类，如集权型、放权型、民主性；再如，经验型、制度型、文化型。这些分类一方面过于笼统，另一方面因缺少“草根”基础，总有一点儿失血的症状。鉴于此，我们似乎可以这样来分类。

一、黄牛型。这种校长当初就是“劳模型”教师，“教而优则仕”，当上了校长依然是起早贪黑，早上第一个到校，晚上最后一名下班。学校管理怎么抓，他心中也没个准谱，只知道“上传下达”，不过他这个上传下达可是不折不扣的，谁要是打折扣，也不批评，而是亲自纠正，直至深夜。他会经常在校园里转悠，一圈下来，手上拿着捡来的废纸。发现学生不听话，他会走进教室，你放心，一定会在班主任到来前及时“撤离”，他怕老师嫌他“多管闲事”，更怕老师们有思想包袱。他还兼着一个班的课，那可了不得，即使在细节上，也绝对是老师们的榜样。他每年考评几乎满分，“先进”“优秀”了一辈子，一天突然调离校长岗位成为督导，他仍不明白到底是咋回事。

二、官僚型。他“朝中”有人，很气派。他每天很少在学校，早已不兼课了，进出校门都是以车代行，神龙见首不见尾。周前例会，他会准时达到，有时迟到两三分钟。会议最后的发言照样是“四点”：一是“刚才大家的意见我原则上同意”；二是“我最近很忙，学校的事主要靠大家”；三是“有人跟我反映，个别领导工作有问题，今天我不点名”；四是“学校经费很紧张，大家注意节约，更要学会开源”。某一天，他会突然无比沉痛与无奈地说：“这次市教育先进工作者的评选名额市局非要让我担当，我觉得很对不起大家。”

三、寨主型。他们主要靠权力和权术来管理学校，有一种“我的地盘我做主”的良好自觉性，属于专制主义。在学校一般是一呼百应，谁不应，谁倒霉。他喜欢喝酒，与民同乐；他有一帮兄弟，官都不大，但权力很大，目无中层，只认校长；他喜欢开会，一开会就骂人，还说粗话，但都为了学校好；他也喜欢推行一些“新政”，但过几天就忘了。有人说他们是“硬汉校长”，果敢、英明，但“果敢”与“硬汉”如果没有教育的素养和人的内核，容易成为“山大王”。

四、婆妈型。他崇尚“细节管理”，人未到嘴先到。请你去开个会，他会告诉你做几点的车，然后坐几路到达会议地点；到达后一定要找好座位，如果要去洗手间要放一本书在座位上，防止被人抢了位。这样的校长容易使教师成为犬儒，思想严重蜕化，长此以往，进教室先迈哪条腿恨不得也去请示一下。这些校长特喜欢找老师谈话，把自己打扮得很“人文”，还喜欢听各科老师的课，并且免不了指导一番，俨然自己是个全才。有人迎和他的意见是他最大的幸福，并且这个人就是下届学科带头人了；有人反对他的意见，他会把人家八辈祖宗翻出来考证一番。

五、专家型。这种校长分成两种：一种是土生土长的，把一所薄弱学校办成了“名校”，自己也就是“专家型”校长了。他们很刻苦，治校经历了很多蚕蛹般的痛苦；他们集结了很多治校的偏方，被专家、记者一包装，真的挺像那么回事，于是也满口“文化”起来。还有一种，本身就是特级教师，做了管理工作后凭借扎实的教育学功底很快成了管理专家。他们改革教育内容和方法，试验全新的办学模式，积累各种经验，把学校办出了特点，进而办出了特色，直至办成了名校。

六、教育家型。他们与“专家型”校长的最大区别是有一种悲天悯人的情怀、开阔的胸怀和坚持真理的勇气。他们遵循教育规律，克服教育的功利色彩，在传统的教育思想和泛滥的功利主义教育的扬弃过程中，倔强而艰难地选择自己的方向，展示出较为端正的教育目的和办学行为。他们也很痛苦，但矢志不移，纵使戴着镣铐也要悲壮地舞蹈。他们还有一批反对者，但在历史的天平上总是和真理等重。

七、维持会长型。他本不愿意当这个校长，谁让他“德高望重”，没办法，当吧！怎么当，他从来没考虑过，反正有“两招”：主任们请示工作，他的通常回答是“你们看着办”；一出乱子，他赶紧“辞职”，理由是“你看看，我不适合吧”。这样的学校没有计划，更无规划。他们有时会得到重用，只要哪所学校需要“维持”，教育局的调令就来了。

八、CEO型。CEO是英文“Chief Executive Officer”的缩写，意思是首席执行官，是一个企业中负责日常经营管理的最高级管理人员，又称行政总裁（香港和东南亚）或最高执行长（日本）。这样的校长满眼是制度、新制度，他的任务是不断修订学校制度，贯彻执行新制度，在电脑前计算着每一位员工的绩效，公示，发放。他们很爱学习，把日、美、欧先进企业的管理经验一股脑儿移植到学校管理中来，满嘴新词，高深莫测，极致时恨不得学校就是流水线。

九、生产队长型。他一学期重点抓四件事：学校的铃声响不响、准不准；上面有会议，我该穿什么衣服；每月的考核平均不平均；哪个老师家里有事需要我去调停。哦，对了，年终结束时还要平衡平衡奖金。在评优大会上大家意见不一致的时候，他会出语惊人：抓阄得了。他们从来不听课，年轻教师请他们指导，不是没有时间，就是安抚：你教书，我放心。

十、犬儒型。这些校长骨子里还有点学问和良知，当初也是热血青年，但由于长期身在官场，已经被严重犬儒化了，表现为：学问日益退化，内心痛苦与日俱增。他们知道教育应该是怎么样的，也知道素质教育的重要，但不敢按自己的思路来办学，一怕受党纪处分，二怕丢了乌纱帽，三怕身败名裂。这类校长表里不一，人格分裂。罗素说："当一个人的人格分裂的时候，没有什么比它更能减少幸福与效率的了。"但他们也没办法，"安全第一"。

需要申明的是，更多的校长可能是兼而有之的复合型校长，还有的校长在不同时期具有不同的类型特点。总之，校长的工作是复杂的，其类型特点也是五彩斑斓的。

## 略论校长的基本修养

《左传》中有关"长勺之战"一节历来被奉为记叙战争类文章的经典，其鲁庄公及其大臣们作为"肉食者"的"鄙"和曹刿作为"素食者"的"远谋"，随着《曹刿论战》一文稳扎初中语文教材而盖棺定论。但我从此文中分明读出了一个学校管理者应有的六项修炼。

第一项，博大胸怀。

曹刿何许人也，长勺之战前乃一"素食者"，一介平民，从回答"其乡人"的一句"肉食者鄙，未能远谋"中可以看出他的狂傲。就是这样一个人，鲁庄公不仅"亲切"接见，而且面对曹刿咄咄的"何以战"和毫不留情的"点评"，一一据实答来。尤为可贵的是，鲁庄公最后还答应了仅一面之交的曹刿"战则请从"的要求。

鲁庄公能如此对待曹刿，是因为他有博大的胸怀，而这种胸怀是以政治远见和人生境界为主要特征的。弥勒佛之所以能够“开口常笑”，是因为他“大肚能容”。有“容”才能“笑”，有“笑”就会“容”，所以叫“笑容”。反思一下，我们的校长为什么容不下那些“刺头”员工（殊不知大凡“刺头”者大都有真本领）？是否是因为肚量不够大？站在海滩边，看大海波涛汹涌，一浪高过一浪，可是当乘上飞机在高空俯视大海时，却是水平如镜，“凌空乃知海波平”。当生活中的烦恼如同巨浪一样不断地向我们袭来时，反思一下，是否还因为我们的高度不够呢？在欣赏“长勺之战”的“著名”时，在惊叹曹刿的杰出智慧才能时，是否也应赞美一下鲁庄公的博大胸怀呢？换个角度，曹刿之所以敢在鲁庄公面前放言，是否也是“远见”了鲁庄公的胸怀呢？

第二项，平等意识。

鲁庄公与曹刿可以说是地位悬殊，但你看那“三问三答”，哪里是君王对臣民的回答，分明是朋友之间的促膝谈心，甚至是学生对先生的恭恭敬敬的“答教”。战争中，“公与之乘”，俨然已是患难与共的兄弟了。战后，“公问其故”，又成了一个虚心求教的学生。可以说，没有平等意识，别说谈论国是，就是见上一面怕也不能。应该说，鲁庄公的“侯门”是对平民开放的，这种开放源于鲁庄公的平等意识。当然，我只是通过《左传》的片言只语进行大胆推测，并没有去做历史考证。

反观一些学校，“官为本”思想还是很浓厚的，校长处于学校等级的塔尖。尤其是在“校长负责制”的体系中，有些校长更是高高在上，他们长期不做研究、不读书，校园里也鲜见其身影，与老师见面也是哼哼几声，使得老师们畏之若虎。一支没有民主、平等意识的教师团队，如何能生长出民主、平等的课堂？没有民主、平等的课堂，何来学生民主、平等的现代意识？

第三项，员工第一。

请看鲁庄公对“何以战”的三次回答：“衣食所安，弗敢专也，必以分人。”“牺牲玉帛，弗敢加也，必以信。”“小大之狱，虽不能察，必以情。”将“衣食”分给身边的人、对神据实以告、以实情处理案件，这在两千多年前的奴隶社会实在是一种了不起的行为。正因为如此，鲁庄公的军队在强大的“齐师伐我”的危机中能迅速结集，在战场上听从号令，从而最终取得长勺之战的胜利。鲁庄公，也正是凭借这种“取信于民”的一贯思想，承袭鲁桓公担任鲁国君主32年之久。

春秋时期，齐与鲁是邻国。齐是一等国，在春秋时期并国35国。鲁是二等国，并国9国，与齐国相比力量悬殊，但在“齐师伐我”后能迅速结集军队，战争中攻之则胜，逐之则赢。这是鲁庄公长期经营“民心策略”的必然结果。

在把“学生第一”奉为圭臬的今天谈“员工第一”似乎有点逆潮流，但越来越多的学校开始关注员工（教师）的工作环境（包括人文环境）、进修、薪酬等。有调查结果表明，吸引员工最为主要的三项因素分别是：员工发展计划、对员工的奖励和肯定、薪酬福利。其他因素是培训计划、工作环境和工作内容。“员工第一”这个观点，其实揭示了人本管理与绩效之间的直接关系。对于学校管理，我们一直在大谈全面质量观、学校文化、特色等，但问题是能做好这些的学校很多，真正杰出的却并不多。而杰出的学校，除了做好上述这些之外，还需要做好的（也许是首先要做好的）就是人本管理。人本管理才是通向杰出的唯一的通行证。

所以，我们认为，“员工第一是学生第一的前提与保证”。

第四项，从善如流。

长勺之战中，曹刿审时度势，及时提出了四项建议——“未可”“可矣”“未可”“可矣”，鲁庄公一一采纳。这四句话是曹刿向庄公的进言，而不是对全军的命令。鲁庄公身为国君，放下君主的架子，不固执己见，察纳雅言，采纳曹刿的正确的指挥方案，所以大获全胜。《国语·周语下》有云：“从善如登，从恶如崩。”如果鲁庄公不能放下统治者的架子，在战争的任何一个环节稍一坚持，后果就将不堪设想。鲁庄公从善如流，这里有两个关键：一是准确判断曹刿的决策是“善”策，即正确意见；二是迫于战场瞬息万变的形势必须迅速将建议转化为命令，要“如流”般。正如《左传·成公八年》中所说：“从善如流，宜哉！”

从善如流的品质绝非人人都有的，很多教育管理者，莫说“如流”，就是“从善”也成问题。他们听不得不同意见，甚至打击持不同政见者，既缺少“从善”的胸怀，又没有对“善”的智慧判断，我行我素，把“校长负责制”演绎为“校长特权制”“校长家长制”。

第五项，大胆放权。

曹刿要“战则请从”，鲁庄公欣然应允，且“与之乘”。战斗中，“公将鼓之”，曹刿说“未可”，鲁庄公立即停止了进攻。“齐人三鼓”后，曹刿说“可矣”，鲁庄公下令攻击。“齐师败绩”后，鲁庄公“将驰之”，又是对曹刿言听计从，把长勺之战的指挥大权完全交给了曹刿。正是因为鲁庄公的开明之举，曹刿才能够得心应手地运筹帷幄，以少胜多，以弱胜强，在历史上写下辉煌的一页。这里固然有胸怀和远见的一面，从管理者品质的另一面来看，这还是一种胆识。

有些学校管理者，整天忙忙碌碌，让人看了心疼；而有些优哉游哉，生活得十分潇洒。忙忙碌碌的人拣了芝麻丢了西瓜，优哉游哉的人管理的学校井然有序。何哉？是否放权使然。尼克松在其《领导人》一书中指出："领导人在安排使用精力上必须记住一个压倒一切的目标：干大事。”何谓“大事”？从管理方面上讲，领导的重要职责在于制定战略和决策，之后就是在战略的领导下如何推进发展。换句话说就是：决定正确的事，选定正确的人，创造正确的条件，保证学校发展的战略推进。要做到这一点，在战略和决策之后，领导工作最关键的就是给恰当的人委以恰当的事，这就是分权和放权。像鲁庄公，在“齐师伐我”的紧急情况下，是“战”还是“降”，这是“大事”；“如何战”则是由将军们（中层）去决定了。事无巨细，事必躬亲，势必伤及自己的身，伤了中层的心，中层的积极性、创造性也必将丧失殆尽。

当然，放权不是放羊。放权后，学校领导更要善于洞察全局，抓大放小，以小察大，强化组织信息系统的建设，增强组织的信息透明度，尽可能减少与下属行为和效果间的信息不对称。

第六项，实事求是。

长勺之战“既克”，“公问其故”。评论家认为这又一次显示出鲁庄公的“鄙”——战争胜利了，而国君还“不知其故”！乍一想，似乎有理；细一琢磨，我们何尝不是看到了鲁庄公实事求是的一面？“知之为知之，不知为不知”，“公”能“问其故”，这证明他能够认识到自己的浅薄和无知；但他不掩饰，不羞于向地位低下的人求教。除了具有谦逊的态度之外，这更需要有一种战胜虚伪的勇气！鲁庄公的这种圣明之举，就在今天也不是所有管理者都能做到的。况且，在军事理论尚未完全建立的春秋年代，曹刿的那点“理论”可以称得上是“高科”理论了，鲁庄公何“鄙”之有？

博大胸怀、平等意识、员工第一、从善如流、大胆放权、实事求是，此等“六项修炼”，何有于我哉？

附《曹刿论战》原文：

十年春，齐师伐我。公将战，曹刿请见。其乡人曰：“肉食者谋之，又何间焉？”刿曰：“肉食者鄙，未能远谋。”乃入见。问：“何以战？”公曰：“衣食所安，弗敢专也，必以分人。”对曰：“小惠未徧，民弗从也。”公曰：“牺牲玉帛，弗敢加也，必以信。”对曰：“小信未孚，神弗福也。”公曰：“小大之狱，虽不能察，必以情。”对曰：“忠之属也。可以一战。战则请从。”

公与之乘，战于长勺。公将鼓之。刿曰：“未可。”齐人三鼓。刿曰：“可矣。”齐师败绩。公将驰之。刿曰：“未可。”下视其辙，登轼而望之，曰：“可矣。”遂逐齐师。

既克，公问其故。对曰：“夫战，勇气也。一鼓作气，再而衰，三而竭。彼竭我盈，故克之。夫大国，难测也，惧有伏焉。吾视其辙乱，望其旗靡，故逐之。”

## 校长须记住的四句话

如何当好一名校长，有关管理的教科书上写了很多，也很全，校长们都经过各级培训，教授也耳提面命了一些忠言，但事实上很多校长的行为还是不能令人满意，主要是“官本位”思想十足。由于校长在一所学校地位的特殊性，这种“官本位”思想的危害性不能小觑。对此，我们可以从众多对于校长的要求中提炼出这样四句话。

第一句话：“把自己当成别人。”

抛开“我是校长”的心态，真实地把自己当作学校的一位普通员工。曾经有一位刚被提拔的校长向我问“道”。我告诉他：什么时候你忘记自己是校长了，你就是校长了。我们学校有一位分管高中部的副校长，她还兼了高中一个班的数学课，学校给她安排了一间独立的办公室，但她还是搬到了教师办公室办公。她说："我首先是个数学老师，我的行政工作主要是用行动在指挥，而不是言语。"所以，"把自己当成别人"可以使校长养成一种平和的心态，真实地成为老师们中的一分子，进而使管理团队形成凝聚力。阔达的办公室、奢华的轿车、溜光的发型、轩昂的方步，会使管理者脱离教师群体而变成"孤家寡人"。

第二句话："把别人当成自己。"

心理学上有一种"自己人效应"理论，即要对方接受你的观点、态度，你就要不惜同对方保持同体的关系。也就是说，要把对方与自己视为一体。"把别人当成自己"，就是要时时刻刻关心每一个教职工的工作和生活，关心他们的发展和进步，理解他们的需要，同情他们的不幸，把他们的困难当成自己的困难，把他们的快乐当成自己的快乐，不断提升自己在学校团队中的价值领导力。新时期，校长对于学校更重要的价值是领导，而不是管理。而领导好学校的重要基础是上下同心，只有同心，才能同行；只有同行，才能同乐。

第三句话："把别人当成别人。"

"把别人当成自己"不是抹杀教师的个性，其前提是"把别人当成别人"，就是要充分尊重教职工的独立性，维护他们的人格尊严和学术尊严，给他们一个自由的空间，在任何时候、任何情形下都不可任意侵犯他们的核心领地。这是发挥教职工的创造力，维护与教职工感情的重要因素。曾经，我在某名校参观学习，校长历数了他每周听课的节次等情况，更令人称奇的是，他听课后还会对老师们逐一指导。我很诧异，一名教物理出身的校长如何进行各科指导，难道真有百科全书似的人物？后来他举例说到自己如何指导初中语文，一听，大跌眼镜，知识性错误竟有三处之多。一些校长就喜欢挟裹行政干预学术，"瞎指挥"大概起源于此。

第四句话："把自己当成自己。"

有些校长喜欢做"甩手校长"，美其名曰"民主型管理"，教学工作问教务处，德育工作问德育处，后勤工作问总务处，自己置身于学校管理之外了。其实，真正的民主型校长是有思想、有主见的，他们会把自己当成自己，勇于承担责任，关键时当机立断，危难时挺身而出，不拖延，不观望，不含糊，不推诿，真正体现了校长的作用与价值。我们需要民主管理，但也需要校长具有相当的决断能力，否则民主容易走向放任，从而导致组织涣散、工作失控。

我想，怀揣着这四句话走在学校管理的路上，一定稳健而又富有创造力。

## 有感于郑杰之“做保守型校长”

镇江教育信息网曾经转载新华网上的一篇文章《重在传承：“另类校长”建议校长不要急于创新》。大意是说，在河南焦作举行的中国卓越校长局长峰会上，有“另类校长”之称的郑杰在报告中对现场的一千多名同行提出建议：校长们要成为保守型的人，不要太急于创新。“在中国，陶行知之后就再也没有教育家，”他说，“前人太了不起了，我们现在的使命就是要传承前人的使命，而不是搞什么新教育。”

之后，在山东省济南市章丘市再次见到郑杰，他也再次谈到这个观点。回宾馆的路上，我们再次交流，甚为郑杰校长之敏锐而折服。中国教育的整体情况的确很浮躁。轰轰烈烈的新课程改革竟然没有把应试教育撕开一个口子，课程改革处于一种十分尴尬的境地。近年来，中央政府开始从行动上重视素质教育，新出台的“规划纲要”似乎吹响了教育全面变革的号角，以山东、江苏为代表的省份借助强大的行政力量开始力推素质教育，学生的课业负担的确减轻了，但远远没有达到理想境地，很多学校还在等待和观望。一些学校为了“减负不减质”，热衷于课堂模式的构建，“高效课堂”等所谓模式大行其道。什么是“高效课堂”？说白了，是不能加班加点了，在课堂效率上下点功夫。

郑杰校长认为，现在有三百多种教育被冠名为“××教育”，“但有多少经过了验证”？他认为很多学校管理者都没把教育当作一门科学，今天的许多教育管理者也没有去寻找前人留下的伟大传统。

以前听过一个故事，说的是一位德国学者，生活在电灯诞生的时代，但他拒绝使用电灯。一天外出归来，发现家中装了电灯，他大为生气，严禁家人使用。一天晚上，有阵风将蜡烛吹灭，他在黑暗中摸索前行，一不小心将蜡烛碰掉在地上，于是在地上爬着寻找蜡烛。他的爱人只能打开电灯，发现蜡烛就在他的脚边。他恍然大悟地说："啊！电灯原来有如此妙用，可以帮我找回蜡烛。"

这个故事在讽喻那位学者的迂腐，但我们还可以这样解读：电灯象征着现代文明之光，强大而又猛烈；蜡烛代表着古典之光，微弱但温润。湖南师范大学教育科学学院刘铁芳教授说："灯光指引着世俗生活的眼睛，烛光指引的是心灵世界的眼睛。"有一次，我去了被称为"齐鲁第一古村，江北聚落标本"的朱家峪民俗旅游区，看到了建造于20世纪初的山阴小学。我对随同的章丘市教育局教师进修学校副校长彭绵波感叹说："这所学校像一所学校，四合院式的建筑，温馨而充满家的感觉。"还有学校的校训"有恒为成功之本；诚信为立业之本；清洁为健康之本；教育为国家之本……"铿锵有力，字字震耳，无不体现了儒家文化的"修身、齐家、治国、平天下"之真义。

淄博市张店区第二中学的王文斌校长介绍说，他们学校每一届学生毕业前都要去曲阜进行"寻文化之根"活动。教育也要寻根，山东是儒家文化的发祥地，这里有太多的传统文化等待"激活"，令人高兴的是，很多学校正在做这项工作。我知道，这很艰难，但这是一种精神世界的价值理想，一种对抗教育生活庸俗化的努力，从古典中"寻根"，不是寻求精神的蜗居，而恰恰是一种"铁臂担道义"，是一种对卓越教育的追求。

今天的教育创新准确地说应该是教育的回归，回归原点，从优秀的传统文化中去寻根。如果"教育创新"的归宿错了，不论从哪里出发都将走向教育的反面。

## "花苞心态"是每个教育者应有的科学心态

曾经在南京市浦口区行知小学聆听杨瑞清校长的报告，他提出了一个教育者应具有"花苞心态"的概念。他说，一些老师总是喜欢那些盛开的花，对花苞抱着“人家都开了，你怎么还不开？你再不开，我就把你给掰开”的急躁心理，于是乎，太多含苞待放的鲜花因急于被“掰开”而枯萎。

2005年，有媒体披露了中国科技大学少年班昔日大名鼎鼎的“神童”宁铂出家为僧、干政“自我封闭”、谢彦波“有心理问题”的“不幸”命运。中科大少年班再次成为众人瞩目的焦点，“少年班是培养人才还是摧残人才？到底还要不要办下去？”的讨论在校内外激烈地展开。指责少年班学生“生活自理能力差、心理问题严重、人际交往困难”的文章也不断见诸报端和网站。一位全国政协委员干脆提交了一份“请求停办少年班”的提案。

我承认的确有“天才”的存在，但我很害怕“造就天才”的教育。湖南师范大学教育科学学院刘铁芳教授说：“其实，任何急就天才的教育模式都是单面的。在个体精神发展的层面上，任何缩短个体发展历程的教育模式，都不过是揠苗助长，尽管可能促进个体某方面特殊才能的发展，但就个体精神世界的整体完善，显然是‘欲速则不达’。”

教育是一种等待的艺术，教师需要有足够的耐心来等待儿童生命世界的慢慢生长和生成。迟开的花儿同样鲜艳，这是一种“花苞心态”。与此相对应的是“掰开心态”，其行为古已有之，如“揠苗助长”者，他们未必是出于“歹意”，有时恰恰是“好心”，但缺少科学意义的“好心”往往更具有破坏性。在浦口区行知小学，有两块著名的实践基地“艺莲苑”和“浦禾园”，“艺莲苑”是“荷花大王”丁跃生在学校东面开辟的十三万多平方米种植七百多种荷花的地方，“浦禾园”是“果树专家”马飞在学校南面开辟的十三万多平方米种植八十多种枣树的地方，巧合的是，丁跃生和马飞都是当年高考落榜生。迟开的花苞，鲜艳否？

教育学者张文质在《教育是慢的艺术》一书中说：让我们时时提醒自己，克制自己，改变自己的否定性思维，让我们一点一滴地变得阳光一点儿，积极一点儿，主动一点儿，努力着慢慢地使自己成为建设性文化的一部分，成为赞美文化的一部分。杨瑞清校长说：“花苞心态，耐心等待；花苞心态，缺点可爱；花苞心态，才是真爱；花苞心态，和谐时代。”

我还要说，“花苞心态”本质上是一种等待花开的心态，但有些花儿一生一世无论你怎样等待还是不开放，这也是科学。

还是让我们不厌其烦地温习一下《学习的革命》一书的作者戈登·德莱顿和珍妮特·沃斯的一首诗：

如果一个孩子生活在批评之中，他就学会了谴责。/如果一个孩子生活在敌意之中，他就学会了争斗。/如果一个孩子生活在恐惧之中，他就学会了忧虑。/如果一个孩子生活在怜悯之中，他就学会了自责。/如果一个孩子生活在讽刺之中，他就学会了害羞。/如果一个孩子生活在耻辱之中，他就学会了负罪感。/如果一个孩子生活在鼓励之中，他就学会了自信。/如果一个孩子生活在忍耐之中，他就学会了耐心。/如果一个孩子生活在表扬之中，他就学会了感激。/如果一个孩子生活在接受之中，他就学会了爱。/如果一个孩子生活在认可之中，他就学会了自爱。/如果一个孩子生活在分享之中，他就学会了慷慨。/如果一个孩子生活在真诚之中，他就学会了头脑平静地生活。/如果一个孩子生活在承认之中，他就学会了要有一个目标。/如果一个孩子生活在诚实和正直之中，他就学会了真理和公正。

## 爱的科学价值

一位幼儿园老师曾给我讲过这样一个故事："小小班"有一位小朋友把报纸撕碎，然后投到金鱼缸里。事后，她没有批评这位小朋友，还夸奖他有爱心，同时又告诉他金鱼是不能吃报纸的。这位老师的故事让我想起很多教师何尝不是跟这位小朋友一样满怀着"爱心"去关心学生，像老母鸡一样呵护着学生。学生当然需要关心和呵护，但如果缺少"科技含量"，并不能产生预期的作用。爱，是有其科学价值的。

爱的科学价值首先是基于对儿童的理解。杜威先生说过："儿童不是尚未长成的大人，儿童期有其自身的内在价值。"很多教育者用大人的标准去要求儿童，去培养儿童，于是出现了一些年纪轻轻的博士和老态龙钟的儿童，就像一些早熟的果实，他们长得既不丰满也不甜美，而且很快就会腐烂。儿童有其特有的看法和感情，如果想用大人的看法和感情去衡量他们的看法和感情，那是愚蠢的事。儿童总处在未完成之中，人的生命处于不停息的变化之中。我们所要做的是为儿童创设一个有助于其生命充分生长的情境，把儿童的生命力量引出来，使学习过程成为学生生命成长的历程。

儿童来到学校，并不是以纯粹的学生、致力于学习的人的形象出现在我们面前，而是以形形色色的个性展现在我们面前的。每一个儿童来到学校的时候，除了怀有获得知识的愿望外，还带来了他们情感和感受的世界。注重生命发展的教育是让学生的认知、情感、意志、态度都参与到学习中来，使学生在认识知识的同时感受和理解知识的内在意义，使学生获得精神的丰富和完整生命的成长。

有了这些认识后，我们就不会再浮躁，也不会“好心办坏事”了，更不会“揠苗助长”了，当然也就不会“气死了”。

爱的科学性还体现在对于教育的理解。著名的教育家叶圣陶曾说过：“什么是教育？简单一句话，就是养成良好的习惯。”有一句话，很老，但要重提：播种了一种思想，便会有行为的收获；播种了一种行为，便会有习惯的收获；播种了一种习惯，便会有品德的收获；播种了一种品德，便会有命运的收获。

有一个故事，大家可能早已耳熟能详。1978年，75位诺贝尔奖获得者在巴黎聚会。人们对于这些诺贝尔奖获得者非常崇敬，有个记者问其中一位：“在一生里，您认为最重要的东西是在哪所大学、哪所实验室里学到的呢?”这位白发苍苍的诺贝尔奖获得者平静地回答：“是在幼儿园。”记者感到非常惊奇，又问道：“为什么是在幼儿园呢？您认为您在幼儿园里学到了什么呢?”诺贝尔奖获得者微笑着回答：“在幼儿园里，我学会了很多。比如，把自己的东西分一半给小伙伴们；不是自己的东西不要拿；东西要放整齐；饭前要洗手；午饭后要休息；做了错事要表示歉意；学习要多思考，要仔细观察大自然。我认为，我学到的全部东西就是这些。”所有在场的人对这位诺贝尔奖获得者的回答报以热烈的掌声。事实上，大多数科学家认为，他们终生所学到的最主要的东西就是幼儿园老师教给的良好习惯。

我国教育家陈鹤琴先生说：“习惯养成得好，终身受益；习惯养不好，终身受其累。”不要以为当老师就是传授知识，教师还有“传道”的重任，传什么“道”？好习惯之道也。习惯是一种惯性，也是一种能量的储蓄。教师只有认识到这些，才会明白自己的责任。

理解了儿童，理解了教育，我们的“爱”才会有所附丽，才能真正具有撼人心魄的力量。

## 校长的个性与学校个性

有这样一句话：“一个好校长就是一所好学校。”有人说，好校长是指具有鲜明个性的校长，是指能在学校各方面工作中完美体现出个性特点和办学理念的校长。从全国的名校长群体来看，似乎他们都有鲜明的个性，以至于学校也具有沾染校长个性的个性。

什么是个性？有资料显示，个性就是个别性、个人性，就是一个人在思想、性格、品质、意志、情感、态度等方面不同于其他人的特质。这个特质表现于外就是言语方式、行为方式和情感方式等。任何人都是有个性的，也只能是一种个性化的存在，个性化是人的存在方式。

但我们认为“好校长”不是好在“个性”上，而恰恰是在“共性”上，更准确地说是学校教育所需要的共性，如必须拥有先进的办学理念、宽容的民主作风、深切的人文关怀、公正的做人品格、扎实的教育理论基础、突出的创新能力、科学的决策能力、完善的人格魅力等。其实，这些共性是很多校长难以做到或者说难以全部做到的。好校长，好就好在做到了。某一点做到了，做得非常扎实、有效，或许就形成了一种个性。江阴市英桥国际学校原校长夏青峰，以其良好的人文关怀深得教职员工之心。你说这是他的个性，还是共性？他将这种精神传递给每一位员工，员工进而传递给学生，师生共同“享受学校”。共性，做到极致就是个性。我们呼唤这样的个性。

可惜的是，有一些校长，其所在的学校充斥着他的个性，而不是教育的共性，甚至充斥着他的个人爱好。

有一位朋友向我倾诉他的苦恼，他们学校的校长严令全校教职员工上班时间不准挂 QQ。他说，其实他们上班时间从不聊与工作无关的事情，只是与同事们聊课、聊学生教育，还有很多校外网友都是语文教学高手，与他们“集体备课”收获更大。他还抱怨说，校长是个“老顽固”，自己不喜欢的事情，也不希望老师们喜欢。

其实，以自己的喜好决定学校的喜好，以自己的不喜好决定学校的不喜好，这样的例子还有很多。如校长喜欢喝酒，他的团队“三天一小聚，五天一大聚”；校长喜欢唱歌，KTV里，他和他的团队成了VIP；校长是文科出身，该校文科成了特色，若理科出身，理科则成了亮点……

我“开导”朋友，如果因为老师们用QQ而耽误了正常工作，整日家长里短、风花雪月，“一律不准挂”是正确的，但希望是“暂停”。我所在的学校每人都有QQ号，人力资源部要进行信息登记，然后有“年级部群”“班主任群”“教研（备课）组长群”“管理干部群”四大群。我们也有相关的制度，但最重要的是大家已经养成了用QQ工作的习惯。如果校长是因为自己不爱好，就不准老师们使用，那他就需要调整心态，与时俱进了。

孔子说：“惟仁者，能好人，能恶人。”什么意思呢？只有仁者能做到把天下人的喜好当作自己的喜好，把天下人的憎恶当作自己的憎恶。现实中，有些校长把自己的个人爱好看成共性，不仅如此，还以自己之好恶来决定员工之好恶，这是值得每位校长关注的。此外，还要警惕有人“投其所好”，那样的话，对事业是百害而无一利的。

个性化的时代呼唤个性化办学，生命发展规律也在呼唤个性化办学，校长们千万不要把自己的爱好当作个性，把自我的个性凌驾于教育规律之上。

## 校长的“向下沟通”

高品质的学校校长及其团队应拥有高超的沟通本领。日本著名跨国公司松下电器的创始人，被人称为“经营之神”的松下幸之助说过：“企业管理过去是沟通，现在是沟通，未来还是沟通。”我们每天都在进行沟通，但很少有人将沟通当作一门学问来研究。沟通包括语言沟通和非语言沟通，语言沟通包括口头沟通和书面语言沟通，非语言沟通包括声音语气、肢体动作的沟通等。最有效的沟通是语言沟通和非语言沟通的结合。沟通有三个要素：沟通的内容、沟通的方法和沟通的动作。沟通的目的是改变注意力形成正见，改变思考方式形成正思，改变表达方式形成正语，改变行为方式形成正精进，改变信念形成正念。

校长的沟通不是一种本能，而是一种能力，是构建学校文化的必需能力。从沟通的方向来看，有“向上沟通”，如与教育局等相关上级单位的沟通；“平行沟通”，如与兄弟学校间的往来；“向下沟通”，就是与员工的沟通，主要是与中层管理人员和教师的沟通。

在这三种沟通中，中国的校长比较擅长前两项，因为官场沟通的成功范例并不少，影视、书籍、生活几乎无处不在的“传授”着沟通技巧。“向下沟通”却长期被一些校长忽视。有些校长以为一学期开几次大会和小会就完成了沟通，其实不然，这只是沟通的初步。要通过有效沟通掌控员工行为，激励员工改善绩效、表达情感、交流信息，为此，“向下沟通”的以下几个方面忽视不得。

第一，要有良好的沟通心态。很多人认为沟通只是一种讲话技巧而已。诚然，沟通是一种讲话的技巧，但首先要有一种沟通的职业心态。一位校长，本身的心态有问题，即使巧舌如簧又能如何？我长期在网络上“泡”，发现老师们对校长的怨言很多，有的言语还很激烈。抱怨最多的问题是校长一心“向上”，不关心“群众疾苦”，对提意见的老师进行打击报复。校长应检视一下沟通心态，眼睛向上能保一时官名，只是别忘了“水亦能覆舟”的古训。被称作“平民校长”的江苏省栟茶中学原校长姚止平，他关心普通教师和普通百姓孩子读书的例子永远散发着人格的魅力，说他“活在人民心中”是一点儿也不过分的。

非良好沟通心态的特征是“三自”：自私、自我、自大。“自私”表现在对员工的关心只局限于“圈里人”，“圈外人”的冷暖很少被放在心上。很多学校的员工都有“帮派”，尤其是一些民办学校，其渊源在于校长的思想狭隘。“自我”表现为眼中只有自己。学校明明禁烟，他却带头公开抽烟，美其名曰：工作需要。这只是生活中的自我，学术中的自我就要误人子弟了。新课程改革以后，对于很多“新”东西大家理解不一，校长如果本身学术水平不高又要别人接受自己的那一套，只有动用行政，行政干预了学术，那还是学术吗？“自大”就是一种“楼上心理”，老师们有问题请上楼，校长楼上等。至于校长走下楼，走到老师们心中去，那便是奢望了。

第二，贯彻“无事沟通”的原则。一个人要想成为组织领导者，必须懂得“欲取之，先予之”的道理。马上开学了，老师的年级调配是校长的重要任务，一些岗位你也不愿去，他也不愿上，怎么办？谈话不成命令，命令不成下岗。老师们存在一个服从的问题，但为什么会调配困难？中国人的传统心理还是摆脱不了“义气”二字，平时“无事沟通”，关键时刻有事能上。基础教育阶段的学校很少有“规模”办学，一所学校大概有百八十人，在每学期做到人人沟通也不是没有可能。

我曾加盟江阴华士实验教育集团，除夕和大年初一都会收到校长的拜年信息，查看了一下是电信公司群发的，但上千名员工的学校和企业多了去了，有几家这么做了？很多校长还在坚持每天早上第一个到校，然后在门口迎接员工和孩子们。这就是一种沟通的技巧。

第三，多渠道沟通，坚信真正的智慧来自一线教师。很多老师都有自己的博客，为什么不来个“博客群”呢？知道员工每天在想什么、做什么，不亦乐乎？把员工的手机号按“班主任”“中层”“教师”“骨干”“特殊人群”分类，经常编辑一些相关短信“群发”，不亦乐乎？甚至参与到员工的会餐中，“饮少辄醉”“颓然乎其中”，不亦乐乎？这就是管理学上的一种“深潜”。

有的校长在管理中很相信书本，也相信网络，每逢重大决策总要翻翻书，查查网络，甚至计划也要下载，就是不相信老师。其实，老师的建言对于一所学校来说更有“科学性”，或许比较局限，但他们一定是把书本的东西和学校的实际结合起来才“斗胆”建言的。坚持多渠道地与教师沟通，会常有意外惊喜的。

第四，不要只会责骂。有些校长“害怕”与员工接触多了会影响自己的“威信”，还说什么“距离产生威严”。工作时，尤其是看到一些不正常现象，喜欢“吼”上几句。这样就有威信了？我认为这样倒是会降低威信。校长的威信来源于两个方面：校长的职权和人格魅力。前者是校长皆有，后者则需修为。况且责骂是一种情绪化行为，离校长的专业化相去甚远。一个孩子打碎了一个碗，骂他几句是情绪化；再给他一个碗，让他找到打碗的原因，则是专业化所为。

第五，更多是思想的交流。校长要向员工问好，也需记住员工的生日，从沟通的内容上来看，这只是一小部分。沟通更多的是一种思想的碰撞、文化的认同。我认识一位老校长，很有“亲和力”，经常找老师谈话，还喜欢在老师的姓前加“小”以称呼，以示亲热。可实际上，她的人缘并不好，私下里说她“坏话”的人很多。老师们说，这位校长不管你有没有课、忙不忙，只要她愿意，就要请你“谈话”。“谈”些什么呢？全是一些不着边际的理论和百科全书似的“指导”，自然也少不了些家长里短。几个小时下来，你问那位老师：“校长说什么了？”他必定苦笑着说：“不知道！”如此沟通，不“沟”也罢。

在一个“官本位”正为大家所质疑的社会中，校长的“向下沟通”无疑具有示范作用，理当行之。

## 家访，校长的暑假必修课

每当临近暑假，我都会给几位校长朋友发去一条短信：“暑假了，你最想做的一件事是什么？”他们的回信倒也实话实说，或曰请老师们吃顿饭，或曰看看书，或曰睡睡觉，或曰关闭手机一天，或曰回老家看看爸妈……他们所说的，都可以去做，况且这些事都是在平时工作中容易忽略的，如亲情、阅读、沟通、放松，利用暑假补补课，实属应当。他们问我暑假最想做的一件事，我则回信曰：“到教师家——家访去！”

平时忙于学校品牌建设和事务工作，校长很容易忽略与教师的沟通，客观上也造成了“楼上校长”现象，影响了与教师之间本应亲密的关系。家访应成为校长与教师和谐关系的助推器，尤其是在老师家里这个特殊的场所，彼此更容易敞开心扉。如果学校员工比较多，不可能一一家访，请你打开教职工花名册，如果有一些名字你感觉很陌生，记住，他们是你首选的家访对象。还有一种人，平时可能是由于你或你的中层工作方法不当，“委屈”了他们，这也是你首选的对象。第三类人就是有思想的人，与他们的交流是一件很愉快的事，能引发你的新思考，拓宽你的新思路。而这些人往往平时不会主动去找校长，还有一点儿“倔脾气”。上门便是客，他们会热情接待你的，茶香飘溢之间，其乐也融融。

家访不仅能融洽关系，为推进学校教育教学改革打好“感情牌”，提高自我“亲民指数”，更多的还是一种思想的交流，促进彼此间文化的认同。其实，学校在解决实际问题的时候，其真正的智慧在第一线，很多校长在学校品牌建设的路上热衷于“向上”求证，请专家指导，这很必要，但不是唯一。相对于专家，教师们对于学校的历史和现状更了解，有时不经意的一句话便会让校长茅塞顿开。况且，教育教学的改革是要通过教师们方能实施的，否则只是沙盘上的战略意图而已。还是那句老话：“群众，只有群众，才是创造世界历史的动力。”

家访可以让校长更深入地了解教师的才华，为合理用人提供难得的一手资料；可以更清楚地了解教师的实际困难，为修订人性化管理制度提供更多的决策依据；可以更直接地面对教师们的家属，为学校各项工作的正常开展提供更好的后勤保障；还可以更具体地掌握教师的生活状态，为提升学校教师品位提供更好的素材。

当然，暑假是教师们的法定休息日，因此家访是有很多“忌讳”的。暑假家访有“四忌”：一忌冒昧唐突。要有预约，最好精确到分，同时注意不要预约在餐前，以免给教师们增加经济负担。二忌衣冠不整，但也不要过于庄重，轻车简从比较好。记住，校长不是官，是学校文化的领衔人和服务者，定好自己的位，脸上容易有自然的笑容。三忌居高临下。家访，还是要以拉家常为主，不能弄成问答式。四忌没完没了。古人云，乘兴而去，兴尽而归。万一留茶留饭，则小酌而已。

家访，是一种沟通。沟通不是一种本能，而是一种能力，是构建学校文化的必需能力。通过暑假集中家访，一定能有意外的收获。

不信，你去试试。

**案例呈现**

## “看在钱的分上”，不是教育

李老师在开学第一天，“检查了学生的暑期作业，结果发现有少部分学生未完成。然后让学生补做”。这是一种严格要求的表现，尤其是学生余彬（化名）的父母在场，如果能按照这个思路做下去，应该能有一个较好的结果，更有可能演化成一次成功的家校合作典范。

问题的转折点是，李老师“再次检查时，发现学生余彬的暑期实践报告有错别字和语病，就要求余彬重新写一遍，然后再写一份承诺书，请家长签字同意后，再交 2000 元保证金”。在这个环节上，第一，有“错别字和语病”就“重写一遍”，这种做法充满着惩罚的味道，而少了一些教育的气氛。难道重写就没有语病和错别字了？第二，让孩子写一份承诺书，并且让家长签字，看起来并无大错，但缺少对于错误的教育的过程，简单化了一点儿。第三，再交“2000 元保证金”，则无论出于什么目的都是一次不小的失败，后文将专门阐述。

当说出“光签名不行，还得签意见”这句话时，李老师就显得很没有专业水准了，是一种班主任对家长颐指气使的心理支配行为的做派。专业的做法应该是，观察在“陪孩子补做作业”“重写一遍”“写承诺书”“交 2000 元保证金”一连串组合拳后家长的基本反应。

当“余彬的父亲就非常生气，他大声质问李老师是不是故意刁难”时，李老师还有机会挽回局面。可惜，一切晚矣！

在整个事件过程中，有一个环节特别引人关注和猜想，就是让学生交 2000 元保证金。李老师说，“保证金并不是真的要收，只是一种督促手段”，有两位家长交了保证金，但随后他就将这笔钱退给了家长，并要求家长对孩子保密。我们权且相信李老师的说法，“我这样做，是给学生压力，让他们明白父母的不容易，从此更加专心学习”，但问题是，学生不会“看在钱的分上”“改邪归正”，他们已经是初三学生了，有了对是非曲直的基本判断，他们会怀疑老师有权力收“保证金”，更会对“不开收据”表示腹诽，严重影响了老师在学生心目中的良好道德形象。当然，这也会引起家长对班主任教育孩子的能力与水平的质疑。

李老师所在的学校是一所民办学校，家长应该都是“不差钱”的。跟不差钱的人用钱来说事，能有多少效果呢？余彬的家长在目睹李老师一系列的“教育”后，不会感受到一种来自教育的艺术性，只会作出李老师是一个“末流警察”的判断，产生反感，乃至“拉扯”就很自然了。

真正的教育在于激励与唤醒。让孩子体会到完成作业是学生的基本义务，是掌握知识、增长能力的基本手段。当学生没有完成作业的时候，教师要问清原因，对症下药，不能简单“重做”“罚抄”了之，更不能够用“交保证金”这一很“俗”的做法来替代充满智慧和宽容的教育过程。

我也曾担任过民办学校的班主任，我的做法是在暑假期间进行重点家访（有时领着科任老师），督促、指导学生完成暑期作业，并且每逢7、8月的5号和5的倍数的日子都要重点打电话叮嘱。我也曾在报到的日子拒绝没有完成作业的学生注册，但这一切都是事先与家长“密约”好的。“预防在先，惩戒在后”永远是一种原则，更何况，“惩戒”还应是包含了宽容的惩戒。

该校官方网站在学校简介中宣称“坚持‘以人为本’，倡导‘德育先行’”“对学生实行‘严而不死，活而不乱’的准军事化管理”。这起事件，显然与此理念相去甚远。

## 微博选粹　精神的漫步（三则）

1. 西　餐

一位朋友曾提醒我，要多陪儿子去吃西餐。我问为什么。她回答，增加与孩子的共同语言。这不，夫人不在家，我在晚餐时陪儿子来到“豪客来”。点完餐，儿子开始与我大谈刚观赏过的“草莓音乐节”。用餐时，他也是滔滔不绝。其实，我们可算是“多年父子成兄弟”了，本也没有什么“代沟”，只是儿子喜欢西餐，一起用餐罢了。不过，令我惊奇的是，今天的牛排特别好吃。之前，学校来客人，中午就在这家“豪客来”待客，我数次陪同，但总觉得西餐“不好吃”“没味道”。

仔细想来，并不复杂，平时是因为工作，匆匆陪客；今天，十分闲暇。教育也是如此，慢慢品，有味道；匆匆吃，不好吃。

2. 咖　啡

新著《论语　说文　评教》出版了，大家看了自序《咖啡厅里的咂摸品味》很是感慨，他们甚至诧异我怎么有时间喝咖啡。我的确没有时间，但办公室有许多种咖啡，速溶的，有时泡上一杯，忽然有事，要不匆匆饮下，要不晾在一边。那天，有人来镇江看我，陪她去了“名典咖啡”，我们聊了很多，咖啡的味道特别好。其实，办公室的咖啡与“名典咖啡”的咖啡并无两样，是心境不一样——忙碌的与闲暇的。

生活，要懂得慢慢地品。教育，亦如是。

3. 高效课堂

这个词在教育界绝对是个高频词，很多学校都在提这个口号，我则很谨慎，什么都在提速，讲效率，“分数是多少，分数怎么来的，分数背后还有什么”的“三问”在很多人的眼里只有头“一问”，于是“高效课堂”的追求便成了真理，“课堂要看得见分数”也能登堂入室。想起龙应台在《孩子，你慢慢来》一书里的句子：“是的，我愿意等上一辈子的时间，让他从从容容地把这个蝴蝶结扎好，用他五岁的手指。”课堂，慢一点儿，再慢一点儿；宽一点儿，再宽一点儿；浅一点儿，再浅一点儿；不考的东西多一点儿，再多一点儿……该多好呀！

# "管理"要走向"领导"

Gao Xiao Zhi Xiao Lao Sheng Zhang Yao Su

## 本章导言

毫无疑问，高品质的学校其管理也是独特的。在汉语中，"管"字原意为锁钥。其说见于《周礼》："司门掌授管键，以启闭国门。"后延伸其义为控制和执掌。"理"字较早见于《说文》："治玉治民为理。"后延伸其义为治理、协调。在英语中，administration 表示"管理"，意思是帮助组织达标，服务于组织的成员，照管组织中的事物，促进与协调组织成员的工作等一系列活动。现在，management（经营、处理）用得比较多，更多的是在谈"领导"了。《论语·为政》中有两句话很经典，第一句是"道之以政，齐之以刑，民免而无耻；道之以德，齐之以礼，有耻且格"。第二句是"为政以德，譬如北辰，居其所而众星共之"。本章将论述"领导"的含义及一些实践，告诉大家如何在学校管理中进行哲学行走，处理好破与立、舍与得、大与小、情与理、动与静、花与刺的辩证关系。

## 观点释放

### 关于"管理"与"领导"的聊天记录

题记一："别再沉溺于管理了，赶紧领导吧!"（通用电气公司前总裁杰

克·韦尔奇语）

有了QQ后，试着用了几下，挺方便。星期天，与好友丁校长聊了起来，现把一些内容整理后，张贴于此。

丁校长（下文简称丁）：你们学校的校长是夏青峰吧，这个人名气挺大的。他是怎么管理学校的？

王益民（下文简称王）：他是江苏省特级教师，属于青年才俊型校长，他不“管理”。

丁：不管理？

王：是的，不“管理”，只“领导”。

丁：管理、领导，那不是一回事吗？

王：亏你还是校长，这两者的区别都不知道。

丁：那你说一说两者的区别。

王：这里有一份资料，论述的是“管理”和“领导”的区别。

管理者看到事物的现状，领导者看到事物的发展潜力；管理者单向交流，领导者双向交流；管理者在过程上下功夫，领导者在人上面下功夫；管理者正确地做事，领导者做正确的事；管理者停滞不前，领导者更新成长；管理者遵守规定，领导者维护关系；管理者给予指令，领导者自由创新；管理者模式固定，领导者模式更新；管理者视野狭隘，领导者视野开阔；管理者讲效率，领导者讲效果；管理者从属，领导者跟随；管理者事实性，领导者观念性；管理者给予权力，领导者给予力量；管理者设置，领导者发展；管理者现实，领导者可能；管理者固定架构，领导者灵活；管理者接触，领导者信任；管理者稳定，领导者过渡性混乱。

丁：确是那么一回事。

王：简而言之，管理者在抓事，领导者在抓人。

丁：请你举个例子来说明。

王：夏校长经常和老师们聊天，但几乎从不问大家的成绩和排名，而是喜欢聊各自的家庭、经历、学术追求等；他非常关注老师们的博客，而且能够从中看出老师的思想情绪，然后叮嘱副校长们去关注，甚至躬行。他把自己看得很低很低，每次学校的学术沙龙会议上，他总是找一个角落，静静地听，静静地做笔记。

丁：夏校长会做人!

王：做事，尤其是领导一所学校，校长必修的首先是做人。学校校报曾刊发夏校长写的三篇文章：《永远以积极与热忱的态度对待生活》《永远以宽容和感恩的心态对待他人》《永远以全力以赴的精神对待工作》。其中就提到了在工作中没有强调管理的"奖勤罚懒"，也没有什么"末位淘汰"，是用"礼"来教化同人。还有一个细节，校报编辑原来把这个栏目叫作"校长寄语"，后来尊夏校长之意更名为"校长随笔"。"寄语"变"随笔"，从高高在上，一下子成了教师的朋友。

管理者用制度去约束人，领导者用情感去激励人，这就是区别。

丁：这些能替代"管理"?

王：这是一种更高级的管理。孔子说过："道之以政，齐之以刑，民免而无耻；道之以德，齐之以礼，有耻且格。"就是说，用各种所谓的政治制度来引导人民，用各种刑法规定来约束人民，人民会想尽办法去躲避各种制度和法律的惩罚，而且不认为是耻辱的；用道德教化来引导人民，用各种礼制去约束人民，人民会有羞耻心而严格约束自己。

再给你举个例子。有一次，我替夏校长值班，按照规定晚上 9 点 30 分以后才能下班。9 点时，冬天的校园已经是一片寂静，好朋友曾老师打来电话，说已经在咖啡厅等我了。我关上门，又一想：不成，我替校长值班呢，提前走就是给校长抹黑了。于是，我坚持值班到了 9 点 30 分，当到达咖啡厅已经快 10 点了……不仅是我，学校的每一个老师都有一种一定要把工作干好的内驱力。

丁：你们苏南地区经济发达，学校管理可以用经济作杠杆，正如俗话所说"有钱的家好当"。

王：如果你这么想，那可就错了。要是认为钱可以帮你管理好学校，你就永远成不了好校长。我听过一个故事：有一家企业的老总在第一年把企业利润的 20%分给员工，第二年是 30%，第三年是 40%。到了第四年，你猜怎么样了?

丁：50%呗!

王：错! 这年企业亏损了。

丁：为什么?

王：因为连续三年递增的利润分红使他的团队成为一个斤斤计较的团队，不给钱不干活。这样的团队怎么能不打败仗呢？

丁：如果校长不为老师们谋“钱”途，那老师们会人心所向吗？

王：谁说就不谋“钱”途了？该给教师的一分不少。而且，江阴市英桥国际学校的教师还有一份所得是全市甚至全国独一无二的。

丁：什么？

王：教师的专业发展。仅本学期，校本培训就有四次：开学初请来了四位专家做讲座；10月份，学校承办了第五届“中华杯”全国中学语文教师课堂教学大赛；11月份，请著名语文特级教师余映潮老师来讲学3天；南通市“名师之路”研修班的老师们与学校几十位老师开展了“同课异构”活动。12月，学校还要成立“班主任研究中心”“教学研究中心”。如此高密度、高水准的校本培训，让全校教师感到做英桥国际学校的老师很幸福。这不是“钱途”，却是“前途”。

丁：羡慕死了！下次一定去英桥国际学校学习，学习夏校长的“领导”。

王：欢迎！《道德经》曰：“太上，不知有之；其次，亲而誉之；其次，畏之；其次，侮之。”这里讲了君主的四等境界：最好的君主，百姓只知道有他存在；次等的君主，百姓亲近他，赞誉他；再次一等的君主，百姓害怕他；最次一等的君主，百姓侮辱他。校长管理的境界何尝不是如此？

丁：还是王兄高明！

王：哪里的话！只是祈望丁兄能在学校管理上再上一个台阶。

……

## 学校领导者稀缺的三种优秀品质

目前，学校包括校长在内的领导者大部分是“教而优则仕”，很少有“空降兵”，这样一来，能保证学校领导干部的教育教学素质一定是“优”级，但在管理上或者在领导学校发展上，就未必一定也是“优”级了。这样的学校领导者需要历练，但“历练”需要时间，需要“失败”，那么，在这等待的时间里学校会丧失很多的发展机遇。据我观察，下列三种优秀的品质是大多学校领导干部十分稀缺的。

第一，"功而不处"。意思是，有功劳，却不居功。"居功"后面的两个字是"自傲"。领导者在学校员工群体中的确是出类拔萃，长期抱有这样的观念，很容易养成一种"俯视"的习惯，不仅理解不了"领导者就是服务"的理念，就是一般相处的情况下，也是颐指气使，一副"官"样做派。有人说，忘记了自己是领导，你才是领导。其意是在说明领导者要"忘记自己是谁"，克服"楼上心理"。其实，"功而不处"，"功"依然存在，因为"不处"，老百姓在心中又给他记了一"功"。

第二，"利而不害"。意思是，让万事万物都得到好处，却不伤害它们。极端功利化的教育现实让很多学校领导者无限相信"制度"与"奖惩"，一副"包工头"的嘴脸。"制度"的制定基于"人性恶"，制度之下必有奖惩，这似乎是天经地义。但教育的很多事情是无法量化的，与其让员工在苛刻的制度下战战兢兢的工作，莫若让制度"软着陆"，用价值领导来看守校园。

第三，"为而不争"。意思是，有所作为，却不跟别人争名夺利。我在外地做报告期间，遇见了一些名校长，递给我的名片上面有一大串"头衔"。翻开那些名校长的简历，好像他们拥有了教育界所有的荣誉。诚然，我相信，大部分名校长是名副其实，有的还令人景仰。镇江市外国语学校的潘晓芙校长也是一个荣誉等身的校长，每当看到她"被荣誉"的痛苦样，我就感到一种崇高。但是否也有某些学校领导者与老师们争名夺利，甚至暗箱操作呢？怕是有的。苏霍姆林斯基、陶行知，我不知道他们有什么荣誉头衔，但这两个名字就是品牌，就是最高荣誉，而且至今无人超越。领导者可分四等：一等是"为而不争"的圣人；二等是既"为"又"争"的强人；三等是既不"为"又不"争"的庸人；最可恶的是四等，不"为"却"争"，小人也。

其实，"功而不处"语出《道德经》第七十七章："是以圣人为而不恃，功成而不处，其不欲见贤。""利而不害""为而不争"也语出《道德经》，是第八十一章："天之道，利而不害；圣人之道，为而不争。"需要提醒的是，在这三种品格的前面，有"圣人"（"圣人之道"）、"天之道"的主语，我们暂不用有，无需气馁，一旦拥有，便是合符了自然法则，是圣人了。

从这个角度来说，“功而不处”“利而不害”“为而不争”，是值得我们用一辈子去追求的。

## 学校中层干部的十种类型

第一类，老黄牛型。曾几何时，学校校长在提拔任用干部上很讲究“劳模”色彩。这样的人只知道埋头苦干，与世无争，很得民心，年度有限的几个“优秀”非他们莫属。校长们也乐得提携这样的人，好打发，也有人气。这些人一旦中层了，便更加勤奋，恨不得把校园里的清洁工作也承担下来。他们最擅长的是做年度报表，这件工作很多人都不愿意做，太繁、太多、太杂，还要加班，报上去领导们也未必看，但又不敢马虎，起码得凑个材料的“厚度”，混个“态度端正”。如此，黄牛们正好派上用场。但黄牛们的最大不足就是创新能力的匮乏，于是新课程以来，这样的中层干部渐渐少了起来。

第二类，人精型。你永远不知道这类人的真实想法，看上去很乐观，但眼睛里时常散发出一种幽幽的光，听他们讲话有一种说不出的舒服感，再难的事情似乎也难不倒他们，再糟糕的事他们总有理由开脱。要不是有人发明了“忽悠”一词，你还真难概括这种人的特点，电视剧《铁齿铜牙纪晓岚》中那个八面玲珑的和珅就是这种类型人的鼻祖。从学校领导班子的生态上看，这种干部还不可缺少，应付应付检查，接待接待家长，对付对付扯皮。什么叫用人，把合适的人放在合适的位置上是用人上上策。

第三类，裙带型。呵呵，他们也不是一无是处，“同等条件下优先”而已。这种人表现为两种工作作风：一种是在“干不好工作”给“某长”抹黑的心理驱使下忘我工作，终有成就；一种是在“我是皇亲我怕谁”的心理驱使下浑浑噩噩，不安心工作，一旦上面的关系有变故，他们立即如蔫了的菠菜。当然，如果是某领导硬塞进来的中层，那恐怕他自己也受罪，毕竟学校是一个专业单位，领导是要技术与艺术兼备的。

第四类，老资格型。这种人有本事，但多年未被提拔，用他们自己的话来说，自己“培养”了几任校长，是“三朝元老”了。他们的口头禅是：

"想当年，某某校长如何如何"。新任校长拿他们没办法，恭敬有加，隔三岔五请"他老"列席校长会，逢年过节还得前去慰问，无关紧要的"荣誉"也要往他头上套套。当然也有一些老中层，克勤克俭，一切为学校大局着想，有时甚至是忍辱负重，虽然在某些能力上欠缺了些，但仍值得敬重。请不要忽视他们的存在，他们往往是学校的"宝"，是学校管理和学校文化的"活化石"。在一些喜欢花样百出的学校，有这样一位"元老"级中层可以让人沉静下来。

第五类，刺头型。一些很有个性的老师往往演化为"刺头"，这些人的"群众基础"不错，他们也喜欢以群众代言人的身份与学校对话。但是，"让鸟儿不能飞翔的最好办法是在它的脚上系上黄金"，这种思维经常被用在干部提拔上。你不是"刺头"吗？简单，给你个副主任当当，看你还刺么？很多有个性的"刺头"一旦当上了"副主任"，便端起架子，与校长"一个鼻孔出气"了。这样的人，如果不把刺拔掉，在气候成熟时还会"刺"一下的，这时，他们的破坏力就更大。提拔不是办法，"修己达人"才是关键。

第六类，学科骨干型。在"教而优则仕"的现实背景下，中层干部大都是学科骨干型。我这里所讲的是，有些中层仅仅是学科骨干。现在都在提"校长专业化"，管理干部的"专业化"同样不可忽视，书教得好并不等于管理也在行。这些人整日想着，什么时候让我做一个纯粹的老师呀！拖拖拉拉间，白发已染鬓。我倒认为，对于学科骨干是否提拔应区别对待。有很多学科骨干天生缺乏管理能力，甚至连班主任也没有当过或没当好过，硬生生提拔了，看起来好像是重视人才，但非他所长。"美味的汤汁滴到衬衣上便成了污点；床第间的私语到了街头便成了脏话"，说的就是这个道理。

第七类，青年才俊型。这种人极有培养前途，拥有丰厚的学养，年轻有为，但他们需要修炼，有时候会过于锋芒毕露。但我想，学校很多的教育创新是需要他们去助推的，就像要多听听"老资格型"中层干部的意见一样，多听听他们的意见会让学校永远充满活力。一所学校优不优看校长室，名不名看教科室，稳不稳看党组织，活不活看团组织。

第八类，廖化型。俗语云："蜀中无大将，廖化作先锋。"这句话用来比喻在当值者年高当退之时青黄不接、后继无人的状况。现在，很多优秀老师不愿意去做中层，一方面因中层事多且杂，教师担心会耽误自身的专业发展；另一方面是因为在一线做班主任更“实惠”。优秀人才不愿意“脱颖而出”，怎么办？只好去找“廖化”了。但“廖化”毕竟是“廖化”，本领有限，几个回合下来，已经气喘吁吁。如此人物，何堪重任？

第九类，炮灰型。应该说，能当“炮灰者”还是有点本事的人。但凡炮灰者，容易固执己见，并且习惯于“拿着鸡毛当令箭”。校长需要“炮灰”，但并不需要成天惹事的“炮灰”。有一种“炮灰”稍加讲究一点儿工作艺术，便容易转化成一种果敢的工作作风。现如今，学校管理工作或缺少阳刚之风，多一些果敢型的中层干部有助于提升学校的执行力。

第十类，劳苦功高型。他们立过奇功，或曾经为学校拉来过一笔资金；或曾经在关键时刻舍己为人，名动一时；或曾经辅导某次竞赛取得巨大成绩……但这些人的成功具有很大的偶然性，提拔中层，以示奖励，但时间一长，他们“泯然众人”，于是在“能上不能下”的机制下直到做到退休。去他家看看，显赫处还摆放着那份泛黄的奖状。

学校中层是连接校长和教职工的纽带，是常规工作的领导，是率先垂范的先锋，是学校文化建设的参谋，是营造团结氛围的重要力量，是完成处室任务的协调员。知晓自身的使命，明白各自的类型，有助于搞好今后工作。如此，幸甚！

## 学校发展“高原期”的密码破解

“高原现象”一词，源于教育心理学中动作技能的学习曲线。具体说来，在练习曲线中出现的某一时期练习成绩不随练习次数提高的停滞现象，就是“高原现象”，那一时期就是“高原期”。一所新成立的学校，或者是一些改制学校，在迅速发展几年后很快就会进入发展“高原期”，其“高原反应”主要有以下几点。

一、教师群体疲惫

学校的发展过程就像有一群人在跑马拉松，距离目标越近，其疲惫感越强，并且这种疲惫感不仅来自工作本身，还来自其他慢步小跑者的优哉游哉的负面影响。在工资待遇等方面不能满足快速前进的人的心理需求的时候，这种疲惫感愈加强烈，不及时调整必然酿成群体事件，甚至会从此倒在品牌建设的路上。21 世纪初，一些倒闭的民办学校其心理诱因很大程度上便是教师群体的心理疲惫。学生个体成长有"成长的烦恼"，学校的群体成长也有"群体的疲惫"。

二、教师个体茫然

学校发展到"高原期"的时候，骨干教师也进入了"高原期"。南京师范大学王铁军教授对"名师"的研究表明，教师发展要经历 5 个时期：入职适应期（18～25 岁）、成熟胜任期（25～35 岁）、高原平台期（35～45 岁）、成功创造期（40～55 岁）、退职回归期（55～退休）。也就是说，教师的专业发展从 35 岁开始就进入了一个高原平台期。个别教师由于性格的怯懦、自卑，缺乏工作上的敬业精神和开拓精神，存在喜欢钻牛角尖等一些不良的人格上的内因，一旦工作和生活中有了压力和困难，一旦遇到事业上的挫折，往往不能采取恰当的方式或方法加以应对，有的甚至成为学校进一步发展的桎梏。

三、出现人才断层

学校的发展往往伴随着规模的扩张，在规模的扩张过程中，教师队伍势必也在不断扩大，这种扩张很难保证教师个个优秀，打开闸门后混进一些小鱼小虾是很正常的现象。即使是引进的人才，能否迅速带着优势文化融入，尚须假以时日。解决人才青黄不接问题将成为学校走出"高原期"的关键。南京市某著名附属中学校长"跳槽"到深圳市某中学，从本质上说是这位校长处于"高原期"时"个体茫然"的最后选择。

四、学校的社会期待增强

在中国，大部分学校平平庸庸，一少部分学校在校长的带领下起步跑在教育革新的路上，取得了一定的成绩，进而成为老百姓心中的名校。也就是说，学校发展到一定的时期，人们已经积淀了对它的文化印象，那么，大家对它的评判标准随之发生了悄然的变化，处于"高原期"的学校面对社会的高期盼往往产生阶段性自卑。这种自卑既是学校发展的障碍，也是学校走出"高原期"的动力之源。挑战和机遇，看谁能坚持。

五、在学习的过程中出现“乱花渐欲迷人眼”现象

如今的时代是一个迅速造“神”的时代，一些“明星学校”迅速壮大，挟裹着行政推动和利益驱动，吸引了众多的崇拜者。最近几年，教育的风向似乎摇摆不定，一些老牌名校重新进入人们的视野，名校和“明星学校”你方唱罢我登场。这可让处在发展“高原期”的学校看花了眼，忽而“国学”，忽而“科技”；忽而“社团”，忽而“校本课程”，在学习中渐渐迷失了自我。

六、学校的战略思考多，战术形成少

处于“高原期”的学校，是站在一个新的起点上，应该说是站在一个“高点”上在办教育，尤其是校长，很多是高瞻远瞩，具有一定的战略眼光。但如何将战略转化为战术行动，还缺少一个环节，就是团队的理解力和执行力。没有理解，就产生不了执行力；执行不力，也就失去了“在战争中学会战争”的机会。

破解学校发展“高原期”的密码钥匙主要有三把。

第一把，“等一等灵魂”。

有这样一个故事：一位探险家到非洲探险，在当地一个部落中雇佣了三个脚夫，这三个人健步如飞。探险家十分高兴，认为物有所值。然而第二天，三个人说什么也不走了。当问及原因时，三个人齐声说：“我们走得太快了，要等灵魂跟上来。”学校的发展需要不断地进行梳理、总结、提高。君不见，一些学校用金钱堆砌了一座座高楼，却毁掉了一座座历史丰碑；在教学改革的路上竖起了一杆杆现代的大旗，却砍断了一条条中国文化的经脉；在学校发展的路上，林立了一个个山头，却失去了一个个自我的本色。停下来，不是停下发展的脚步，而是等待那些足以让我们精神为之一振的学校精神文化。

第二把，抓好三支队伍的学习。

在江苏省“赢在执行力”名校长论坛上曾有一段经典对话：有位校长说电视剧《亮剑》中的李云龙最有执行力；另一位校长马上反驳，李云龙最没有执行力，从来就是我行我素。会后，有位校长问大家，如果让李云龙来当校长能不能造就一所名校？大家都说“不可能”，我则说“完全有可能”，其前提条件是有一位像赵刚那样的政委来搭档。李云龙赢，不是赢在

李云龙一个人，而是赢在他的团队，赵刚是个“知识分子”，和李云龙的出身、修养、性格正好形成了互补。

处于“高原期”的学校要取得继续的发展，最终还是取决于教师的素质。教师的素质一般，无论校长怎样“赶”也上不了架。现在很多学校都很重视教师的专业发展，也花了很多气力，出台了很多办法。总体来看，抓紧三支队伍学习的迫切性首当其冲：一是行政团队，二是班主任团队，三是备课组长团队。教师的学习是很难推进的一件事，从这三支队伍开始抓起，有利于集中力量进行突破。

第三把，回归教育的原点。

处在“高原期”的学校面临的压力很大，盛名之下，难有自由。回归教育的原点就是回归教育的本质，尊重教育规律，办“纯教育”，办“纯学校”，办“真教育”。要重新思考什么是教育？教育的目的到底是什么？要培养什么样的人？尽管教育要受社会的影响，但绝不等于教育没有自身独立的价值取向和终极目标，那就是教育不仅要为人才奠基，更要为“人”奠基。就像新教育实验发起人朱永新教授所言：“决定一个人最终‘胜负’的，不是掌握知识的多少，而是人生的境界与视野，信仰与责任，以及自由的心灵。”“钱学森之问”，问出了当前中国孩子缺乏想象力和创造力的事实。中华民族的复兴，有赖于对我们最丰富的资源——13 亿人的想象力资源的开发。这一切，取决于教育，取决于是否能让教育回归释放人自由心灵的原点。发现孩子，并解放孩子，实现教育觉醒，寻找让教育回家的路！

## 学校管理者应从《马说》中悟道

先来回顾一下《马说》这篇共有 179 字的经典：

世有伯乐，然后有千里马。千里马常有，而伯乐不常有。故虽有名马，祇辱于奴隶人之手，骈死于槽枥之间，不以千里称也。

马之千里者，一食或尽粟一石。食马者不知其能千里而食也。是马也，虽有千里之能，食不饱，力不足，才美不外见，且欲与常马等不可得，安求其能千里也？

策之不以其道，食之不能尽其材，鸣之而不能通其意，执策而临之，曰：“天下无马！”呜呼！其真无马邪？其真不知马也。

此文托物寓意，以千里马不遇伯乐，比喻贤才难遇明主。作者希望统治者能识别人才，重用人才，使人才能充分发挥才能。全文寄托了韩愈的愤懑不平和穷困潦倒之感，并对统治者埋没、摧残人才的现状，进行了讽刺、针砭和控诉。

有关资料显示：该文大约作于唐朝贞元十一年至十六年间（公元795～800年）。其时，韩愈初登仕途，很不得志。曾三次上书宰相求擢用，“而志不得通”；“足三及门，而阍人（守门人）辞焉”。尽管如此，他仍然声明自己“有忧天下之心”，不会遁迹山林。后来，他相继依附于宣武节度使董晋、武宁节度使张建封，郁郁不乐，所以有“伯乐不常有”之叹。

再次阅读经典，发现该文的三段分别对应了在学校管理中对于人力资源的开发与运用的三个阶段。

第一阶段，管理者要识才。“世有伯乐，然后有千里马”，有人说，这是主观唯心主义，因为存在决定意识，如果是“千里马”，那它就是一种“存在”，不存在先有“伯乐”再有“千里马”之说。错矣！韩愈在这里并没有否认“千里马”的客观存在，只是强调没有“伯乐”，“千里马”就会不被人知。接触过很多校长，他们总是喜欢埋怨本单位人才匮乏，果真如此吗？我们总是听到这样的说法：“外来和尚好念经。”也有人说：“墙内开花墙外香。”这些说法都在说明“灯下黑”的现象。镇江市外国语学校有一个学术讲坛，名为“相约星期三”。每周三的下午有一个小时，只要学校没有办公会，老师们便可以报名登坛演讲。这是“伯乐”在“相马”。在一个团队内，总有一些人才的苗子，有的管理能力强，有的学术水平高。学校要通过“相马”和“赛马”，让人才脱颖而出。

韩愈在另一篇文章《送张道士序》中说过：“大匠无弃材，寻尺各有施。”意思是，对于工艺高明的匠人来说是没有废弃材料的，长有长的用途，短有短的用途。用人也是如此。俗话说：“人无弃才。”关键在于“知人善任”。有些学校，办学十几年、甚至时间更长，还出不了拔尖人才。这时，校长需要扪心自问：是不是人才“祇辱于奴隶人之手，骈死于槽枥之间”了？没有这种勇气与胆略，学校是走不远的。

但我们也发现，一些学校不是不识才，而是留不住人才。曾有人说，要“待遇留人、事业留人、感情留人”。还有人加了句“环境留人”。《廿二史札记》中记载：“人才莫盛于三国，亦惟三国之主各能用人，故得众力相扶，以成鼎足之势。而其用人亦各有不同者，大概曹操以权术相驭，刘备以性情相契，孙氏兄弟以意气相投。后世尚可推见其心迹也。”三位霸主各展其能，留住了人才，成就了霸业。《马说》的第二段说“马之千里者，一食或尽粟一石”，“千里马”的食量是高出一般的马的，“食马者”要根据“其能千里而食”，否则，“千里马”就“食不饱，力不足，才美不外见”矣！

学校管理者“识才”后，接着就要进入第二阶段——“用才”。上面所讲的“四留人”，待遇、事业、感情、环境都很重要。韩愈的意思可以理解为“待遇”最重要，要让“千里马”吃得饱，不能搞平均主义。应该说，现在公办学校的评价机制基本完备，人才也能得到“一石粟”。但这些不足以留住人才，一方面外面诱惑太大，这是控制不了的；另一方面，一些学校在任用人才的时候也存在一些偏颇。著名学校管理专家郑杰校长在上海市北郊高级中学任校长时，曾经让学校人才有独立的办公室，有学术休假。这些都是“留人”的好办法。而有些学校，一看是个人才，便不断给人才以新的任务，让人才得不到休整，甚至连基本的读书时间也不能拥有。还有的学校“又要马儿跑，又要马儿不吃草”，长此以往，人才变成廉价的劳动力，而最终庸庸碌碌，“泯然众人”。

第三阶段，管理者要学会“理”才。韩愈在第三段是从反面用三个排比句说的，足见其愤慨，“策之不以其道，食之不能尽其材，鸣之而不能通其意”，甚至想象“食马者”的恶劣嘴脸：“执策而临之，曰：‘天下无马！’”与《马说》同期的作品还有《龙说》（即《杂说一》）。文章以龙喻圣君，以云喻贤臣，借“龙嘘气成云”，然后“乘是气，茫洋穷乎玄间（宇宙间）”的传说，阐明贤臣离不开圣君任用，圣君也离不开贤臣辅佐的道理，可以视为《马说》的姊妹篇。所谓“理”才，无非是“策之以其道，食之尽其材，鸣之能通其意”，这是人力资源管理的核心理念。其实，在现代学校管理中，人才的发掘是需要伯乐的存在的。一个优秀的员工是需要领导给他一定的空间和为他创造一定的条件才能成为真正的人才。一所学校需要建立完善的人才测评体系、绩效管理体系、薪酬管理体系及优化激励机制，才能有效地管理人才。

识才、用才、“理”才，可以理解为学校任用人才的“三要素”，并且是具有连续性的三要素。识才不用，终成庸才；只用不“理”，人才两空。

## 学校管理中几对哲学关系的省思

当从微观上去审看的时候，我们发现很多学校在管理中都存在这样或那样的问题，包括一些名校，单从学校网站和相关媒体宣传“看上去很美”，但校长们时常存有这样或那样的烦恼，中层和老师们那些“大有深意”的微笑中也包含了几多的无奈。其实，这些都是很正常的现象，只不过是因为学校在行走的过程中总是在几对哲学关系中有一些摇摆罢了。以下，我们试图作一些分析。

一、关于行动与思考

自从中国建造新干线以后，日本媒体的质疑声一直不断，从技术上的所谓剽窃到安全性的问题等方面都有微词。作为中国人，我听后心里很不舒服。但是，在 2011 年 7 月 23 号 D301 与 D3115 在甬温线追尾后，我开始感谢起日本来。中国的高铁技术发展太快，一是时速太快，二是建造的速度太快。我不敢用“速成必速朽”来形容，但我知道，越是先进的技术，越需要“试验”。歼 20 战斗机“从第一次试飞到装备部队形成战斗力大概需要 3～6 年的时间甚至更久”，武器的研发和实用急不得，学校管理又何尝不是？我熟悉的某所民办学校，董事长以“创新”而著名，每学期都有“大动作”，十几年来，几乎没有把哪怕一件“大动作”坚持下来，每次“改革”的时候，其行动力前所未有，大有背水一战的气魄，习惯了“变”的干部和老师于是消极应对。我不敢把这所学校最后的衰败完全归结于校长的“大动作”，但缺少思考和专业指导的“变”至少是一个重要的原因。

中国有几句非常流行的口号：“行动、行动、再行动”“跨越式发展”“发展是硬道理”等。“7·23 甬温事件”留给我们的思考太多，我们不是不要行动，而是要什么样的行动，不要动辄就去打破传统，教育尤其如此。

二、关于精致与粗放

精致管理有几项必要的保障性条件：物质基础、师生认同、技术手段。学校在发展到一定阶段的时候，一些校长就开始把精致管理作为管理的一种追求，这本无可厚非，但在实践中还是有一些误区的。

在这里作三点提醒。

第一，莫把"精细"当"精致"。在开展"文明创建"活动期间，镇江市各所学校强化了卫生工作，每一所学校都做到了窗明几净，每件事情都有专人负责，有具体的要求，做到了人人有事做、事事有人做，这只能够说明该校管理做到了精细。是否精致，还有待于综合性考察。"精细"与"精致"，一字之差，含义与境界却有别。精细管理主要是对事物的管理，而精致管理主要是对人的管理，是对人的精神的引领和品质的提升。当然，精细管理是精致管理的前提，没有精细就无所谓精致；反之，精致是精细的提升，因为精细是一种态度，而精致是一种品质。

第二，莫把物质的精致当成学校管理的精致。不知从哪年开始流行起"易地建校"，把校区从城区迁址到郊外，新建校无比豪华、无比精致，每一座城市也乐意把这所新校当作"城市名片"——学校精致管理的典范。学校物质的精致（不是豪华）是精致管理的重要内容，而精致管理的核心是教学管理，也就是说，精致化追求的不仅仅是细节的精巧、局部的创意，更多的是一种整合的思想，是一种动态和谐的生成机制。

第三，莫把精致作为学校管理的唯一追求。某所学校的常规管理，如备课、考评等各种要素都实行了网络化，学校也与相关软件公司合作开发了各种"管理软件"，可以说精致到极致了，但我们认为，学校管理不论采取什么样的技术手段，最本质的一条是可操作性。过分的看重细节，极容易变成限制过多而对师生的关怀过少，学校教育中一些深刻的内容容易被数字化，进而导致领导处处留心而师生处处被动的情况。学校管理不仅需要周到细致，也需要张弛有度，需要为师生的自主发展营造出更大的空间。任何事物都是相对的，要防止过度精细化，在某些特定的场合可能还要借助经验，甚至粗放一些。

三、关于计划与变化

我之前任教的一所学校在管理中推行"月计划、周安排、日推进"。

“周安排”主要有“每天工作安排”“周工作提醒”“每周格言”“学校管理建议”四个栏目，其中“每天工作安排”为重点栏目，包括“我参与”“我成功”，用于记录参与的事情和工作成效。“每天工作安排”中有常规工作，如周二开始的下午分科集体备课和听、评课活动，教师例会，班主任学习例会以及周临时性工作等。“周工作提醒”主要是针对上周检查中发现的本周需要改进的地方和本周工作重点。“每周格言”是一些励志性格言，如“机遇之神从不敲门，只有当我敲门时，她才会答应”。“学校管理建议”用于记录老师们一周来发现的问题、思考的问题，周五由年级组收齐交校长室，周日的行政碰头会根据“学期工作安排”和老师们的建议出台下周“周行事历”，如此循环。

这种管理应该说计划性很强，但偶尔也会遭遇“变化”。我们发现，变化的原因大多数是“校长有事”。校长的“事”从何而来？上级机关。计划应该是一种整体文化，学校局部计划了，上级机关不计划，也会受到冲击。再一个来源是校长本身“纸上有计划，心中无计划”，事到临头，一看，没准备，推迟吧！当然，还有计划本身缺乏科学性，实施时，难免流产。我在无锡工作时，曾经有一次接到董事会的通知，要在暑假制定好下一学期的计划，“计划”要精确到“时”，哪一天哪个时段干什么事。干部们叫苦不迭，最后只好用老办法：形式主义应对官僚主义。新学期一到，新情况一变，“详细计划”立刻变为废纸。

四、关于授权与收权

现在，一些学校的管理中出现了奇怪的背离现象，管理者越来越忙，往往从早忙到晚，节假日也得不到休息。而许多老师的责任心好像越来越差，缺乏工作激情，更谈不上主动工作。这种现象发生后，校长们有没有考虑过，当自己忙不过来的时候，是不是做了许多下属该做的事情？校长不是“千里马”，不应在跑道上与下属赛跑，而应是“千里马”的教练，给下属发展的空间，让其纵横驰骋，把事情做好。这就是如何进行有效授权的问题。

通过对校长工作的盘点，我们发现，校长80%的工作都是可以授权的，他只需做好事关学校命运和前途的20%的工作即可。校长们要学学唐僧，漫漫西天取经路上，唐僧只管了两件事：管方向、管徒弟。其他的事情全由徒弟代劳，孙悟空扫清一切前进障碍并提供后勤保障，猪八戒协助孙悟空并提供一些“乐子”，沙僧和白龙马则充当脚夫。其实，校长们是懂得这个道理的。我曾经问过一位忙碌的校长，为什么凡事都要亲力亲为。他说：“不放心。”我告诉他：“你做肯定比他做得好，问题不仅仅是你忙不过来，那还剥夺了他们成长的权利！”“不放心”的一个心理因素是不懂得如何“授权”。有的校长搞“以功授权”和“以资（历）授权”，其实，授权的基本原则是“量其能，授其权”。最关键的是授权要有一个过程，可以从制约授权到弹性（不定时）授权，再到不充分授权，最后到充分授权渐次发展，也可以量人采取“制约授权”或其他授权方式。

需要说明的是，无论授权到何种程度，有一种东西是无法下放的，那就是责任。如果管理者把责任都下放的话，那只能说他是退位而不是授权。授权只能意味着管理者的责任加大，不仅对自己，更要对部下的工作绩效负全部责任。

## 从同事间称呼看学校人际文化

看过一个案例：20岁时，他和她是同事，第一次找她有事，他喊她“郝云霞”；21岁时，他和她比较熟识了，见了面就叫她“小郝”；22岁时，他追她，写在情书上的是“云霞”；23岁时，他们热恋，他搂着她称她“霞”；25岁时，他们结婚了，在夜深人静时，他在她的耳边呢喃“宝贝”；28岁时，他们的孩子满地跑了，他冲她嚷“哎”；38岁时，她的脸上已经有了细细的皱纹，他便叫她“老郝”；48岁时，他和她的战争已经到了白热化的程度，他瞪着眼睛吼“郝云霞”。从“郝云霞”到“郝云霞”，正好一个轮回。

其实稍加注意便会发现，不同学校同事之间的称呼也是有细微区别的，并且这种区别正反映了这所学校的人际文化。

第一种，同事间称呼为“某老师”。这样的学校通常是学术性比较强的学校。李镇西老师曾经多次谈到其他老师对自己的称呼问题，多为李博士、李校长、李专家，还专门撰文《请称呼我为“李老师”》。朱永新老师的称呼更“麻烦”，有朱教授、朱会长、朱主席、朱市长，但他对人说请叫我“朱老师”。2001年，我在苏州市政府办公楼初次见到朱永新，一声“朱老师”，立刻拉近了我和他的距离。新教育几十万众，因为有了朱老师，过得很学术、很完整、很幸福。一般同事间称呼“某老师”，似乎是天经地义的，而称呼领导如校长、书记为“某老师”就需要一种改变、一种勇气、一种氛围，进而一种文化。校园里只有老师和学生，没有“某长”，“去行政化”了，校园便多了很多本质的东西。

第二种，同事间互称“老某”。这样的学校一般是比较自由的学校，往往缺少细节管理。老师间不管年龄大小，一律“老”之，校长们称呼老师也“老”长“老”短的，看起来很“和谐”，其实弥漫着一种俗气，尤其是有学生在场的时候，“老”来“老”去的，树立了“俗文化”的典型。这种校园文化最大的问题不在于“老”的称呼有什么实际不妥，而在于那些人浑然不觉。偶尔有人提醒，他还振振有词：“这样不是亲热嘛!”但是这种人还是有分寸的，如他绝对不会称校长为“老”，自然也不会称自己父母为“老”。这种分寸感看起来是一种伦理的保持，其实折射了一种不良的心理。在三朋四友聚会的时候，尤其是酒酣耳热之际，混喊一通“老”不仅可以原谅，而且实属应当。如果“老”在私下里也就罢了，有时不自觉地带到课堂中，那就很不好了。那年，我在走廊里亲耳听到有人冲着教室里喊“老某，出来下”。习惯了，甚至在严肃的会议上也“老”个不停。学校，毕竟是学校，是滋养文明的地方，不能混同于市井；教师，毕竟是教师，是文明的传播者，不能等同于江湖人士。

第三种，同事间按职务称呼，如“某长”“某主任”“某书记”。这种学校往往是等级观念较为显著的学校，中国的学校大都如此，属于主流文化了，也没什么不妥。在行政化比较浓烈的今天，这种按职务称呼的做法从来就没有人怀疑过。但在这一点上，学校做得不如军队彻底，张副团长就是张副团长，不能喊成“张团长”，不像学校，副校长统一为“某校长”。这是礼貌，但也是一种迎合和随意，与精致文化无关。假如哪所学校能够打破职务称呼，上至校长、书记，下到清洁工，一律“某老师”叫开，我们应该为这所学校鼓掌，并向这所学校表示敬意。

第四种，同事间直呼其名。这是比较散漫的学校。有吗？很多，去农村看看，很多学校就是这样。没有歧视的意思，在农村，教育毕竟相对落后一些，同时落后的还有文化。在成人场合，尤其是同辈人之间亲热一点儿，去"姓"称"名"，"赵三福"为"三福"倒也显得自然、亲热。但不管场合，连名带姓大声喊叫，这是一种陋习，当克服之。《礼记·檀弓上》有云："幼名，冠字。"孔颖达疏："始生三月而加名……年二十，有为人父之道，朋友等类不可复呼其名，故冠而加字。"在传播文化的校园里，混喊姓名，也有悖传统。

还有，现在某些组织还比较流行"倒称呼"的现象，称呼年轻人为"老某"，称年长者为"小某"。据说这种称呼能让年长者找到年轻的感觉，能让年轻人找到成熟的感觉。自欺欺人罢了，学校应拒绝！

人是社会动物，每个个体均有其独特之思想、背景、态度、个性、行为模式及价值观，然而学校的人际文化对每个人的情绪、生活、工作有很大的影响，甚至对组织气氛、组织沟通、组织运作、组织效率及个人与组织之关系均有极大的影响。学校人际文化属于学校文化中的亚文化，正确引导，会让学校更像一所学校，充满民主、平等与学术。

## 学校行政例会上的多面人生

学校行政例会有多种功能，如传达文件、布置工作、集体学习、研究问题，其中，最富有挑战性和智慧性的是"研究问题"。尤其是校务会议，因为这是学校的决策性会议，经常需要对问题进行决策研究。但我们非常遗憾地看到，在一些学校，纵使这样的"高级"会议，也往往万马齐喑，本应轰轰烈烈的"研究问题"沦为冷冷清清的"布置工作"。这毕竟是少数学校，还可能与校长的长期独裁有关，更多的情况尤其是在推行一项重大改革的研讨会上，行政人员的多面性就表露无遗了。

第一种人是"跟人不跟事"。甭管校长推出怎样的新举措，只要是校长提出的，一律迎合。在学校经常能听到这样的声音"校长说的"，仿佛"校长说的"就等同于真理了，这种人显然是学术的矮子。其实有时他们也明白校长的提议有局限性，但为了不得罪校长，把到嘴边的话也咽了回去。

这种人往往是阴谋家，表面上看来是校长的左膀右臂，其实是一个把脑袋长在了别人肩上的政客。这种迎合最大的弊病是传染性，大家都不说，就可能让学校决策进入误区。

第二种人是“跟事不跟人”。这种人往往被人称道，他们有自己的学术观点，能够大胆提出，还喜欢据理力争。但这种人要警惕眼中只有“事”没有“人”，唯我独尊，尤其是容易犯“书生气”的错误。在一所学校，校长是全面负责的领导者，他（她）所站的高度是一般行政人员不能及的。制订一项措施，校长往往要思前想后，既要考虑学校的文化传统，又要思考学校的发展前景，还有上级机关意见、社区意见等。如果一味地考虑“事”，而不知“人”的因素，学校的决策也容易成为空中楼阁。当然，假如校长认为对某项决策有完全的把握，而大家的认识相反乃至反对，那么校长就不应固执地坚持下去。如郑杰校长所说：“因为如果把管理当作一场赌博，那么你的一意孤行、不顾后果，就等于是拿着别人的赌本下注。”

第三种人是“既不跟人，也不跟事”。校长提出了改革意见，他没有反对的勇气，也没有赞同的智慧，执行时又缺乏接受的胸襟。这种人成为学校行政人员是个历史性的错误，他们喜欢按照常规走，按说这就可以了，但我们知道，教育是千变万化的，没有改革，没有创新，就没有教育。计划经济体制下，大家“上传下达”就能办好教育，但今天随着办学自主权的进一步扩大，学校在不断进行各种文化建设和课程建设，因循守旧肯定适应不了时代的需要。但是这种人很有市场，他（她）是《谁动了我的奶酪》中那只安于现状的“嗅嗅”老鼠的代言人。

理想的行政人员是“既跟人，也跟事”，充分尊重校长的各项提议，又能冷静思索，小心求证。对于校长提出的改革意见，他们不会轻易、无原则地应和，也不会轻易、无思考地反对。他们与校长一起，查找资料，走访老师，询问学生，问计专家，反复论证，有一种实证的科学态度。这是一种积极的行政作风，是一种主人翁式的行政态度。他们决策前参谋到位，决策中进谏到位，决策后补台到位。

学校行政会上，哪种人居多，取决于行政的素质，也取决于这所学校的民主氛围。发挥群脑优势，科学决策，其前提依然是民主。

案例呈现

## 校园新闻

——校园网灵动的双眸

校园网是学校文化建设的阵地，是对外品牌宣传的窗口。在这块"阵地"或"窗口"上，有一个不可或缺的模块——校园新闻。它不仅及时反映学校发生的各类事情，还能推动学校文化的发展，同时，也是校园网各模块中更新最迅速的栏目，自然也成了校园网主页中最富灵动性的一个模块。它像校园网的一双眼睛，透着这所学校的精、气、神。

但长期以来，校园网建设因为缺乏应用软件，造成了只注重有形的校园网而忽视了无形的文化建设。对于校园新闻这一模块，我们不妨从以下几个方面入手。

模块设置——图文并举。校园新闻在校园网主页中要有两个版块：一个是新闻标题，一个是配套的图片，两者相辅相成，互为补充。现在是一个读图时代，没有相应图片的承托，不仅少了美观，更因缺少视觉冲击而让新闻变得干巴巴，像个说教徒。一些学校的校园网，首页也有图片，但就那么几张，更新的新闻也不配套，很容易让人产生视觉疲劳。在技术上，完全可以通过图片切换来达到网页幻灯片的效果。

新闻形式——图文并茂。镇江市外国语学校规定：凡是新闻，必有图片。各种活动除了年级部负责拍摄外，学校技术中心还有专门负责摄影(像)的老师。用作新闻的图片，一定是经过精选的，然后略作处理(镜像、亮度、色彩等)，配以镜框，即可上传。相片呈现的顺序也是极有讲究的，一般会根据某则新闻发生的时间顺序予以排列。再配以文字新闻，图文并茂，耐读，还能保留影像。

新闻内容——关注学生。校园网主要有两个功能：一是品牌宣传，二是数字化办公。而这两者往往会有一些矛盾的地方，于是乎，校园网分成了内网和外网，外网突出宣传，内网重在办公。但是，不论内网，还是外网，校园新闻总是举足轻重的。我们注意到，一些学校的新闻对校长行踪关注的很多，尤其是一些名校长社会活动多，适当予以关注，有助于学校“知名度”的提升，但过多关注，甚至通栏都是，势必影响“美誉度”了。关注学生，把镜头对准学生，更能彰显这所学校以学生为本的办学理念。

新闻版块——形成系列。校园网新闻还有一个主动关注学校文化建设的问题。镇江市外国语学校有一个校本研修活动，名为“相约星期三”，每周三下午一个小时的教师集中学习，或名师的研究课，或名家的讲座，或骨干老师的论坛。为推动这项工作，镇江市外国语学校校园新闻版块推出了“相约星期三（6）：相约泰格特心灵之《窗》”系列报道。此外，还有“学习优势项目”系列报道、“‘五自’班会”系列报道等。

新闻细节——彰显文化。校园新闻是为学校文化建设服务的，不是简单的写实。一所优质的学校，每一次活动都无不彰显出学校的核心理念，尤其是对于大型的、综合性的活动，背景的介绍和意义的挖掘应成为此类新闻自觉的文化使命。镇江市外国语学校曾举行了“大学山校园嘉年华”活动，新闻稿最后是这样说的：“从策划到正式活动，完全由学生担纲主体，教师则充当合作者、指导者、欣赏者的角色。全校近3000名师生用实际行动诠释了我校自塑式德育的教育内涵。”

新闻栏目——流程操作。为保证校园新闻的新闻性、文学性，要有一支相对专业的“采编”队伍（每年级可选派一人，或以学科为单位选派），并且要进行必要的新闻写作培训。作为新闻栏目，要有专人“扎口”（负责），一般可按照这样的顺序上传：采编（相片同步拍摄）——上传（FTP“新闻初稿”文件夹）——审核——上传（FTP“新闻定稿”文件夹）——技术中心发布。“审核”这一关很重要，采编人员因为不够专业经常会出现如职务错误、口头语混作书面语（如王校）、人名谐音代替、缺少导语等。

明确评价——促进发展。对校园新闻的审核人、采编人员进行评价是搞好这项工作的有力促进手段。学校对“审核人”可以有基本指标，如重大新闻的深度报道、一般新闻的及时性和基本量、群众评价、发展性评价。审核人对采编人员进行学期评价：新闻稿完成的基本数、新闻稿的质量等级、新闻稿的点击数、新闻稿被教育局信息网或媒体采用数。设定评价标准主要有两种：一种是相对评价，分为前20%（优秀）、30%（良好）、40%（合格）、后10%（需努力）；另一种是绝对评价，分为"优秀""良好""合格""需努力"四个等级。

校园网建设，要擦亮校园新闻这双眼睛，让它熠熠生辉。

## 微博选粹 教育的高铁

1. 火车还是汽车

我要回芜湖老家，最便捷的方式是乘汽车，但汽车不走高速，况且沿途不断停车待客，200千米，约耗3.5小时，平均时速57千米。火车直达，但时间上不方便，不过从南京转车倒是有很多种组合，加起来共3小时。我们选择了火车，从南京转一下，既可以节省30分钟，还可以领略火车的舒适与宽阔。

教育也是如此，好的教育一定是高效率的、让人愉悦的，当然也是安全的。

2. 普客还是高铁

从镇江到南京乘坐高铁，20分钟就到了。"7·23甬温事故"前，我对高铁一直很看好，洁净、高速、平稳。这一次20分钟的行程却有着某种忧虑，以前总是斥责日本人对于我国高铁技术的不逊，今天却有一些感激。南京到芜湖是普客，T7777。有了动车，尤其是有了高铁后，很不屑于普客，不过今天，看着T7777似乎也很亲切。

有了新课程，一些传统的教学方式被推上了被批判的位置。其实，仔细分析，传统的方式毕竟深入人心，新课程至今水土不服。

3. 服务质量

从芜湖返程，乘坐的是从广州到泰州的K222列车，我们在南京下车。先是晚点15分钟，当登上列车后，才发现这趟车并不禁烟，有人竟然在车厢里抽烟，洗手间的脏乱快赶上农村的茅厕了。我想去餐车宽敞下，刚坐下，过来一位服务员非常生硬地告知我，不买15块钱一碗的面就不能在这里坐。我问："喝杯咖啡行吗?"她说："没有咖啡。"我只好回到座位上，去热水炉泡茶——没开水！只好再去餐车间找水。两小时的车程，去了两次，我尽量控制喝水量，以免在餐车再次遇见那位服务员。

当“教育是一种服务”的理念深入人心的时候，突然来到一所完全没有产生服务的学校的时候，剩下的只有无语与痛心。

# 学校要有"顶层设计"

GaoPinZhi XueXiao ShengZhang YaoSu

## 本章导言

高品质的学校拥有固定的、先进的、永恒的"顶层设计"。现代管理之父、被称为"大师中的大师"的彼得·德鲁克说："在所有组织中，90%左右的问题是共同的，不同的只有10%。只有这10%需要适应这个组织特定的使命、特定的文化和特定的语言。"现在的学校"千校一面"，就因为忽视了那10%，这就需要学校进行"顶层设计"，也就是要有一种从最高端向最低端、从一般到特殊展开系统推进的设计方法。它对学校文化体系具有决定性，对于课程建设具有整体关联性，它表述简明、体用一体。《论语·卫灵公》有云："当仁，不让于师。""仁"，就是儒家的"顶层设计"。美国哈佛大学"与柏拉图为伍，与亚里士多德为伍，更应与真理为伍"的校训就是哈佛的"顶层设计"。以下的一组文章或许能揭示高品质学校的一种核心品质。

## 观点释放

### "别走得太快，等一等灵魂。"

有这样一个故事：一位探险家到非洲探险，在当地一个部落中雇佣了三个脚夫，这三个人健步如飞。探险家十分高兴，认为物有所值。然而第二天，三个人说什么也不走了。当探险家问及原因时，三个人齐声说："我们走得太快了，要等灵魂跟上来。"这个故事的真实性已不可考，但一句"等灵魂跟上来"着实让人震撼。印第安人也有一句谚语："别走得太快，等一等灵魂。"

中国大多数学校的教育是没有灵魂的教育，不然，何以那么多人整日失魂落魄，急于赶路，却忘了欣赏沿途的风景，把灵魂丢弃在了路上，迷失了自我。去看看那些豪华办学吧，他们用金钱堆砌了一座座高楼，却毁掉了一座座历史丰碑；在教学改革的路上，竖起了一杆杆现代教育的大旗，却砍断了一条条中国文化的经脉；在学校发展的路上，林立了一个个山头，却失去了一个个自我的本色。

在镇江市外国语学校的教育生活是很忙碌的，但我总能找到闲暇时间，尤其是在假日的时候，我喜欢去校园的一个地方——大学山。听名字就很文化，的确，这里的环境似乎更容易看得出这是一所学校，三组"凹"型平房（大家说是"品字房"，但我看更像"凹"字）70 年来静静地卧在那里，从这里走出了多少学子谁也没有统计过，李岚清就是在这里读完了三年高中。现在，这里已经成了学校的艺体中心，我倒希望这里有一天能成为校史陈列馆，让每一个来这里的人经受一次心灵的洗礼。

喜欢来这里还因为这里的树，高大的雪松，树干直径足有 50 厘米。那天数了一下，围绕大学山共有 15 棵这样的雪松，偌大的树冠铺展开来总能让人想起很多很多，关于人的品质的、关于学校品质的……有时，我摩挲着树皮，不停地在内心追问：我给孩子们的能像这棵树一样坚韧与质朴吗?我曾经工作了 15 年的中学，那里也有一片树。二十多年前，我是学校团总支书记，领着学生从几千米之外扛回树苗一棵一棵栽上，为了这事，我还跟校长闹了不愉快。校长说，这块地以后要建房。校长是位长者，到底成全了那片绿色。每次回家，看着那片杉木林，年轻时的那股豪气又一次充溢心头。

这大学山可以追溯到 1937 年。当初，"镇江三老"陆小波、冷御秋和严惠宇先生怀兴学救国的宏愿，选择镇江城东大学山，创建了私立京江中学。建校伊始，即以"至诚无息"为校训。时逢国难，师生虽饱尝颠沛流离之苦，却仍以勤学报国为己任，百折不挠，精进力行。京江中学本着实业救国的宗旨，以数理为重点，文史应用为工具。一时多少热血青年，云集大学山上，京江校园遂成大江南北学子向往之殿堂。

初来镇江的夏天，潘晓芙校长陪我参观校园。上大学山有几十级阶梯，她说：“每次上大学山都有走进历史的感觉，而今，我成了这里的一员。登上大学山眺望现代化的校园全景，何尝不是在由历史推演现实呀！我喜欢现代化的教室，那里凝结着我的教育梦想，但我更喜欢大学山，它总能引起沉重的思索。”

我提议我的同人，每天都要抽时间去一趟大学山，找一处坐下，静静地凝望，寻找也许早已丢失的灵魂。

## 献给“3·15”：“假名校”之“假”

不知列位看官有没有发现，不知从哪一天开始，在我们身边突然出现了很多“名校”，或许是我们本身就生活在一个“快餐时代”的缘故吧！郑杰校长为了将这些学校与传统意义上的名校相区分，将这些“名校”科学地称之为“明星校”。但要是仔细分析，这些所谓的“名校”有“十假”，且听我慢慢道来（排名不分先后，因校而异）。

一假：“假课程”。

“假名校”总喜欢在课程上做点文章，这里的课程是指“校本课程”。其实，也不是什么“校本”，吹个笛子、拉个二胡就能是“校本”？所谓之“校本课程”充其量也就是“课外活动”。但“假名校”有高人，懂得包装，来个“标准”，弄个“实施细则”，再添个“评价”，课程赫然出台。再请不良媒体来报道下，俨然有了活动课程了。其实，这些课程平时根本不实施，有人来参观或者要评估了，原班人马，粉墨登场，好不课程！

二假：“假民主”。

“假名校”也有过艰苦的创业期，这种创业期往往充满了个人独裁的色彩。一所学校，当提起某人的时候大家噤若寒蝉，我们就要当心这所学校的民主文化土壤可能发育错位。更为可怕的是，这种独裁往往会传递给广大老师，让老师们也用同样方法去对待学生，甚至形成“严格”的校风。“假名校”在谈到治校“经验”的时候总喜欢用“严格”来自夸，这是最令人匪夷所思的。当然，高人指点后，他们不再谈“严格”，而是改口为“民主”，但骨子里的独裁让“假名校”品牌的路上照样充满血腥。

三假：“假作息”。

“假名校”的作息时间随着时代的变化而不断变化。几年前，他们明目张胆地延长师生工作和学习的时间，“起得比鸡早，睡得比狗迟”正是这些学校的真实写照。如今气候变了，“素质”了，“五严”了，“假名校”也有招，学生“被全寄宿”是惯用招式，还有把家长拉上应试的战车，表面上看“按时作息”，实际上还有第二学校、第三学校等着学生，据说连北京也不例外。

四假：“假校长”。

校长是真人，但不是在“假名校”生长起来的，而是高薪聘请来的。这些假校长名头不小，曾经辉煌过，也能再度辉煌，有政府撑腰，抡起棒子，一阵改革，把应试的流水线经验“强力推行”。教师们在“不换脑子就换人”的恫吓下，在名校名师的引诱下，放弃原有的优秀文化，当上了一名流水线工人。其实，我们欢迎名校长的经验辐射，但真正的名校长不是“八级工匠”，而是人类优秀文化的使者，他带给新学校的是一种充满人文、科学、艺术的教学管理。我们欢迎改革，但对于教育的改革尤其要谨慎，企业改革错了可以重来，教育则不能重来。

五假：“假名生”。

有人问，“假名校”为什么（成绩）越来越好了。道理其实很简单，很多学生是“慕名而来”，有的“高质量”学生是“假名校”“折本”挖来的。如此，“良性循环”，越来越神乎。并且这些学校有最严格的“校规”，略有“越轨”，便予以“开除”，完全忘了学校是“唯一允许学生犯错误的地方”之训诫。“假名校”培养了一批做试卷的机器，但他们除了会解题，社会的方程式连未知数也找不到。“假名校”的学生并不热爱“母校”，正是基于“母校”有太多痛苦记忆，这和监狱是改造人的地方，改造好的人再也不想回监狱的道理一个样。

六假："假文化"。

一开始，"假名校"很质朴，甚至拙朴。出了一点儿名，校长满口"文化"起来，幕僚们和"名记"们要上一通，古今中外引用一番、比较一番、发展一番，新鲜名词捣鼓一番，校长顿时成了学校文化的代言人，一些传统做法马上被提炼，冠以"某某式"，还与新课程理论联姻。如某学校实行"教学案"，其本质是把人类的文化试卷化、试题化，可悲的是一些"大人物"也跟着"论证"，让一线的老师们一时拿不定主意。这个道理其实很简单，中央电视台不是不知道赵本山的低俗，但它需要低俗，因为低俗能带来经济效益。教授们对于"某某式"的吹捧，既能增加自己的"出镜率"，还能在传播过程中名利双收。

七假："假教师"。

我曾听过"假名校"教师的语文课，那是完全被割裂的语文课，文本成了阅读训练的材料，没有对话，只有"答案"的校对与订正。据说这些教师还被邀请去各校执教"示范课"，老师们在无比崇拜的心理驱使下对这样一堂课充满膜拜，一些没有个性的老师很容易对取得高分的模式产生一种敬畏。其实，这些"假名校"的老师是名校在扩展路上招收的太多的"青涩的丫头"，他们在"某某式"的包装下速成，俨然名师。

八假："假改革"。

"假名校"一定与改革有关，甚至改革"成效显著"，而这种改革往往基于课堂，这似乎是改革正道。但"砸讲台"也好，上课"不让老师说话"也罢，改革的目的都是直奔"分数"而去。果然有效了，他们干脆把事情做绝。所以"假名校"除了"分数"以及围绕"分数"的系列产品外，一无是处。我问过一位校长："你为什么不学那几所"假名校"，能提高成绩呢!"他黯然一笑，曰："非我不能为之，实乃不忍为之，亦不能为之。"

九假："假成绩"。

成绩还有假吗?成绩本来就不应是名校的指标，但老百姓看重"成绩"，教育不是跟着"方针"走，而是要屈服于"民意"。"办人民满意的教育"，这是教育的另一种悲哀和无奈。但"假名校"的成绩统计从来就是"我的地盘我做主"，真名校懒得跟它们计较，政府也不好出面干预。一次中、高考下来，"假名校"总能找到自己的"第一"。现在不准公布成绩了，

“假名校”更能云山雾罩，浑水摸鱼。

十假：“假教育”。

“假名校”的名气越来越大，前来参观学习的人满为患。突然有一天，他们意识到，我们可以卖门票！50元一张，一年下来，收入不菲。我想，一所真正意义上的名校，应该是一所“大爱”之校，能把自己的办学经验推而广之是其另一份社会责任，与“门票”无关，与“产权”无关。还有一些“假名校”，已深知自己在新形势下的压力，拼命与其他教育机构合作，从搞“对外开课”到“联袂承办”再到“师资培训”，恬不知耻地担当起师资培训的重任，演绎了一幕幕闹剧。

以上“十假”，全都符合者乃“钻石假”；符合八九项者，乃“黄金假”；符合六七项者则为“银假”；有五假以下者，“铜假”也。

## 为什么把你称作“明星校”

在神州大地上，有这样一些学校，依靠着某种课堂模式和严格的管理从默默无闻一下子华丽转身为“名校”，一时间，参观、学习者络绎不绝，一些媒体甚至教育主管部门也推波助澜，提炼、总结、号召学习。这些迅速成长起来的“名校”成了榜样，有的干脆成了素质教育的榜样。在各项指标中，最令人叹服的当然还是“高升学率”“地区第一”等字样。我也承认它们是第一，但我绝不承认它们是素质教育的典型。应试和素质是一种天然的矛盾，取其一端，如应试，另一端的素质必然下降！两者兼优，除非是择优生学校。不承认两者之间的矛盾者，往往是狡猾之徒。

那么，我就断难承认它们是名校了。既然不是名校，又有那么多人顶礼膜拜，甚至十几年、二十几年不衰，该是什么现象？哦，插一句，有人曾质问我：“它们为什么能长盛不衰?”我借用教育学者张文质先生一句话来回答：“应试大厦不倒，中国永远没有素质教育。它们将与应试教育同在，也将与应试教育同亡。”回到原题，该是什么现象呢？“明星”现象，它们是“明星校”。这些学校与明星有着太多的异曲同工之妙。不信？且听我慢慢道来。

第一，明星和明星校出身低微。很多明星出身低微，甚至在一段时间内被人无视；也有很多"明星校"当初曾遭人唾弃甚至面临拆并。穷则思变，应该感谢应试教育，没有太多技术含量，"吃得苦中苦"，即可为"人上人"。它们当初的改革充满着乡下人的质朴与勤劳，也有乡下人的简单与实诚。小有成功，马上改头换面，精心打扮一番，然后粉墨登场。

第二，明星和明星校都是一夜成名。"明星一台戏，星校六月天。"明星，可以靠一部电影、一部电视剧、一首歌甚至是一个小品一夜成名天下知。明星校呢，每年六月大考，三年磨一剑，成绩斐然，然后在"成绩是硬道理"的文化背景下一下子坚挺起来，昨日的汗水闪耀着金光，昨日的理念成为真理，昨日的做法成为成功的经验。

第三，明星和明星校都有个性。明星们一旦成功后，人们会发现他们的一切都有人在模仿，那叫明星的个性。我曾经很诧异很多女孩子喜欢嘟着嘴，还亮着无色的唇膏，逢人便疯狂，后来无意中看了几分钟的什么狗屁电视剧，才发现原来如此！明星校本来也就是抓得紧、抓得严，应试嘛，无非就是把人的生命潜能发挥到极致，用它们自己的话来说，"做题、做题，做到学生没有精力使坏"。但是，它们后来发现自己的做法"很土"，于是开始"提炼"，"顺口溜"和"数字化"的个性就出来了。

第四，明星和明星校都有经纪人。听说明星都有经纪人，听说而已，明星出了什么事、犯了什么错误，都是经纪人出来说话。后来我问一些博学的人，他们说经纪人是替明星宣传、找活干和收钱的。我突然发现，很多明星校也有经纪人，这些经纪人有的是媒体记者，有的是教育局官员，有的是教育培训机构，他们为了同一个目的而来——分羹！事实上，很多经纪人不仅分到了"羹"，还分到了"名"，有的甚至分到了"位"，羡煞人也！

第五，明星和明星校都有粉丝。明星拥有粉丝不再是新闻，我也年轻过，也崇拜过一些大家，却从来没有失去自我。明星校有粉丝也很正常，据说，因为粉丝，那些明星校不仅"不差钱"，也拉动了所在地区的GDP，还说是什么"教育经济"。我并不嫉妒，只是痛恨这样一些粉丝，"学"完后在自己的学校强力推行，"不换脑筋就换人"，没有听证，没有论证，没有验证，"不讨论"，几个月后，一切归于平静。这种囫囵吞枣、冲动型的改革每天都在上演，有时我在想，我们这个民族太不成熟。

第六，明星和明星校的私生活都惹人非议。明星的私生活经常惹人非议，同样，明星校的“私生活”也不是那么平静。我得承认，很多明星校的课堂改革都抓住了“学生主体”这个牛鼻子，这是一次真正的、彻底的课堂革命，但如果抛弃，如“教师主导”“教师尊严”等则走向了极端；如果仅以应试成绩来衡量教育的成败，则走向了错误。学界对此有太多的微词，这在应试主导的环境下实属不易，最起码，比起那些“伪专家”们要高尚许多。我们呼唤改革，呼唤在尊重学生、尊重教师尊严下的所有改革。

找出这些与明星相同的地方，你一定认可它们为“明星校”的说法了。其实，我在网上搜索了一下，一些地方教育局的文件里也把创建“明星学校”作为政府这个“五”那个“五”、这个“三”那个“三”的奋斗目标了。岂不知，这个时代的“明星”早已不是梅兰芳时代的明星。

## “墙壁文化”应有核心理念的支撑

市属学校第二轮三年规划专家组对镇江市外国语学校的评审论证结束后，专家们竭尽溢美之词，我知道他们最满意的是“规划”的内在逻辑性，从办学理念到总体目标，从具体目标到行动策略，有一条理念贯穿始终，成为规划的灵魂。他们从学校“培养三年，服务一生”的核心理念中看到了“独有的时代气息和创新精神”，又从自主发展、自塑式德育、合作学习等策略中找到了核心理念的抓手。

这也使我想到了很多学校的墙壁标语，暂称之为“墙壁文化”。在当前的学校文化建设中，“让墙壁说话”成为校园的一道文化风景线。很多学校都在充分利用学校的墙壁，发挥教育宣传作用，营造良好的教学环境。在教室的墙壁上，布置学生书写的哲理名言，使学生敛容深思；张贴地图、风景画，激起学生对大自然的向往，对祖国的热爱；设立“成长足音”，把学生取得的点滴成绩公布出来，引导学生积极向上。这些做法有效激发了学生的内驱力，推动班级向着良好的方向发展，也使学生在班级良好环境的共同影响下形成良好的品质。但必须看到，很多学校只是想当然地摘抄一些名人名言和教育语录。看一条，或许并无问题；整体上罗列到一起，会突然发现：大家其实在各弹各的调。

我参观过很多学校，其中不乏名校，有一些标语出现频率是很高的，如“苦心人，天不负，卧薪尝胆，三千越甲可吞吴；有志者，事竟成，破釜沉舟，百二秦关终属楚”“十年苦读一朝决胜负换来笑逐颜开；数载艰辛六月定乾坤赢得似锦前程”“卧虎藏龙地豪气干云秣马厉兵锋芒尽露；披星戴月时书香盈耳含英咀华学业必成”。其实这样的励志性口号多一些也无妨，尤其是在高考到来时，但如果整个校园全都在充斥“励志”，高一当作高三抓，那么这所学校散发的核心理念是否太过功利主义了呢？

我们不妨来看一看张家港外国语学校的文化系统：战略定位是“精品化、个性化、国际化的12年一贯制民办外国语学校”；发展愿景是“做中国卓越的、有影响力的新型外国语学校”；学校精神是“和衷共生，创意唯新”；校训是“和立、和生、和达”；管理哲学是“仁法相衡，经权相谐，奇正相生”；品牌主题是“和文化”；学校口号是“以理想的教育实现教育的理想；科学人文共生共长，中学西学相辅相成；铸造民族灵魂，开拓全球视野；这里是走向世界的起点”。我们注意到，这个精神力系统有一个核心理念在支撑着，那就是“和”。

学校文化专家沈曙虹先生认为，核心理念是学校文化的“魂”，只要核心理念的确定具有高度的哲学性、适切性、差异性、统领性与前瞻性，并真正将其作为贯穿学校所有办学思想的“红线”，使办学理念系统形成“价值链”，再辅以执行系统的跟进与完善，那么从理论上说，学校办学理念与行为就必定具备鲜明的战略个性，就必然会建立起独具魅力的品牌形象。

## 寻找学校文化发展的原始密码

为构建学校文化体系，镇江市外国语学校在风景秀丽的南山碧榆园，召开了“学校精神文化建设”研讨会，分管副校长和部门负责人分别就“自塑式德育”“合作学习”“英语教育”“课程特色”“国际教育”“精神文化发展脉络”等主题进行了交流。其中有一位老师的发言尤其令人感慨，他是这样说的："大家都在做事，我们做得更认真；大家都在谋事，我们想得更远；大家都在宣传、推介，我们一直很低调。"

很多学校，尤其是一些新办的学校，或者是一些民办学校，总喜欢请专人进行学校文化策划，最后，那一整套的文化却有"文"无"化"，没有完成"文而化之"的应担负的使命。学校的发展有其文化的密码，这种密码是内生的，而不是外铄的，有自己的"原始密码"，只不过在其发展过程中，这"原始密码"被人遗忘。那位老师的三句话一下子点醒了每一位参与学校文化策划的专家与老师，"学校文化建设"其实就是一个寻找学校文化发展的原始密码的过程，是一个寻找那令人惊喜的语言表述的过程。舍此，必将走向"看上去很美"的文化胡同。

曾经，镇江市外国语学校在寒假到来之际给每位师生留下了一份"寒假作业"：填写你认为的"校训"和"三风"（校风、学风、教风），还有创作校歌歌词。开学后，三千多份还留有冬季余热的"征求意见表"收集到"学校发展处"，发展处的王老师经过一个多月的遴选，选出了一百多份具有参考价值的建议，并以此为基础出台了学校精神文化力的 10 个版本的"原始密码"。正如江苏省教育科学研究院基础教育研究所副所长王一军所说："其实最后这所学校的精神文化如何表述并不重要，重要的是过程，一个价值认同的过程。"

学校文化的创造主体永远是这所学校的师生，而且包括家长和已经毕业的校友。为了寻找到"原始密码"，一般需要经历这样五个过程：培训、征集、研讨、论证和发布。学校文化建设，对于中小学而言是一个新话题，对于长期站在课堂的教师而言，其接受与认可还需要一个过程。这个过程不是自然到来，需要培训，要补上"文化"这一课。从学校文化建设整体来看，大学的文化建设优于基础教育；在基础教育中，城市优于农村，民办优于公办。在"文化"和"面包"不可兼得的情况下，很多学校选择了"面包"。

我曾拜访过山东一所高中，新建的教学楼中每一面可以看到的墙壁上都设有教育名言，如陶行知的、苏霍姆林斯基的，也穿插有励志性警句。随行的校长在介绍过程中充满着"文化"自豪感，并问我的看法。因为是朋友，我直言不讳：缺少个性，缺少属于"你"的文化。"让墙壁说话"充满着“教化”的味道，失去了一种美感和教育的“润物细无声”。教学楼的标语阅读主体是学生，而不是老师，这里不是教育学院，而是高中。学校文化是内生文化，只有内生才有生命力，假如要对学校文化进行文化梳理，寻找原始密码，千万不要忘记一线教职员工的智慧。

镇江市外国语学校在征集各方意见后，并没有立即出台自己的精神文化建设方案，草根的东西还要经得起学理的推演。有一所学校的校训是“勤”，学校管理专家郑杰校长认为，校训应该体现一种价值观，如“厚德载物”，但是“勤”不是价值观。镇江市外国语学校延请了国内几位著名的学校文化战略专家对10个版本的精神文化力进行把脉，专家们一一点评下来，校长潘晓芙说：“专家的点评让真正属于我校的精神文化力呼之欲出了。”

“呼之欲出”还没有“出”，还需要“呼”，要根据研讨的精神初步形成自己的精神文化体系。如何让这套体系很“个性”，既体现文化的传承、现实的提炼，又能引领未来的发展，要进行“论证”，通过“论证”，赋予“精神文化”以个性化的解读。

## 校训“仰望星空，脚踏实地”之释读

“实”作为镇江市外国语学校之校训已若干年了，正是靠着脚踏实地的实干精神，从薛家巷到仓巷再到大学山，完成了一次次的蜕变，而今已然羽化成蝶，成为镇江百姓心目中初中教育的一个品牌。

学校下一步将如何发展，如何从短短十几年的发展史中寻找到属于自己的精神文脉？我们想到了“仰望星空，脚踏实地”。选用它，或许会有人说我们失去了个性，但我们认为这8个字不仅概括了过去十几年我们走过的道路，更能够启迪我们在今后的发展路上充满理想和憧憬，充满实干的精神。或许还有人会说，这并不代表着一种价值观，但我们要说，心中装满教育的豪情，踏实行走，我们有着星空一样宽广的胸襟，有着务实求真的工作作风。我们期待学生也有同样的品质，谁说这不是我们的价值观？

“仰望星空，脚踏实地”，二者一虚一实，一形而上，一形而下；一遥不可及，一触手可及；一精神的，一物质的。它们的属性似乎水火不容，但我们始终在这两者之间进行哲学行走。我们仰望教育的星空，追溯教育的理想主义，那遥远天空上的星星是心中的理想教育，因其遥远不可捉摸而异常美丽。但我们从不放弃脚踏实地，有对现实的认知和把控，这些就像脚下的土地、泥泞和荆棘，总能实实在在地左右我们的冷暖与喜怒。仰望星空，让我们骄傲无比，充满力量；脚踏实地，让我们步履坚定，洋溢豪情。

或许，在当下，当仰望星空的教育浪漫主义与脚踏实地的教育现实主义相遇时，双方相互将对方极端化，浪漫主义认为现实主义没有理想和情调，而现实主义斥责浪漫主义不食人间烟火，它们在面包与诗歌间踯躅。但我们头顶蓝天，脚踏大地，思想在浩渺的天际游走，行动在坚实的大地上踏步。因为思想的高远，我们豪迈，大志于胸；因为脚步的坚实，我们成熟，坚强于心！其实，教育的浪漫主义与现实主义，是硬币的两面，是电脑的软件与硬件，是不可以单独存在并发挥作用的。在教育之路上行走，不必因埋头劳作或奔走，而忽视天空的星月存在，某一时刻的驻足与追问，以及对理想、正义、公理和梦想的思考，并不妨碍行程，相反，会使前路、方向更坚定，意志更坚强，而且眼光更清明。

仰望星空，辨清办学方向和人才目标；脚踏实地，让我们到达理想的国度。记住这 8 个字，镇江市外国语学校，重新启程。

## “上善若水，结伴成长”的教育意蕴

江阴市华士实验小学的学校精神文化具有其独立的价值。这种独立性表现为：一是历史性。“精神家园”“师生结伴成长”“同心、同行、同乐”等，其形成过程至少已经历了三届校长、20 年之久，一开始是作为口号提出的，渐渐地成为学校的价值追求，这合乎学校精神文化发展的一般规律。二是发展性。这些价值追求是基于吴辰、夏青峰等学校历任领导者对教育的理解而形成的。它的精神源头，校园里三尊塑像已经明示：孔子、陶行知、苏霍姆林斯基。2001 年新课程改革以来，这些理念的提出，尤其是

“做优秀的世界公民和永远的中国人”的培养目标，让这所学校站在了时代的前列。三是群众性。学校文化首先校长文化，这所学校也不例外，学校领导者吴辰、夏青峰本身就是江苏省名校长，但这些理念的提出一再走了群众路线，“三同”更是一位美术老师提出，“培养目标”是几经集体讨论而成，所以其生命力格外顽强，员工认可程度很高，加上历经多次国际性高端会议，已经成为这所学校流行的文化符号。

2011年是江阴市华士实验小学的百年校庆，现任校长王冀敏要乘此东风完成一项历史使命：从众多精神文化的表述中提炼出“核心理念”，形成“校训”。就像美国哈佛大学，校训就一个词——“Truth（真理）”，既是校训，又是核心理念和教育思想。同样，清华大学的校训“自强不息，厚德载物”共8字，既是校训，又是核心理念和学校精神旗帜。华士实验小学也要在众多理念中提炼出属于自己的校训。

学校召开“百年校庆”筹备会，我应邀列席。大家谈到了“校训”的话题，按说，这已经是水到渠成的事了，但议而未果，我所提出的“结伴成长”也遭到一致反对，大家认为“不上位”“没有‘训’的味道”。大家也似乎很难从现有理念中发现点什么，这让我陷入深深的思索，校训既要体现学校的办学传统，代表学校的文化和教育理念，还要体现学校的办学原则与目标，彰显师生共同遵守的基本行为准则与道德规范，是一所学校教风、学风、校风的“顶层设计”。

于是，我不得不重新审看该校的文化口号。“一个追求”：让校园成为师生的精神家园。“两个目标”：做一个优秀的世界公民和永远的中国人，做一个幸福而有为的人。“三同”关系：同心、同行、同乐。“四个理念”：每个人都是同样重要的，每个人都应该得到发展，每个人都有一定的创新潜能，每个人都有自我实现的良好愿望。“五个人人”：人人都享受一份爱，人人都得到尊重，人人都拥有机会，人人都有所追求，人人都体验欢乐和成功。

仔细琢磨，这些口号里蕴含一个“人”字。这所学校早已从关注学校教育的社会属性进而发展为关注“人性”，这是一次质的飞跃，也是中国大地上一道别样的风景。可能正是因为对于“人性”的关注，在这样的表述体系里少了“训”，少了作为校训应该有的师生共同遵守的基本行为准则与道德规范的内容。在这方面提炼可能有方向性的错误，基于此，又跳出此，视域再宽阔些，我想到了一个词——上善若水。

上善若水语出《道德经》："上善若水。水善利万物而不争，处众人之所恶，故几於道。居善地，心善渊，与善仁，言善信，政善治，事善能，动善时。夫唯不争，故无尤。"意思是，最善的人好像水一样。水善于滋润万物而不与万物相争，停留在众人都不喜欢的地方，所以最接近于"道"。最善的人，居处最善于选择地方，心胸善于保持沉静而深不可测，待人善于真诚、友爱和无私，说话善于恪守信用，为政善于精简处理，能把国家治理好，处事能够善于发挥所长，行动善于把握时机。最善的人所作所为正因为有不争的美德，所以没有过失，也就没有怨咎。

据说孔子曾问礼于老子，其中有一段关于"水"的对话。老子手指浩浩黄河，对孔丘说："汝何不学水之大德欤?"孔丘问："水有何德?"老子说："上善若水：水善利万物而不争，处众人之所恶，此乃谦下之德也；故江海所以能为百谷王者，以其善下之，则能为百谷王。天下莫柔弱於水，而攻坚强者莫之能胜，此乃柔德也；故柔之胜刚，弱之胜强坚。因其无有，故能入于无间，由此可知不言之教、无为之益也。"孔丘闻言，恍然大悟道："先生此言，使我顿开茅塞也：众人处上，水独处下；众人处易，水独处险；众人处洁，水独处秽。所处尽人之所恶，夫谁与之争乎? 此所以为上善也。"

《荀子·宥坐》里也记载了孔子答弟子子贡问水的一段对话。孔子观于东流之水。子贡问于孔子曰："君子之所以见大水必观焉者，是何?"孔子曰："夫水，大遍与诸生而无为也，似德。其流也埤下，裾拘必循其理，似义。其洸洸乎不淈尽，似道。若有决行之，其应佚若声响，其赴百仞之谷不惧，似勇。主量必平，似法。盈不求概，似正。淖约微达，似察。以出以入，以就鲜洁，似善化。其万折也必东，似志。是故君子见大水必观焉。"在此处，孔子以水描述了理想中的具备崇高人格的君子形象，这里涉及德、义、道、勇、法、正、察、志以及善化等道德范畴。

以"上善若水"作为校训，不仅与华士实验小学一贯倡导的理念一脉相承，而且也体现了对儒、道文化的传承，还能体现学校地处江南水乡的地域特点。

但仅以“上善若水”作为校训，难免雷同，可以考虑加上四个字——结伴成长！这四个字脱胎于华士实验小学的办学理念“与孩子们结伴成长”(后改为“师生结伴成长，共享教育生活”)。该校曾作过这样的诠释：“人”是学校的出发点和归宿，学校应将学生的健康成长作为关注焦点，但教师的发展应被视为学生发展的主要条件。“结伴”意为学校的一切教育活动是在师生交往中实现的，师生交往是学校中生活与学习的基本方式；“结伴”更意味着“师生和谐”关系，即师生交往的“全面性”“价值性”“民主性”“主动性”“引导性”都得到很好的实现。

取“结伴成长”，还体现了师生的平等，师生是一种伙伴关系。有成长，就有风雨、坎坷、成功、喜悦，甚至磨难和痛苦，这些都是成长的一部分，是属于生命的原生态的教育，但因为“结伴”，就有了一种温馨和前进的力量。学校不仅是学生发展的地方，也是教师发展的地方。教师不是蜡烛，“毁灭了自己，照亮了别人”，并且，教师的发展是学生发展的基础与前提。“结伴成长”，是一种“成长”，而不是“助长”的过程。这里有成长的规律，显示了教育的“慢过程”——需要浇灌，还需要等待。我们甚至可以跳出师生结伴，将其理解为生生结伴、师师结伴，还有学校与社区的结伴。如此理念，成为“训”，更有主动追求的意味。

“上善若水”是一种道德追求，“结伴成长”是学校发展的追求，两者的结合，把握了时代的脉搏，蕴含了传统文化，传承了学校文脉，体现了人文关怀，彰显了教育的发展，正可谓“校训”。

## 一位校长的价值领导力

结识夏青峰校长是因为我曾加盟华士实验教育集团。2008年集团改制，我随夏校长到了江阴。一年半的接触时间内，我一直在思考一个问题：一位“70后”的年轻校长何以领导一个万人的教育集团，又何以领导一所备受市委、市政府关注的国际学校？凭行政力，经济力，还是其他？这让我想起了被企业界称之为“第三领导力”的价值领导力。

想要弄清价值领导力，先要弄清价值领导。所谓价值领导，是指一种领导的艺术，即运用正确和先进的价值观念激励、团结和教育集体中的成员，促进组织中每一位成员的价值认同与整个集体的价值团结，帮助他们树立正确的价值信念，从而实现组织目的。价值领导力是运用价值领导艺术以解决管理实践中出现的问题，调控管理行为，实现组织目标的能力。

我们不妨来看一看集中体现英桥国际学校价值观的学校文化精神力系统。

“一个追求”：让校园成为师生的精神家园。“两个目标”：做一个优秀的世界公民和永远的中国人，做一个幸福而有为的人。“三同关系”：同心、同行、同乐。“四个理念”：每个人都是同样重要的，每个人都应该得到发展，每个人都有一定的创新潜能，每个人都有自我实现的良好愿望。“五个人人”：人人都享受一份爱，人人都得到尊重，人人都拥有机会，人人都有所追求，人人都体验欢乐和成功。

再来看一看学校团队文化系统。

发展文化：团队的力量最重要，发展才能解决问题，永远比别人快一步。行政文化：团结协作，全力以赴，坚持不懈。反思文化：我的精神状态积极吗？我的工作做得出色吗？我能接受更大的挑战吗？责任文化：每天比规定的多做一点点，每天比规定的做好一点点，每天比规定的做早一点点，每天比规定的做巧一点点。激励文化：永远以积极与热忱的心态对待生活，永远以欣赏与感恩的心态对待他人，永远以全力以赴的心态来对待生活。学习文化：少一些聚餐喝酒，多一些沙龙研讨；少一些高谈阔论，多一些静心阅读；少一些埋怨指责，多一些深入苦干。沟通文化：六倍沟通，积极影响。

如果你细心去揣摩这些理念，不难发现这样几个关键点：对人的尊重与信任；对于事的坚定与执著。夏校长曾说：“我们在学校里，应该能够得到精神的愉悦而非痛苦，个性的发展而非压抑，胸怀的广阔而非狭隘，愿望的实现而非沮丧。”一句话，去“享受学校”。

在当前多元价值观发展的条件下，夏校长以广博的学识和睿气识别出隐含在观念、制度、行为与社会事件中起支配作用的价值观念；在正确的与错误的、主流的与非主流的、共识的与个性化的、高尚的与低级趣味的价值观念之间，进行科学抉择，并综合多种价值观念进行价值创新；在价值观传播中，为所选择和信奉的价值观念进行理性辩护，并能尊重、理解和交流价值分歧；最可贵的是将通过开放讨论形成的价值观念付诸现实，从而不断改造教师的工作、学习，提升学校的文化品位。

现在很多学校的制度不可谓不齐全，执行力也不可谓不高，但总是徘徊在名校的门槛外，其实他们忽略了学校发展的最重要的因素——文化！制度再全面也有疏漏的地方，制度再严格也有人会违反它，翔宇教育集团卢志文总校长说的"文化在制度管不着的地方起作用"是有一定道理的，夏校长的学校管理重在引导员工对于一种正确价值观的体认。

不仅在校报上，而且在开学典礼、毕业仪式、国旗下讲话、行政会议、教代会等场合中，夏校长都要提及、阐释学校文化的这些理念，让人类的基本价值共识、社会主流价值、现代教育价值、学校文化发展的基本价值根植于每一位教职员工的心中，从而内化为教育行动。

不仅在精神层面上进行阐述，夏校长在具体的管理活动中无不体现着学校的价值追求，在与老师、学生的互动中坚守学校的价值信条，在各种对外宣传中始终弘扬学校的价值体系，甚至包括学校的设施设备，无不体现着学校文化的价值观。联合国教科文组织国际农村教育研究与培训中心主任朱小蔓教授谈起参观英桥学校的感受时，说道："走过透明的玻璃长廊，感受到一种通透的现代化气氛，到处洋溢的是人对人的亲切、爱护和体谅。这应该是一个可以选择、可以热爱、可以生活、可以享受的精神家园。"

在这样一个精神家园里，学校师生享受着夏校长的价值领导力，并在享受中成长。

## 学校文化的草根生成与专业策划

无锡的邱华国校长是新近认识的一位朋友。我在无锡工作的 8 年时间中，总有人提起蠡园中学，有时坐车经过蠡园中学能见到教学楼楼顶上硕大的"蠡中教育"几个字，夜晚还闪着霓虹，但一直无缘结识邱华国校长。2008 年，我们在江阴见过一面，但真正认识还是在云南大理，我们同时被邀去云南讲学。巧的是，他讲自己学校的"选班而学"，我奉命"点评"

“选班而学”。一场报告下来，再加上在大理古城泉水街喝过酒，就算是拜了把子。他的“名气”很大，所在的蠡园中学也是江苏省一所品牌初中。无锡市滨湖区新办了一所初中，名叫南湖中学，新校长还是选任了邱华国。一人身兼两校校长，足可见“邱华国”品牌之重要。

后来，我陪同潘晓芙校长拜访无锡市南湖中学。南湖中学正在进行学校文化的“顶层设计”，为此，学校专门聘请了著名学校管理专家郑杰予以量身打造。请郑杰，不单单因为郑杰是国内著名的学校管理专家，还因为邱华国与郑杰一直是莫逆之交，两人互有文章唱和，请熟悉的专家进行学校文化策划，这本身就是一种成功。郑杰到校后与老师们进行了很多交流，在会议上解读了“呕心沥血”为南湖这所新校策划的“精神力系统”。我有幸聆听。

郑杰认为，南湖中学的文化主题是“真实性学习”，学校定位是“平民教育”，学校愿景是“这是一所真实的学校”。对此，郑杰用惯有的诗意与哲理交融的语言风格写出了一段颇具苏霍姆林斯基风格的愿景。

为了学习，教师和学生们相聚在一起；因了学习，每个梦想都可能化为现实。于是，从第一天起，流言、伪善和虚妄就从来不曾侵入，侵入那纯洁而高贵的机体。这里有一群真实的人。人们惺惺相惜，彼此信赖，相互取暖，他们走着人间正道，一个人和另一个人之间，早已消失了界限。这里的人们一千次地确信，没有一汪富有诗意的真实情感和美的清泉，就不会有心智的成长。真实的学习每天都在发生。你可以看到人们在这里沉思的景象，也可以听到争论的声音；你能清晰地触摸到人们的热情、好奇和向往，早分不清哪是生活，哪是学习。于是，每个人在离开的时候，带走的不仅是知识，更是那渴求知识的火花，生生不息！

南湖中学的办学理念是“创造一个适合师生学习的真实世界”，校训是“守望真理，守护天真”，学生发展目标是“工于选择，长于探究，勇于担当”，教师发展目标是“课堂真实的创造者、家庭真情的指导者、教育真理的探索者”，学校发展目标是“共享、共创、共成长的知识共同体”，领导风格是“以真诚和人格做事，用事实和数据说话”，学风是“小疑必问，大事必闻”，教风是“安雅、睿智”，校风是“孩子气、诗书气、浩然正气”。

这样一来就形成了一套精神文化的体系，包含定位、愿景、办学理念、校训、培养目标、教师发展目标、学校发展目标、校风等。郑杰校长解读完毕后，邱华国校长主持会议，征求大家的意见。可能是由于在现场聆听，再加上这套系统本身是以张扬一种个性和真实、以人为本的体系，这样的话语方式对于中国的教师来说，想在现场马上引起"强烈共鸣"，显然是一种奢望。大家只是斟词酌句了一番，比如"工于选择"，"工于"含贬义，建议改成"善于"。还有一位老师对"家庭真情的指导者"提出异议，是"指导者"吗？其实这个疑问很有价值的，应该是"合作者"。

郑杰对于学校文化的策划在国内是比较知名的，其自有一整套文化体系策划办法，用他自己的话来说是有"自主知识产权"的，的确令人惊叹。他为南湖中学设计的这套体系有其核心——真实性学习，并且是一个"真实"的核心，其他要素无不体现着这一核心，这样就有了"顶层设计"的意义。这些设计是基于"办学定位"的，南湖中学是地处滨湖区城乡结合部的一所学校，学生大部分是"新市民"子女，生源质量相对一般，所以学校定位是"平民教育"，而不是"精英教育"。

文化是深深植根于人的心灵的东西，策划，很美、很新，甚至很豪；但"老宅"更容易牵动人的情愫。在郑杰提出的精神文化体系里，老师们对"孩子气、诗书气、浩然正气"这一"校风"特别有同感。后来，我们去合影时看到教学楼的一面墙上有一幅宣传画，画的主题是一个"气"字，我明白了老师们"同感"的原因。这也使我想起苏辙的名篇《上枢密韩太尉书》中对于"养气"的一段精论："以为文者气之所形，然文不可以学而能，气可以养而致。孟子曰：'吾善养吾浩然之气。'今观其文章，宽厚宏博，充乎天地之间，称其气之小大。太史公行天下，周览四海名山大川，与燕、赵间豪俊交游，故其文疏荡，颇有奇气。此二子者，岂尝执笔学为如此之文哉？其气充乎其中而溢乎其貌，动乎其言而见乎其文，而不自知也。"如果南湖中学以"养气"为校训，倒也有文章可做。

还有"小疑必问，大事必闻"的"学风"也引起老师们的共鸣，可能是在于这句话的通俗易懂。郑杰介绍，这句话出自陶行知先生的一副对联：四体不勤，五谷不分，孰为夫子；小疑必问，大事必闻，才算学生。这里又给了我们一个启发：文化，要流行，可能绕不开"通俗"二字，况"平民教育"更需要通俗，"真实性学习""知识共同体"，是我们头顶的星空，我们如康德般敬畏它，但只是敬畏而已。

其实，大凡新的文化，都会遭遇“水土不服”，甚至夭折，但文化的意义不在于确认，而在于确认过程中对于陈腐的荡涤、思想的解放。

## “育水仙、喻师德、扬师风”活动的文化价值

镇江市外国语学校第六届水仙艺术展的新闻报道中有这样的一段话：“三月，万物复苏，鸟语花香，洋溢着和暖的气息，奏响着和谐的旋律。3月2日，我校举办了第六届‘育水仙、喻师德、扬师风’水仙艺术展。走进展室，经过教职工们两个多月精心培育的水仙花，散发着沁人的芬芳，一盘盘精心培育的水仙，风姿绰约。素洁的花超凡脱俗，高雅清新，宛如凌波仙子踏水而来，这些自然界的精灵们将无声的浓郁春意表现得似有声音般轰轰烈烈。”

镇江市外国语学校的前身是镇江市第十二中学，自20世纪90年代初，第十二中学的工会就有了一个传统活动，每年12月份，全体教职员工都可以领到一枚水仙球，然后对它进行培养。寒假过后，草长莺飞，3月初，员工们纷纷拿出精心培育的水仙，参加由工会统一组织的水仙展。

2005年12月，镇江市外国语学校挂牌成立两年了。工会委员们商量，如何赋予“老十二中”水仙展更多文化内涵？几经磋商，大家确立活动的主题为“育水仙、喻师德、扬师风”。大家认为，水仙展已经不单是一次娱情活动，更多的是一种喻义，老师们的书法作品“世上花万千，吾却爱水仙；此君索取少，香气溢满天”正是诠释了这种喻义。

现如今该项活动已经具有二十多年的历史，业已成为学校工会的品牌活动，尤其是2010年以来，时值学校精神文化建设年，原十二中的教师提出将水仙作为学校的文化意象。在教职工大会上，这一提议很快得到了大家的赞同。

大家认为，“育水仙、喻师德、扬师风”活动的二十多年不间断和不断赋予活动新的意义，如学校办学既守正务本又求活创新；水仙具有“仙风道骨”的品质，如学校的员工淳朴无私；水仙具有“体素欲倾城”的功用，

如学校员工学养高雅；水仙具有“不怕晓寒侵”的不屈精神，如学校员工品质高尚；水仙具有“只凭一勺水”的忘我境界，如学校的员工爱心永驻；水仙具有“凡心洗尽留香影”的奉献精神，亦如学校的员工甘当人梯……

“育水仙、喻师德、扬师风”的活动是一项跨越年度的活动，在水仙的培育中娱情，活动参与面广，每位教职工均是活动的主人，管理团队与员工一样兴趣盎然。对水仙丰富多彩的命名，让活动与教职工的精神生命相契。2010 年的水仙展上，我们看到这样一些名字：“一枝独秀”“翘首探春”“清香出奇”“简约不简单”“玉蕊冰清春风香”……使一盘盘水仙充满了灵性与智慧。除水仙盆景外，不少老师还展示了自己的摄影、书、画等作品，一幅幅作品透露老师们高雅的审美情趣，“凌霜不肯让松柏，波涛入笔驱文辞，仙人烛树蜡烟轻，子规啼血滴松风。”诗配画，创意新颖，水仙艺术展为初春平添了亮丽色彩和迷人气息，让活动的外延得以延伸，内涵得以丰富。还有，在评比过程中，全体员工的投票参与让活动不再精英化；活动结果的公布和新闻、总结的出台，让活动寓意深刻、余音不绝；对于水仙精神的提炼，凸显了活动的文化价值。

发展至今，这项活动经历了三个阶段：第一阶段是娱情阶段，从 1990 年至 2004 年；第二阶段是喻义阶段，从 2005 年至 2009 年；第三阶段是文化意象阶段，从 2010 年至今。目前，学校已经形成了《校工会“育水仙、喻师德、扬师风”活动操作办法》《校工会“育水仙、喻师德、扬师风”评比办法》等制度与规范，让活动经常化、规范化，并具有文化启迪的意义。

当赋予活动以全新的思考，活动便具有文化的价值；当把水仙当作学校文化意象的时候，学校的精神文化建设便走向了一种文化自觉。

**案例呈现**

## 雪　松

——镇江市外国语学校的文化意象

一所学校要是能有一种图腾，这种图腾能集中体现这所学校的文化、价值追求、愿景等，那么人们就有了对该所学校最直接的文化印象。由此，学校在文化建设的过程中需要去寻找这样一种意象，让这种意象承载学校的文化追求。我们权且称之为“文化意象”吧！其实，这种思考也是基于中国传统文化，如太阳、月亮、长江、黄河、湘江、洛水、昆仑、泰山、华山、江南、塞北、桃花、兰草等，这些是中华自然意象；还有人文意象，如龙、凤、麒麟、大鹏、宫殿、车马、衣冠、长城、运河等，它们都有说不完的故事，看不完的形象，解读不完的意义，争论不完的魅力。

文化意象的背后有着极其丰富的链接，通往宏大深邃的知识仓库，承载诗人名贤、高僧大德的生命信息，也凝聚集体记忆与民族认同的千年密码，是一部部的文化史，有着悠久而浓厚的历史存量。

在南山碧榆园“学校精神文化研讨会”后，我们一直在思考，镇江市外国语学校的文化意象是什么呢？当用尽全力去思量，但还是找寻不到的时候，极有可能是这所学校还没有“文化意象”，或者说这种“文化意象”还深藏其中，人们无缘结识。我们很幸运，一下子想到了学校的雪松，偌大的校区里竟有15棵苍翠挺拔的雪松，有几棵和校区几乎同龄，大约七十几年吧！每当经过它们的身边，总要向这些见证学校发展的雪松投去膜拜的眼神。文化意象，就是它了！

第一层是雪松的绿色，岂不正象征我们所从事的事业——教育。《管子·权修》里说：“一年之计，莫如树谷；十年之计，莫如树木；终身之计，莫如树人。”“树木”与“树人”有着太多的相似之处。首先都是一个“慢”的过程；其次都需要遵循规律，如人的成长规律、教育本身的规律。再次，“木”与“人”都给自然界带来了和谐，尤其在应试教育仍然起主导作用的今天，“绿色”是多么的珍贵。人类失去“绿色”，就失去了与自然的共谐；教育失去了“绿色”，就失去了与人类命运的共生。

德国作家赫尔曼·黑塞说：“每一棵树都是神圣之物，谁能和它们谈心，谁能倾听它们的心曲，谁就能返璞归真。它们不是向你喋喋不休地唠叨什么训诫和丹方，它们撇开个别现象，向你谆谆教诲生命的原始真谛。”而第二层含义在于雪松的常青。无论春夏秋冬，无论雨雪风霜，它都向世人展示绰约风姿和永远的绿色，这似乎也是一种隐喻。教育是一种常青的事业，人类越是发展，越是需要教育的昌盛。在世俗的世界里，教育始终要坚守自己的本真，以培养人、发展人、成全人、激励人为己任。

第三层含义在于，雪松的外形看上去是一个“人”字，预示着教育是一种育人的事业，而且从内在品质上看，还预示着教育应该培养什么样的人。印度人把雪松尊称为“圣树”，众多西方人把雪松誉为“植物之王”，甚至说成“神树”，这样就又给雪松蒙上了一层神秘的面纱。对这种松科乔木，陈毅元帅赞美道：“大雪压青松，青松挺且直；要知松高洁，待到雪化时。”用这首诗颂扬雪松同样是恰如其分的，雪松更显得“欢喜漫天雪”，它敢于承载层层叠叠的雪花，大雪压不垮，狂风吹不折，凌霜傲雪岿然屹立，被银白的雪花覆盖的淡绿或蓝绿的雪松更显得无穷的魅力！雪松是经得起风霜雨雪的洗礼与考验的。陶铸在《松树的风格》中写道：“你看它无论在严寒霜雪中和盛夏烈日中，总是精神奕奕，从来都不知道什么叫作忧郁和畏惧。”“松树的生命力可谓强矣！松树要求于人的可谓少矣！”高洁、坚强、奉献，岂不正是教育要培养的“人”的品质？

从校训“仰望星空，脚踏实地”看去，雪松的第四层含义是形象化了校训。雪松将根须深深地与大地相拥，吸吮大地的乳汁，多少年来，我们正是这样一路走来。同时，雪松高高向上，直指苍穹，也预示着我们“仰望星空”的教育理想与价值追求。

第五层含义，要从历史的角度去审视。镇江市外国语学校于 2008 年顺利搬迁至大学山。追溯大学山的办学历史，我们感受到镇江人那种追求卓越、拒绝平庸、超越自我的精神。1937 年，“镇江三老”陆小波、冷御秋和严惠宇先生怀兴学救国之宏愿，择镇江城东之大学山，创建私立京江中学。建校伊始，即以“至诚无息”为校训。时逢国难，师生虽饱尝颠沛流离之苦，然仍以勤学报国为己任，百折不挠，精进力行。学校本着实业救国的宗旨，以数理为重点，文史应用为工具。一时多少热血青年，云集大学山上，京江校园遂成大江南北学子向往之殿堂。因手头的资料有限，无法知晓校园的 15 棵雪松是谁人所植，但它们在风霜雨雪中见证着一切，昔日的京江中学在大学山创造了辉煌的教育业绩，今天，我们沿着历史的足迹，改革创新，不断超越自我，一定会谱写出新的篇章。

## 微博选粹 教育还是修己安人

1. 人无信不立

镇江市有几所学校要进行暑期校本培训，由我出面邀请几位专家。大家很看好某教授，我跟此君约好7月7、8号来镇江讲座。本来我就很诧异，他能主动提出高额课酬，并声明是税后。后来，镇江市教育局把小学招生时间安排在这两天，我们只好提前到4、5号。与该教授沟通时，他发来信息说："不行，我的时间一个月前早已排定，不是儿戏。人要讲信用，无信何以立?"这位教授似乎还不"解气"，之后又打来电话，质问我为什么不守信，再次言明"人无信不立"。我彻底无语了。

把故事讲给同事听，大家都认为，德行永远比学问重要。

2. 好消息、好消息

学校行政楼外面有一家水果店，几个月前开的张。开张那天，我很高兴，因为随时能买到新鲜的水果了。但过了几天，我彻底失望，这家水果店每天总要用大喇叭喊"好消息、好消息，西瓜一块五……"反反复复，聒噪不已，令人几近崩溃。我想，这家店的左右店铺一定跟我的感受一样。经营要追求的境界是文化，而不是"咋呼"。因为经营的不仅是商品，还有人品，人品的底线是不妨碍别人的。

学校品牌建设亦如是，叫唤多的，是不下蛋的。

3. 谁是优秀者

有位专家说，在企业里，最后成为骨干、被提拔的，往往不是毕业于名牌大学的学生，而是来自普通大学甚至是没有文凭的员工。进入企业的门槛后，拼的不再是那张纸，而是能力与德行。学校中也是如此，几年后，成为骨干教师的，往往不是名牌师范院校的毕业生，而是普通院校的学生，甚至是大专生，更甚至是"代课老师"。做了老师，最后拼的不仅仅是本体性、条件性、文化性知识，还有对于教育的爱、对于学生的爱。而这种爱，要在长期的实践工作中才能显现，文凭没有记录这种爱。

# 校本课程要走向个性

GaoPin Zhi XueXiao Sheng Zhang YaoSu

## 本章导言

高品质学校的重要标志是拥有先进的课程体系。学校与学校之间的最后较量是课程的较量，谁能提供更适合学生终身发展和个性成长的课程，谁就更优质。很多学校把办学目标、校训都写在了墙上，但是否就落实在行动中了呢？是否见诸以学校为本体的课程之中了呢？学校课程能使办学目标和教育思想具象化、操作化、度量化，从这个意义上说，课程是学校办学水平的“直接现实”。华东师范大学崔允漷教授认为，学校的教育功能有赖于课程，知识技能、主流价值观、行为规范等都需要课程这个载体来加以表现，因而，课程就成了教育的“心脏”。本章几篇文章试图就课程问题以及相关的问题表达作者的理解和观点。

## 观点释放

### 名校之为名校的核心竞争力

近来，关于名校的讨论不绝于耳，《江苏教育》《江苏教育报》《中国教育报》也曾进行专题讨论，我也曾多次撰文思考相关话题。成为名校，是每一个有职业感的校长的办学梦想。但是，一些已经是名校的校长也一直在疑惑：我们的学校是名校吗？如果是名校，如何去超越？我们认为，名校之所以为名校，一定有其核心竞争力。也就是说，有在长期的发展过程中培育和形成的蕴含于学校组织内质之中，且难于被其他学校所模仿的，能够支撑学校过去、现在和未来的一种基础性能力或竞争优势。以下这样的“五名”，应成为名校的核心竞争力。

第一，名理念。

目前中国的基础教育学校是最没有个性的学校，其原因一是跟风现象严重，二是缺乏应有的办学自主权。很多百年老校，在应试教育的重压下，所宣扬的理念无法让人能真实地感受到。倒是大学在这方面有所坚守，说起北大、清华，马上就想起“爱国、进步、民主、科学”“自强不息，厚德载物”；谈到哈佛大学，就想到“让真理与你为友”；谈到悉尼大学，“尽管星物改变，我们的精神如一”则充满心间。中国基础教育学校在现有体制下高度统一，千校一面，因为其最本质的核心理念是一致的：分数文化。一些学校，虽然也包装了一下，但骨子里所隐隐透出的“分数文化”仍让人觉得寒气逼人。

江苏省南通师范学校第二附属小学校长吴和平一行来江阴市英桥国际学校参观。吴校长的参观总结十分令人鼓舞，她说：“来到英桥，给人的感觉是这里的师生都十分亲切，人文气息十分浓郁，还透着一股国际化的气息。”吴校长是江苏省名校长，眼光是独到而深刻的，二附小是江苏老牌名校，李吉林老师就曾在此校任教并创立了全国闻名的“情境教学法”。

名理念对学校教育具有方向性的指导作用，对教育者的行动具有激励和推动作用，对学校各项工作具有调节作用。简而言之，名理念具有启动功能、导向功能、激励功能和聚合功能，是为学生一生负责的理念。或许，在基础教育界，正如李镇西老师在一本书的序言里所言“教育，是一种悲壮的坚守”。我想，我们宁愿选择“悲壮”地坚守，也不要“安乐”地苟且。

第二，名师。

校长首先一定要是“名师”。在官本位和校长负责制下，校长对一所学校的影响力太大了。大家都很景仰苏霍姆林斯基，我更关心帕夫雷什中学（苏霍姆林斯基曾任该校校长）的今天，就像我关注栟茶中学和洋思中学的今天一样。有一个好校长就有一所好学校，这里寄托了人们对好校长的无限祈盼，同时似乎也透出“有一个坏校长就有一所坏学校”的言外之意。新加坡的校长任命书上写道：你的手中有无数个正在成长的生命……这句话所表达的不仅是一种责任，更是一种使命。

然后，要看这所学校有没有真正意义上的名师。什么是“真正意义”呢？是教书育人的名师，而不是只教书、不育人的那种教师。无锡市第一中学有一位即将退休的语文老师，姓杜，我的很多无锡的朋友对他都很熟悉。每当提起杜老师，朋友们脸上都充满崇敬之情，不是因为杜老师是第一中学的语文教研组组长，而是源自杜老师所具有的知识分子的人文情怀和学术修为。我习惯性地对在现有体制下评出的名师持有怀疑态度，包括一些特级教师，他们对教育理解很深，却叫不出几个学生的名字；他们中有很多是学术领路人，却在本校教研组内寸步难行。还说那位杜老师，几年前学校推荐他申报特级教师，他数度婉拒。道理也简单：要填的表格太多，不如多读点书，对学生实惠些。

名师还要有自己的教育和教学主张，这是名师成熟、成功的核心因素。国家督学成尚荣先生说：“（教学主张）在很大程度上代表教师成熟的程度和专业发展的深度。同时，教学主张的形成是教师长期历练和专业发展深化的过程。在形成的过程中，教师不断总结、提炼经验，不断汇聚、提升实践智慧，开发了自身生命的活力，积蓄着可贵的能量。”与学校没有个性一样，很多老师也是没有个性的，一本教参打天下。不信你去问一问教师们是如何理解自己的专业的，保证他说不出道理来。

第三，名课程。

既然是名校，就一定要有校本化的课程。有人说，把常规做好就是特色。我承认，像江苏省溧阳市后六中学那样把常规做到极致的学校确是有特色，但仅有常规特色不能造就名校。还有人说，校本课程就是搞点课外活动，什么吹拉弹唱、琴棋书画，逢个什么节来点汇报表演。但事实上，这些做得再精致，也就是活动课而已。

基于校本的课程是以综合性信息和直接经验为主要内容，以学生主体的学习活动及体验学习为主要形式，以促进学生的认知、情感、行为的统一协调发展为主要目标的课程及教学组织形态。它是学校自主决定的课程，开发主体是教师。课程开发的模式是“实践——评估——开发”，教师在实践中对所面对的情景进行分析，对学生的需要进行评估，然后确定目标，选择与组织内容，决定实施与评价的方式。

按照《国际教育百科全书》对课程的界定，课程有五个要素：对于学生和社会的构想；目标与目的；具有选择性、范围和顺序的内容或教材；实施方法；评估。

说到华东师范大学第二附属中学，马上想起他们的“主题班会课程化”；说到华士实验教育集团，马上就知道他们的“少年科学院”。把特点朝特色去做，把特色朝课程去做，几年下来，俨然名校。

第四，名团队执行力。

ABB公司董事长巴巴维克有一段精彩的论述：“任何组织的成功都是5%正确的决策加上95%高效的执行，没有执行，一切等于0。”很多学校都在学名校，拿回家一沓子“制度”，结果还是没成为名校。何哉？因为还有一样东西他们没有拿回去，那就是团队执行力。这里所说的“团队执行力”，不同于校长执行力。很多校长也很卖力，但学校就是上不了台阶，为什么？因为他（她）没有把个人的执行力转化为团队执行力。《细节造成的差距》一书的作者汪中求也说：“中国绝不缺少雄韬伟略的战略家，缺少的是精益求精的执行者；绝不缺少各类规章制度、管理制度，缺少的是对规章制度不折不扣的执行。”如果没有执行力，再完善、再科学可行的决策方案，也只能是沙盘上的蓝图或墙壁上的标语而已。

团队执行力有三个来源：一是校长，二是中层，三是制度本身。有一个非常古老的故事，但给人的启示是永恒的。19世纪美西战争中，美方有一封具有战略意义的书信，急需送到古巴盟军将领加西亚的手中，可是加西亚正在丛林作战，没人知道他在什么地方。此时，挺身而出的一名军人——罗文，不讲任何条件，历尽艰险，徒步三周后走过危机四伏的国家，把那封信交给了加西亚。罗文的执行力让美军赢得了战争的胜利，团队的“没有理由”的执行力也能把学校带向名校。

第五，名质量。

说到质量，很多学校总要摆出中高考成绩。小学没有成绩，怎么办？比负担，谁的家庭作业多、作业难，谁就是名小学。还有，摆各类奖牌。这个东西最容易唬人，寄上100篇作文，篇篇获奖，然后问你要证书制作费。在教育部门不准举办竞赛的气候下，立即有一些民办机构填补了这个空白。

名质量，首先要有一个全面质量观，不仅是分数，还有更多能体现办学成绩的成绩；再有是全体学生的质量，而不是少数尖子生的质量。我认识一位新加坡校长，他的学校要开展某项活动，一定是每位学生都有作品，不像中国，只有少数“精品”。

我一直在思考那些所谓名校的中高考成绩，如果没有名生源会怎么样？那些奖状、奖杯，如果没有家长的银子，还那么熠熠生辉吗？名质量也要成绩，也要奖杯，但前提是孩子们幸福、真实地生活着。

这“五名”中，名师、名课程是生产力，是学校核心竞争力的基础；团队执行力是经营力，是学校核心竞争力的表现途径和竞争手段；名理念是文化力，是学校生产力的原动力，也是学校核心竞争力之核心。学校文化力和学校经营力的整合产生品牌效应，即名质量，成为学校核心竞争力的物化标志；而学校文化力和学校生产力的结合则产生学校教育的特有品质，成为学校核心竞争力的内在标尺。有了这“五名”，就是名校，一所不易被模仿或被移植的名校。

## 校本教科研的发展策略

当前，我国基础教育正发生深刻的变革，立足于校本、立足于生本的教科研活动是突破改革瓶颈的有效途径。从现状看，认知的程度、研究水平和对教育教学的实际作用，呈非均衡发展态势。目前，学校教科研存在三种不良现状：第一种是学校本无教科研，只是个别老师进行自发性研究，我们称之为“散兵游勇式研究”；第二种是有教研组甚至有教科室，但没有产生研究，或者研究流于形式，上面要什么，就准备什么，有人戏之曰“用形式主义对抗官僚主义”，我们称之为“应景式研究”；第三种是既有教研组，也有教科室，甚至有课题，但研究是纸上谈兵，缺少行动研究，我们称之为“伪课题研究”。改变现状，推动校本教科研发展，如下策略可资借鉴。

一、观念先行

校本教科研的根本在于教师的观念。当前必须澄清三个误区：一是教科研是教育专家和教科室的事情；二是教科研是“作秀”；三是新课程、老课程归根到底是“考试课程”。我们认为，教科研是广大教师专业化发展的核心素养，也是一个教师成熟度的重要标志。我国教师有如下几种：第一种是抄袭型教师，没有教学主见，一切教学思想均来自教参和网络；第二种是借鉴型教师，他们能够灵活运用资料，充分整合他人意见，中间不乏自我主见，但仍属“杂烩”；第三种是经验型教师，以一些教龄较长的教师为主体，在长期的教学生涯中已经有了自己的一套模式，对于新课程有一定的“拒斥性”；第四种是科研型教师，欢呼一切新理念，又能结合本职“取一瓢饮之”。以上四种教师，学校只要通过制度引领、行政推动，均可让他们成为校本教科研的生力军。

二、方向集中

很多学校的教科研是“各科弹各科的调”“各年级组弹各年级组的调”，甚至“各人弹各人的调”，没有集中去研究一两个问题，而是“猴子掰玉米”，若干年后，教科研只是在原地转了个圈。“方向集中”首先是研究问题的选择。其问题的产生应自下而上，而不是自上而下，应关注校本，关注教师和学生的生活世界。研究问题必须从本校教育教学面临的突出问题中选题，把日常教育教学的问题转化为课题。对于这种课题宜专题化，学科教学分工的特点和教学内容的随机性都不适宜于时间较长的课题研究。而由一定的问题群构成的专题，则可以由教师个体或凝固性不是很强的群体在相对比较集中的时间内完成。江阴某学校语文组进行自我创新，以“精致语文”为主要专题，由“文本细读”“课堂版块式设计”“语文凭借”等问题构成问题群，为时一年多的科研活动成果颇丰，其中，推出的赛课选手有三人次获国家级一等奖，有五人次获大市级以上优秀奖，另有专著一部出版，发表论文近百篇。

三、专家引领

“研究自己的问题”是正确的，但仅由自己去研究就有问题了。现在，很多学校的教科研同水平反复现象很严重，原因是缺少专家引领。如果老师们在自我发展上不注重进修，所谓教科研只会是经验的叠加，方向错误，再多的努力也只能渐行渐远。重视专家指导、引领和提升的作用，对于教学实践水平的提高、教师的专业发展及学校办学水平的提高有着重要的意义。江阴市华士国际学校凭借自身为中央教育科学研究所附属学校的优势，聘请了包括马克斯·范梅南在内的大师级专家来校讲学，语文组聘请著名语文特级教师余映潮、黄厚江作为常年顾问，让这所学校的语文教学走得最扎实，也最丰厚。

四、课题规范

前面谈到用“专题”替代“课题”，是因课题研究周期长，形式复杂，过于追求研究内容的体系化，更待依赖于群体性的研究才能完成任务。但校本教科研的形式及操作应借鉴课题研究的办法，既解决了实际问题，又让研究走上科学化道路。如确立“精致语文”为研究专题，首先对其核心概念进行界定，然后判断研究的价值与创新之处，研究的目标、内容和重点，研究的思路过程与方法，还要有预期研究成果（研究报告或论文）。《无锡市教师教育教学研究专项课题管理办法》申报的办法是“申报者自主选择课题”，“研究周期一般为1～2年”，正是适应了基层研究之需，一改选题大而空的惯有问题，弥补了周期漫长之不足，值得关注。

五、方法多元

学校教科研更多使用的是质的研究方法和综合研究方法，包括行动研究、反思研究、案例研究、观察研究、教育沙龙、深度访谈等。在研究方法的使用中，注重方法，不唯法，倡导多元化的研究方法。现在很多学校都推崇案例研究，如课例研究、一课一研、“同课异构”。我应邀参加过一所学校的“一课三上”教研活动，使用的课文是《鞋匠的儿子》（苏教版小学语文六年级上册21课），其创意是由三个不同类型的老师上同一个课，一个是小学语文老师、一个是原小学语文老师现科学老师（特级）、一个是初中语文老师。听课的是来自江阴市各实验小学的语文教学骨干，江阴市教研室主任也到会指导。下午，大家在圆桌会议室召开“寻找理想的语文课堂”主题沙龙。一位与会老师在博客中感叹：“下午的沙龙活动，堪称近年来江阴市小学语文沙龙的经典之作，是热爱语文的人的一次心灵相约，是各路好手的风云际会。在这里，思想的光芒在交相辉映，生命的睿智在争鸣中融合；在这里，每个人对语文的认识在思辨中愈发澄明……这里是寒流与暖流的交汇处，是孕育教学生命的‘渔场’，在这个团队中学习是幸福的。”

六、注重过程

学校教科研应注重内容和过程，注重参与和经验分享，而不是注重形式——追求形式、追求立项、追求发表、追求验收和鉴定。注重过程是指把教科研过程看作教师、学生的成长和发展过程，是教学的改革过程，是新的教学理念的形成过程。我拜访过一所学校，这所学校各科的教科研活动是“四个一”：每学期一个专题，每周一节公开课，公开课后研讨一个话题，每月一次教育沙龙。我还认真查看了工作台账，并亲身体会了一次完整的语文教科研活动。那次活动的学期专题是“文本细读”，一位七年级语文老师执教杨绛先生的散文《老王》，研究的问题是“‘几年过去了，我渐渐明白：那是一个幸运的人对一个不幸者的愧怍’一句中谁对谁的‘愧怍’”。老师们各抒己见，“文本细读”略见一斑。一个学期这样的活动有十几次，这种“过程”的厚实带来的是教师专业的迅速发展。

贯彻以上策略，开展校本教科研活动，有利于学校主体定位，从而立足校本发展实际，实行自我建构，挖掘潜能，形成特色；有利于学校成为一个名副其实的研究共同体；有利于学校引导教师理性反思教学，搭建展示自己研究成果的平台，实现学校文化的整体提升。

## 多元并存，个性发展

——江阴市英桥国际学校的活动课程

早在1992年颁布的《九年义务教育全日制小学、初级中学课程计划（试行）》中，一种新的课程类型——活动课程首次被列入课程计划，并明确规定“本课程计划设置晨会（夕会）、班团队活动、体育活动、科技文体活动、社会实践活动和校传统活动等”。这一重要举措对于改革传统课程体系、推动课程现代化具有重大的意义。

首先，将原来那些属于课外的活动（这些活动常常处于可有可无的从属地位）变成正规课程的一部分，表明我国在课程设置上第一次出现超越传统的学科划分范围的活动性课程，开始重视活动学习在课程体系中的地位和作用。其次，活动课程重视在做中学，注重学生多方面的实际能力的培养，有助于克服传统的学科课程偏重书本知识学习、轻视能力的培养和发展、重理论轻实践的弊端。再次，活动课程重视学习过程所具有的教育意义，因此有助于克服基础教育中重结果轻过程的弊端，有助于改变传统的教学当中对学生的积极性和主动性重视不够的缺点，有助于推动从以教师为中心向以学生为中心的教学转变。

从以上几点来看，活动课程的导入实际上涉及课程思想、课程体系和教学形态的改造和更新，对于克服“应试教育”带来的弊端，推动素质教育发展，有着巨大的积极意义。

江阴市英桥国际学校历来重视活动课程的开设，尤其是新课程改革以来，活动课程涉猎范围广、程度深，已经在科技、体育等领域有所斩获，目前拥有国家发明专利一百六十多项；省级以上羽毛球比赛奖次四百多人次；其他各级各类涉及活动课程奖项一千多项；校铜管乐队多次赴香港、新加坡等地演出。

江阴市英桥国际学校的活动课程历经几十年变迁，尤其是近五年已成体系。对此，可以从五个方面来进行综述。

一、德育类——“英桥之星”德育系列

进行“英桥之星”的评定主要有两个出发点：一是基于德育目标大而无当的现状。德育的许多内容常以理论的形式呈现，很多时候忽略了人的认知规律——先感性后理性、先具体后抽象。二是德育缺少持久恒力。很多地方搞“应试德育”“应景德育”“应付德育”，如“爱国主义”教育，搞一次爱国主义知识竞赛；有人来参观了，或者是到某某节日了，布置一下，来点节目；有的学校按文件德育，没文件则连班（队）会也被辅导课占领。

基于以上情况，为“培养优秀的世界公民和永远的中国人”，学校建构起“英桥之星”德育体系。这个体系大致操作如下。

1.“争星”——每周确定一个开口小的养成主题，如第一周的“学会打招呼”，周末根据“自评”“他评”“师评”争星，最多5颗，至少1颗。这样人人可为，天天可为，周周可为，不断确立新的目标，发现自己的潜能，看到自己的进步，证明自己的成功。

2.“评星”——每月评选“养成之星”，参考每周“争星”结果，累加每月养成情况评定，29～33 颗星可获红色“优点卡”（核 1000 分），24～28 颗星可获绿色“优点卡”（核 800 分），23 颗及其以下可获黄色“优点卡”（核 600 分）。

3.“颁星”——一学期一评，积分多者为“英桥之星”，其余为单项优秀“英桥之星”。

一学期中，做好事还会获得各种加分，这样一来，就把德育做在了平时，养成在了平时。以上各项评定全部记录在学生人手一本的《“英桥之星”成长手册》里。

二、学科类——“英桥之星”校本课程系列

作为学科延伸的活动课程有四种：《国学诵读》《思维训练》《英语口语等级测试读本》《“英桥之星”成长日记》。

以《国学诵读》为例，说明一下学科类活动课程。“四书五经”等儒家经典曾经把我们的祖先紧紧地团结在一起，他们拥有相同的语言，而这些语言也有着相似的解释：礼、仁、智、义、勇、孝、悌……但是现在中华民族的核心价值观受到了撼动，发生了迁移。中国教育也受到了影响，有些学校是“只见分数不见人”，为了分数，漫说“德育”，就是健康也被用来换那致命的分数。

怎么办？英桥国际学校的基本对策是为各年级选定校本德育材料——《国学诵读》。以小学部为例，一至六年级要记诵《三字经》《弟子规》，三年级以上还要记诵《增广贤文》《朱子家训》《论语》。光记诵还不够，还要“亲历”，于是《“英桥之星”成长日记》应运而生了。这本日记是“教书育人一体化”的，日记每页有“历史今日”“哲理故事”两栏，一边阅读，一边写作，将国学经典、人类智慧通过写作内化为精神品质。

三、艺术类——“英桥之星”艺术团

中小学艺术教育活动要以育人为宗旨，坚持先进文化导向，体现“向真、向善、向美、向上”的校园文化特质，引导学生树立正确的审美观念，帮助学生培养健康的审美情趣，提高学生感受美、鉴赏美、表现美、创造美的能力，促进学生全面发展。“英桥之星”艺术团有三个特点：一是“人人在团”。以中学为例，有 20 个团队：文学社、铜管乐队、古筝、吉他、葫芦丝、合唱、舞蹈、动漫制作、国画、书法、素描……二是教练大部分由专业人士担任，学校与江阴市艺术培训中心建立了长期合作关系。三是根据学校学生的学习实际，编写有专门的教材。

四、体育类——“英桥之星”羽毛球队

英桥国际学校校园内环境优美，基础设施齐备，体育馆、篮球场、足球场等体育场所为师生提供了体育活动的广阔空间，参加体育锻炼也是学校一项良好的传统，其中，羽毛球教学与训练是学校体育工作的重要内容和传统特色。几年来，学校遵照省市体育局、教育局的有关指示精神，加强认识，积极训练，获得了全国、省、市级比赛奖次达四百多项。相继被江阴市体育局、教育局命名为“江阴市羽毛球布点学校”“江阴市羽毛球传统学校”，被无锡市体育局、教育局命名为“无锡市羽毛球项目传统学校”“无锡市八运会先进集体”。在2002年，学校又成功承办了全国少儿组羽毛球比赛、无锡市羽毛球比赛，江阴市电视台、无锡市电视台、无锡市教育电视台、《中国教育报》等媒体做了报道，赢得了省市领导和社会的高度评价。

为把这项工作持续做好，总结经验，学校编印了《“英桥之星”羽毛球教程》，分为初级、中级、高级三级。

五、科技类——“英桥之星”少年科学院

英桥国际学校将人文教育与科技教育并重，把培养学生创新精神和实践能力作为科技创新教育的重要目标，目前已形成了科技教育课程体系。该体系由多元活动作支撑，包括理论教学与动手实践两大板块，分为课堂教学、小组研究、创新发明、专利申请四个系列。近年来，在全国、省、市级青少年科技创新活动中有三百多人次获奖，产生有价值的创造发明设想一千多个，成功申请国家专利一百六十多项，学生的发明项目多次在全国发明展览会上摘金夺银，学校相继被评为“江阴市青少年发明创造示范学校”“江苏省青少年科技教育基地”。学校的少年科学院被评为“江苏省首批优秀少年科学院”，夏越同学被评为“江苏省首批少年科学院院士”。中国科学技术协会书记处书记宋南平对学校的科技教育机制与创新成果给予充分肯定与高度评价，对学校今后的科技教育前景寄予了殷切的希望，并欣然题词“今天的科普，明天的生产力”。

江阴市英桥国际学校各类活动课程在功能上虽然有着各自的独立性，但都是围绕学生的德、智、体、美、劳诸方面的全面发展而展开，因而又具有相互依存性，谁也不能离开其他活动而单独存在，各项活动互相配合，彼此联系，共同处于一个统一体的总体结构中，具有整体性。

## 校本课程开发的基础思考

对于校本课程开发，我想谈一谈相关的四个问题。

一、校本课程开发的价值

首先要弄清校本课程开发与校本课程的含义。校本课程开发是指学校根据自己的教育哲学思想，为满足学生的实际发展需要，以学校教师为主体进行的，适合学校具体特点和条件的课程开发策略。校本课程开发包括校本课程的开发过程和国家课程的校本化改造过程两个方面。而校本课程是指校本课程开发的产品或结果，一般表现为学校自主决定的可供学生选择的课程计划或方案。

校本课程开发的价值主要有三个方面：一是提高课程的适应性，促进学生的个性成长；二是提升教师的课程意识，促进教师专业水平提高；三是实现学校的教育目标，促进学校办学特色形成。

我们不妨来看看山东省淄博市张店区第二中学的特色课程。

该校在全面实施素质教育的过程中，注重开发校本特色课程。尤其是以劳技、科技、美术为主导，整合其他学科知识开发的“民间花袄”和“建筑模具”两大系列课程，普及率高，有利于开发学生智力，培养学生的创新能力、动手实践能力，促进学生综合素质的全面提升。两大课程受到全国劳技、科技教育科研课题组的关注，学校被中央教育科学研究所命名为“国家社会科学基金‘十一五’规划课题实验学校”。尤其是“民间花袄”校本课程的实践成果已经被作为淄博市对外交流指定礼品。

一所学校有培养目标，一个领导人有办学思想，不仅呈现于校训、规划之中，更应见诸以学校为本体的课程之中，使办学目标和教育思想具象化、操作化、度量化。张店区第二中学的特色课程彰显了学校的办学理念，从这个意义上说，学校课程是学校办学水平的“直接现实”。

二、校本课程的特点

从课程目标看，校本课程以贯彻学校的办学宗旨，促进学生认知、情感、行为的协调发展为主要目标。从课程内容看，校本课程以综合性信息和直接经验为主要内容。从学习方式看，校本课程以学生自主参与的实际操作、评论创作、调查研究、问题探究和社会服务等活动为主。这些体现了校本课程的四个突出的特征：实践性、探索性、综合性、主体性。

校本课程一般分为五类：学科拓展类，包括语文、数学、外语等基础学科；科学素养类，包括航模、无线电、电脑网络、软件制作、天文地理观测、环保、数学、物理、化学、生物工程等；生活技能类，包括摄影、摄像、园林设计、植物栽培、交际礼仪、时装设计、家政服务、应用医学、市场知识、营销模拟等；体育艺术类，包括游泳、武术、体操、田径、球类、棋类、影视欣赏、美术欣赏、歌舞、乐器、雕刻、书法、绘画等；德育类，包括“五自”自塑式德育、乡土基地等。

很多人要说了，我们学校也有校本课程。那么，你们坚持了吗？朝着课程方向去实践了吗？《论语·卫灵公》中有一段话。子曰：“赐也，如以予为多学而识之者与？”对曰：“然。非与？”曰：“非也。予一以贯之。”校本课程的开发并不复杂，难在一以贯之的实践。

那么，校本课程资源有哪些呢？分类来看，有这样的四类。

校内课程资源：学校范围以内的课程资源，包括教师资源，校内场地、媒介、设备、设施和环境，学校的传统项目、活动课、兴趣小组活动等。

校外课程资源：学校范围以外的课程资源，包括社会名人及专业人员，地方或社区的场地、媒介、设备、设施等。

素材性资源：特点是作用于课程，并且能够成为课程的素材或来源，如知识、技能、经验、活动方式、情感态度和价值观以及培养目标等方面。

条件性资源：特点是作用于课程却并不是形成课程本身的直接来源，但在很大程度上决定着课程的实施范围和水平，如人力、财力、物力、时间、场地、媒介、设备、设施和环境等。

三、校本课程开发的步骤

1. 情景分析：包括明晰学校教育哲学、调查学生需求、分析学校及社区资源、把握社区发展需要等。

2. 确定方案：包括确定校本课程总体目标、课程结构、课程纲要（方案）等。

3. 组织与实施：包括选择安排知识或活动序列、班级规模、时间安排、资源分配及需要注意的问题等事项。

4. 评价与改进：涉及教师、学生与课程方案三方面，包括评价内容与方式、结果处理、改进建议。

四、应处理好的几个关系

1. 校本课程与学校课程

学校课程泛指在学校里实施与开发的所有课程。校本课程指狭义的学校课程，指由学校自主开发的课程，是学校课程里的一个组成部分。简言之，学校课程指向课程管理的主体，校本课程则是指向课程的形态。

2. 校本课程和综合实践活动

综合实践活动课程和校本课程有不同的开发与决策主体，分属不同性质的、不同分类层次的课程。表现在以下的几点不同：一是课程权限不同。综合实践活动课是国家规定的必修课程。校本课程则是学校自主开发设计的课程，是选修课程。二是设计目标不同。综合实践活动课是达到国家规定基本教育目标的课程，特别强调学生基本学习能力的培养。校本课程也考虑学生的个性发展，但更考虑学校办学理念和学校特色。三是设计过程不同。综合实践活动课程是国家根据国情来设计的，校本课程是学校层面根据学校办学理念与实际而开发、设计的。

3. 校本课程与活动课、选修课、兴趣小组活动

校本课程是对原来活动课和选修课的继承、规范和发展。有些活动课和选修课，特别是一些兴趣小组活动，本身就体现了校本课程开发的理念，是校本课程的表现形态，可以直接归入校本课程。而有些则与校本课程开发的理念相差甚远，这就需要加以改造、规范和发展。重要的是应该把“课”和“学科”意识提升到“课程”意识，使课程体现促进学生发展和社会发展的价值。

4. 校本课程与学科课程

学科课程是一种主张以学科为中心来编定的课程，主张课程要分科设

置，分别从相应科学领域中选取知识，根据教育教学需要分科编排课程，进行教学。

校本课程与学科课程同属于学校课程。两者的不同点是，校本课程与地方课程是选修课程，而语文、数学、英语、思品与生活（社会）、科学、体育、艺术、综合实践活动等学科课程是必修课程。

5. 校本课程与自编教材

开发校本课程不能等同于编教材，或者说主要不是编写学生统一使用的、人手一册的教材（尽管不能说一定不能编教材，但要尽量限制），而应该充分开发和利用当地的课程资源，更多地采用活动形式，以及为开展活动而提供给教师一些参考性的课程方案或指南。

“理论是灰色的，行动之树常青。”无论是张店区第二中学的“民间花袄”、江阴市华士高级中学的“科技发明”、镇江市外国语学校的“自塑式德育”，还是镇江市中华路小学的“蒲扇”、八叉巷小学的“乒乓球”，都从不同层面展现了校本课程开发的魅力。

## “培养三年，服务一生”理念下的教育生态环境构建

教育的生态环境是以教育为中心，对教育的产生、存在和发展起制约和调控作用的多元环境体系。大致分三个层次：一是以教育为中心，综合外部自然环境、社会环境和规范环境组成的单个的或复合的教育生态系统；二是以单个学校或某一教育层次为中心构成的，反映教育体系内部的相互关系；三是以学生的个体发展为主线，研究外部环境包括自然、社会和精神因素组成的系统。此外，教育生态学还考虑教育对象内在的生理和心理环境。

这里以镇江市外国语学校为例对第二个层次，即“以单个学校或某一教育层次为中心构成的，反映教育体系内部的相互关系”的教育生态环境的构建进行阐述，以揭示教育生态系统发展的规律，促进学校教育生态系统的健康发展。

一、价值领导——教育生态之根本

镇江市外国语学校经历了“一次改制、两次搬家、数轮改革”的办学历程，从最初的原镇江市第十二中到2003年发展成镇江市外国语学校，一路发展，一路风尘，一次又一次地完成超越自我的变革和羽化。几十年来，已从经验管理、制度管理进而发展成今天的文化管理，在传承和发展中形成了具有镇江市外国语学校特色的精神文化体系，形成了学校主体成员共有的思想观念、价值取向和行为方式。而这些“软实力”正成为学校走向教育品牌的核心竞争力。

教育文化学者王继华在《教育新文化执行力》的序言中说：“教育行为的根本难题就是价值选择，价值选择的根本就是价值判断。”我们认为，教育是一项培养人的事业，是一项通过培养人，让人类不断走向崇高，生活更加美好的事业。三年的学校生活，只是学生生命中的一段旅程。在这段旅程中，他快乐吗？他充实吗？他获得了提升吗？这是每一个教育者都必须回答的问题。我们或许无法对学生的整个生命负责，但是我们应该尽可能地为这段生命旅程抹上一些亮丽的色彩，为学生的未来打下坚实的精神底色。所以，教育者最重要的任务，是塑造学生美好的人性，培养学生美好的人格，使学生拥有追求美好人生的信念和勇气。

多年来，镇江市外国语学校不断从教育的原点去追溯教育的本真，提出了“培养三年，服务一生”的办学理念。此办学理念的价值基础是邓小平同志提出的“三个面向”，即教育要“面向现代化、面向世界、面向未来”，学校培养学生三年的一切工作的出发点、落脚点，是在乎学生的一生发展，而不是一时发展。教育应超前于现实，着眼于未来，为每个学生的全面发展奠定良好基础；学校教育应面向全体学生，重视学生的个性特长，为各类学生的全面发展制定策略，关注每个学生的终身发展，并为他们创造美好的人生奠定良好基础。

基于这一基本认识，镇江市外国语学校以“培养三年，服务一生”为核心理念重构学校精神力系统。

在这个体系中，学校凝聚成了“务实高效，追求卓越，超越自我”的学校精神，形成了“自主、合作、探究、共赢”的学风。在新的时期，学校又响亮地提出“培养出能自主发展有中国灵魂的现代世界公民”的育人目标，把“服务、规范、高效、一流”作为领导作风，把“善学习、能实践、肯研究、会反思”作为教师形象，把“交往自信，学习自主，行为自律，健体自觉，生活自理”作为学生形象。

在“培养三年，服务一生”的核心理念下，学校把学生看成一个个活生生的、大写的“人”，而不是展现教师教学水平的工具；一切理念与行为以学生的全面发展为本，对学生的分数负责，更要对学生的能力、素质负责，要对学生的中考负责，更要对学生的一生负责；不放弃任何一个学生，遵从学生发展规律，为学生提供广阔的发展舞台，丰富其生活，提高其自信，加强其修养，增强其综合素质，让每一位学生都能在学校找到“人”的尊严与荣耀。

而今，这个精神力系统形成了一种价值领导力，并且成为镇江市外国语学校流行的文化符号，激励、团结和教育学校中的每一个成员，促进全体人员的价值认同与整个集体的价值团结，树立起正确的价值信念，从而实现用文化引领学校发展，用文化熏陶人、感染人、激励人、培养人、成全人的美好梦想。

在整个学校教育生态环境中，这种价值领导力无疑是核心的。但是理念的最大认同不是一日而就，从价值领导成为价值领导力，从而影响教师的教育行为，促进教师的专业发展，才是根本的出路。

二、教师专业发展概念学校——教育生态之基础

在学校生存和可持续发展的众多因素当中，什么是决定因素？学校的经费投入、设施设备、人员待遇等因素是必要而重要的，但关键还在于两个核心点：一是要回归教育的原点，即真正培养人；二是要关注教师的发展，即教师专业化发展，用发展教师来发展学生，追求师生的共同生长。如果说培养人是教育生态之根本，那么，教师专业化发展是学生发展和学校发展的教育生态的基础。

将教师专业化发展提升到学校的高度，“强调学校也是教师发展的场所，学校应当具有使教师获得持续有效的专业化发展的功能”，我们用课程的思维促进学校的全面发育。

目前，镇江市外国语学校探索出的“7＋1”发展路径的教师专业化发展已经成为一种校本范式。其中，“1”是指“海拔五千全员读书”活动。

首先，学校建立了多维度的学习型共同体，有“行政团队学习共同体”“骨干团队学习共同体”“青年教师学习共同体”“各学科学习共同体”。在过去的几年中，学校全面开展以“专业思想大讨论、专业知识大学习、专业技能大练兵”为主题的“三大”活动，努力提高广大教师的专业技能和专业品质。学校为每位教师制定三年读书学习计划，要求三年内每人至少阅读12本教育理论和24本学科专业知识等方面的专著。目前已发放了《细节决定成败》《合作学习教师指南》《做一名高效能的教师》《给教师的100条新建议》等指定专著，其余的由教师根据专业发展的需要挑选阅读。在工作中，坚持以“自学为主，集中学习”为辅的原则，开展读书活动，并要求学校领导、中层干部率先垂范，当好排头兵。同时，学校会定期检查教师的读书笔记、学习心得和教学反思，通过多种形式及时组织交流。学习期间，每位教师每月至少有一篇不少于2000字的高质量的读后感或论文上网。在交流中，学校会组织读书交流会和读书报告会，及时将评选出的优秀读后感或论文汇集成册。

学习型组织的建立，大大提高了教师的幸福指数，缓解了教师的职业倦怠，成就了“发展”与“高尚”两个维度：一是教师在学习中体会到了自身的发展；二是理念的变革与提升加深了教师对职业的认同。这种“己欲立而立人，己欲达而达人”的“忠道”情结，无疑为学生“服务一生”栽植下了一颗走向高尚的种子。

在通识性和专业性培训并行的同时，学校通过“专家引领，同伴互助，自我发展”的方式引导教师不断将所学应用于教育教学实践中，于是，“随堂听课”“网络议课”“跟帖式头脑风暴”“教育论坛”“同课异构”“微格式课堂研究”“学科性工作室”，教师专业发展“7＋1”路径的“7”就产生了，这样就“形成了一种自我开放的、动态的、适应的发展模式，促进陈旧观念的转变和新的理念的生成，使我们得以本土化的持续成长”。教师把先进的理念转化为自身的教育教学行为，关注信念，更关注行为；关注结果，更关注过程。作为引导者，学校帮态度，更帮方法，帮助教职工实现教育技术技能的全面提升，并把这些专业技能熟练地运用到实践中去，从而提升教师专业化发展水平，建设出高素质专业化团队。

镇江市市委书记许津荣曾指出：“加强师资队伍建设，这是抓教育的根本，也是一所学校的竞争力所在。好的教育，必须要有一支好的教师队伍作保证。”而这种“保证”正是教育生态的基础。有了这个基础，镇江市外国语学校开始探究教育生态环境的关键因素。

三、合作学习课堂模式——教育生态之关键

课堂是教育情境中的人（教师和学生）与环境（教室及其中的设施）互动而构成的基本系统。课堂教学是学校教育最主要的育人阵地，必须采用合乎学生认知规律和情感发展规律的教育教学方法和手段，把调动学生学习的主动性、培养学生的学习能力和启发学生的科学思维放到突出位置，这是改革课堂教学、构建高效课堂的关键。在借鉴省内外各名校课堂教学改革经验的基础上，结合学校实际，从 2006 年秋季起，镇江市外国语学校开始分步骤推进“小组合作学习”的课堂教学模式。

为真正凸显学生在学习中的主体地位，帮助学生实现学习方式的根本转变，学校对课堂生态环境进行了整体构思。从学生座位排放，到教室环境布置；从全校作息时间调整，到课时结构改变；从用于每组学生进行习题演练、交流感悟、展示成果的白板设计，到两千多块白板的制作使用；从四个试点班开始，到一个年级再到全校……“合作学习”经历了艰难而意义非凡的过程。在学校两年多的大事记中，有这样一串相关数字：全校教师“合作学习知识竞赛”两次；全校性研讨会近 10 次；骨干教师讲座近 20 次；网上即时督查反馈几十篇；备课组以上观摩课近百节；教师网上评课上千条……足见这一改革所达到的广度和深度。

这一改革使学校的课堂教学呈现出全新的面貌，学生学习的主动性、生动性和创造性得到更有效提升。“自主预习、小组交流、教师点拨、学生展示、检测反馈、质疑拓展”成为课堂教学模式的主要环节；“倾听无声、讨论轻声、发言大声、质疑有声”是学生课堂中的普遍表现；“善于交流、乐于合作、勇于表达、敢于质疑”成为教师课堂教学三维目标落实的着力点。

这一改革更使实验班的学生受益匪浅，他们在合作中学会了交流，在探究中激发了兴趣。“赏识、激励、关爱”是实验班老师的“育人法宝”，“循序渐进、因材施教”则是实验班的“制胜策略”。当毕业时，实验班学生尽管在起点上处于劣势，但没有一个人掉队，所有学生的学业成绩和综合素质都实现了质的跨越。

多年来，本着对学生的未来负责，不以牺牲学生的身心健康为代价而片面追求考试成绩的共识，学校始终提倡“减负增效”，从不加班加点，更不违规补课，更多关注的是学生的习惯、兴趣、能力和综合素质。而结果是无论学生个体还是整体，无论优秀生还是学困生，历年来其学业成绩均稳步提升。所以，优化管理，强化落实，全力构建基于学生学习规律、成长规律和发展规律的高效课堂，是教育生态的关键所在。抓住了这个关键要素，构建校本课程体系便成了教育生态环境建设的核心。

四、“五自”课程体系——教育生态之核心

如果教育是一种服务的话，那么教育的产品应该是课程。建设“培养三年，服务一生”的教育生态有一个核心要素——校本课程开发。镇江市外国语学校的很多学生基础较好，国家课程和地方课程已经不能满足其发展需要，从多元智能和素质教育的角度出发，更需要开发各种校本课程以满足学生发展之需。围绕培养目标，在国家课程实施方案和课程标准指导下，学校起草了《镇江市外国语学校课程体系建设规划》，并经课程专家审定后组织实施。主要品种有：德育类，主要有“‘五自’活动下自塑式德育课程”“课程化班会实施课程”；学科类，主要有“大学山文化概览”“初中生心理健康教育”“雏鹰文学社”“英语‘1+4’学习系列”“学一点儿思维”；体艺类，有“铜管乐”“民乐”“艺术赏析”等；科技类，有“摄影”“网页制作”“科技发明”等。

“教育的一切努力是使人自立成人。”目前，以“五自”活动为载体的自塑式德育模式的课程体系已经初步形成。在这个体系中，学校以“服务一生”为旨归，有课程设计、课程试验、课程评价、课程管理。按照课程计划，初中三年的教学每年一个主题：第一年是“他律”，第二年是“自律”，第三年是“自觉”。这些主题，也是自塑式德育的目标指向。每一年，学校根据主题的需要，从“五自”入手，设计20个相关主题的班会活动和20个德育实践活动，并通过班级的月表彰、年级的学期表彰、学校的学年表彰推动这项德育模式的全面发育。

镇江市外国语学校在自我教育与他人教育之间，建构了一个联动的机理、一个制衡的机制、一个优化的平台、一个实化的抓手，其目标指向就是培养“交往自信、学习自主、行为自律、健体自觉、生活自理”的“五自”“镇外人”。自塑式德育教育由重管束转到了重扶放，由重表象转到了重心灵，由重学业转到了重素养，由重眼前转到了重长远，由重说教转到了重垂范，使学生逐渐完成由“要我做”为“我要做”“我会做”的战略转移。

校本课程深深植根于学校，赖以生存和发展的空间是由师生对它的感情和智慧、本校的优良传统、学校文化资源以及经过师生加工处理了的网络信息资源有机构成的一片沃土，它的根深深扎在这片沃土里，生根、发芽、开花、结果，成为教育生态环境的核心。

当前，随着经济、政治、科技体制改革的不断深入，我国的教育结构内部每个层次、各种体系都受到外力冲击，教育基础需要改造，教育体制需要改革，教育内容需要更新，教育观念需要变革，为此，学校“应是一个优美、开放、和谐，各种环境要素布局合理，并富有一定教育意义的空间”。在学校教育生态环境的构建中，镇江市外国语学校遵循学校、教师、学生发展的基本规律，从微观角度，在“培养三年，服务一生”的理念下，关注了学校发展的价值领导，关注了教师发展的专业化成长，关注了课堂教学的改革，关注了学生发展的课程供给，从理念、教师、课堂、课程等四个重要的维度论述了学校教育的生态构建，力求用教育生态学的手段、方法与各种教育理论相结合，更深入、系统地研究这些因素。我们相信，镇江市外国语学校将因此而更具创造力，也因此更能体现生命特征之所在。

## 案例呈现

# “校园嘉年华”

## ——学生发展的核心课程

西方哲学界自康德在其哲学上驱逐了上帝后，恢复了人本应该有的价值和尊严，使人彻底从神权中得到解放，但紧接着人受到了社会的奴役，于是现代西方哲学极力否定社会，控诉社会对人的奴役，主张人应该回到自己的内心，听从自己内心的召唤——做自己的主人。这是自主源溯。

新课程认为，教育的目标应从传授知识，转变为让学生学会学习、发展个性、成为世界公民。学生不仅是教育的对象，更是学习的主体、发展的主体，他们有发展成长的动机和欲望，也有发展成长的潜能。学生的发展是在自主性的学习活动之中实现的。“个性在任何方面都不是先于人的活动而存在的，个性和人的意识一样，产生于活动。”因此，教学不是传授和灌输，而是组织和指导学生的学习活动。在学习过程中，认知活动和情感活动同时发生和发展。因此，教育不仅要关注学生是否学会、会学，更要关注学生是否愿意学、喜欢学、相信自己能够学好。

因此，自主是一种态度，是一种能力，更是一种策略；自主是对于既定目标、内容、方法拥有控制权；自主是一种师生、学校发展的模式。师生拥有了它，便有了无限发展的可能；学校拥有了它，便有了可能的无限发展。《基础教育课程改革纲要》提出：“强调学生通过实践，增强探究和创新意识，学习科学研究的方法，发展综合运用知识的能力。增进学校与社会的密切联系，培养学生的社会责任感。”

镇江市外国语学校从最初的原镇江市第十二中发展至今，一路发展，一路风尘，靠的正是自主发展、追求卓越、不甘平庸的教育情怀与精神。而今要发展成一种教育品牌，这是学校又一次超越自我的蜕变。而这种精神已经植根于每一位师生的血液中，从而成为自主发展的又一精神品质。

因此，我们认为，不能自主发展的学生是失败的学生，不能自主发展的教师是平庸的教师，不能自主发展的学校是落后的学校。

镇江市外国语学校的自塑式德育模式正是伴随着“自主”而产生的。自塑式德育模式是一种以学生发展为德育工作的出发点和归宿，尊重学生的主体地位，激发学生的主体潜能，关注学生的个性发展，关注学生对人生的认识和态度，使学生通过自身的独立思考，自主选择和参与体验探究活动，获得体验，提高认识，养成习惯，形成良好道德能力的一种学校德育模式。自塑式德育模式包含“五自”，即：“交往自信”（问好、自尊、交流、仪态、合作)，“学习自主”(上课、作业、自主、质疑、拓展)，“行为自律”(集会、诚信、文明、节俭、公德)，“健体自觉”(上课、活动、做操、眼操、课外)，“生活自理”(三餐、卫生、用品、衣物、上学)。

2009年的最后一天，镇江市外国语学校举行了首届“校园嘉年华”活动，再一次用行动诠释了自塑式德育的教育内涵。

本次活动的主题是“感受多元文化，体验社会生活，彰显个性才华，培养创新能力”，历时一天。活动分为五大主题板块：“民族文化园”“美食一条街”“大学山超市”“体艺大舞台”“行政服务中心”。活动的策划全部由学生完成，活动的过程全部由学生担纲主体，教师则充当合作者、指导者、评价者的角色。

第一主题板块——“民族文化园”。

这一主题板块的宗旨是这样描述的：“在历史的长河中，人类为谋求自身的生存发展，在千差万别的生存环境下创造了千姿百态的民族文化。民族文化的多样性是人类社会的珍宝，是人类智慧的总库存。文化，构成了民族的血液。‘民族文化园’让我们了解自己的民族，放眼世界各族，培养民族情结，促进民族发展和融合。”

在这一板块中，学生可以经营各种字画，其来源可以是自己的、教师的或社会人士的作品等；可以现场作画、写字，还可以进行其他形式的现场制作表演等；可以展出各自家庭收藏的各地工艺纪念品以及个人制作的各种工艺品。学校也制订了“经营规则”，如在指定的区域内文明展示、经营；物品可以销售，也可以只是展示；所有销售物品都必须明码标价，也可以讨价还价；所有经营物品都要填写明细表，所有售出物品都必须登记，注明物品名称、制作者、购买者和售价等，同时还需有家长签名同意售出的“告家长书”的回条；各班要把摊位布置得整洁、大方，并做好卫生保洁工作。为促进“民族文化园”的发展，学校还制订了“奖励办法”：通过对展品的数量、质量和销售收入等方面的考核，评出优胜班级和最佳营销员，并给予表彰。

第二主题板块——“美食一条街”。

这个活动的宗旨是给同学们提供一个参与社会实践的空间，锻炼自己的实际动手能力、想象力和创新思维，培养同学之间的默契与友谊，增强学生的社会责任感，加强班级的凝聚力，同时丰富学生的课余生活。考虑到安全等因素，烹制单位只在初三、高一和高二各班举行，一个班级设立一个餐饮点。

对于菜式有如下要求：每班必须准备不少于两种特色菜肴或小吃，注意食物的搭配合理、卫生健康。摊位由学校统一规划分配，各班在指定摊位根据各班美食的要求自行准备道具（其中宣传海报、摊位招牌、垃圾清理工具为必备道具）。各班主任要针对本班的工具、道具的特点，进行严肃的安全教育以及进行饮食卫生的提醒，尤其使用液化气和电设备时要特别注意安全。评委由组委会成员以及部分老师和学生组成，从宣传、营业额、卫生状况、服务态度等几方面进行评比。

摊位前可悬挂招牌、介绍菜肴的海报等道具。各班小吃买卖价格根据各自特点，考虑亏赢，由班主任参与合理拟订。工作人员应该戴口罩、套护袖、围围裙等。每班尽可能提供满足两个班同学的需求量。对各班的卫生、口味、管理和收入等方面进行评比，评选优胜班级和烹饪能手。

第三主题板块——“大学山超市”。

其宗旨是采取义卖的形式来提高学生的组织能力，汇聚同学们真诚和无私的爱，这种爱可以让一文不值的东西得到价值提升。义卖不是目的，重要的是锻炼学生交流沟通的能力，以及义卖背后承载的一种叫“爱心”的东西，这才是义卖的真实意义。

每个班自行设计各具特色的主题和形式（每个班级可自行设计义卖商店的招牌，自行策划义卖活动的具体方式，如买满多少送小礼物等），自带需要义卖的物品以及宣传报（可用小白板制作，要有名称、班级），自带一块大布或塑料桌布等来摆放义卖物品，并准备好零钱。所有销售物品都必须明码标价，也可以讨价还价，双方达成一致即可。义卖中提倡英文交流。义卖所得由各班自行记录，款项由各班自行管理。各班将义卖所得交给“行政服务中心”，由学校统一安排捐献。

第四板块——“体艺大舞台”。

丰富校园文化生活，努力营造积极向上、百花齐放、格调高雅、健康文明的校园文化氛围，提高学生综合素质；展现学校新风貌、新气象，展示全体学生团结创新、锐意进取、蓬勃向上的精神风貌，同时也给同学们提供锻炼自己、展示自己的机会；激发广大学生热爱艺术、勤奋学习、努力成才的热情与动力，推动校园精神文明建设。这是此类活动的宗旨。

每班申报一个节目，节目种类为声乐、器乐、舞蹈、相声、小品等。每个节目的表演时间应在四分钟左右，要体现才艺。所选节目要健康、积极向上，体现思想性、艺术性。文艺会演的服装与道具，请参赛选手自备。各班的节目负责人要随时关注活动进程，按时组织本班的节目上场。比赛间隙穿插趣味竞技活动，包括踢毽子比赛、跳绳比赛、颠球比赛、推乒乓球比赛等，并当场为胜出者发放纪念品。

第五板块——“行政服务中心”。

这是为整体活动安排的一个枢纽性机构，也是“行政服务中心”，又分成四个部门。

经营管理部：工作任务是提醒 26 家经营户在规定时间向“行政服务中心”提交开业申请，要明确申报经营品种、价格标准、原料来源、从业人员健康状况、营业的安全保障措施及应急预案。班主任是各经营户第一负责人，必须在申请上签名并在经营一线做好相应负责工作。行政服务中心经营管理部在进行资质审核合格后，发放加盖后勤处公章的营业执照，方可开业经营（本部门负责营业执照的制作和发放）。

卫生管理部：工作任务是在活动当天不断巡查 26 家营业店铺的营业环境和人员卫生状况，要督查从业人员戴口罩、套护袖、围围裙的执行情况；督查店铺经营食品、蔬菜、原料来源渠道是否正规，实行索证制度；督查店铺经营食品、蔬菜的备份情况，防止并杜绝食物中毒事件的发生。对卫生状况不符合规定要求的店铺，要立即要求其停业整改，并视情节轻重作出相应处罚（本部门负责制作卫生状况整改单和罚款收据，要加盖后勤处公章，罚款最后汇总到行政服务中心统一处理）。

营业利润征收部：工作任务是根据各店铺上报的经营品种的价格和上报的经营量核实一天营业总额，按照饮食行业通例，征收营业总额的 40% 为利润，并出具加盖后勤处公章的收款收据给各经营户负责人（班主任），作为学校最终评比优胜店铺的重要依据之一。本部门要对各店铺上缴的利润款进行细致的清点验收，做到钞票不假、数目不错，及时汇总中心（要负责制作收款收据，并制作收款上缴情况一览表)。

消费者投诉受理中心：工作任务是巡查各部门的运行状况，受理消费者的投诉举报电话或反映的情况，到第一线调查取证，实事求是、公平公正地进行调解、处理经营者与消费者之间发生的矛盾纠纷，并做好调解、处理工作的情况记录，作为最终评比优胜店铺的参考依据之一。

“环球嘉年华”是世界知名的娱乐品牌，是与迪斯尼主题公园、环球影城并驾齐驱的世界三大娱乐主题活动之一，但它的运营形式具有巡回性、多元性、自主性、互动性的特点，游人会投身于精心营造出来的欢乐气氛中，尽情享受一切。而镇江市外国语学校师生在“校园嘉年华”所获得的，恐怕就不仅仅是欢乐与享受了。

## 微博选粹 什么是教育

1. 育水仙

学校工会每年年底都要向教职工发放水仙球，待第二年开学后要进行“品水仙、喻师德”水仙展，还要评出奖项。这项活动十分高雅，参与面也很广。一天，某位老师非常惊讶地发现我的水仙已经含苞待放了。她提醒我：“你养早了，等到明年评比，你的水仙早已开败了，应该把水仙球丢在一边，寒假时再剥开用水养。”

而今天，我的水仙已经开始装扮我的办公室和我的心情。当下的幸福很重要，评比很不重要，教育亦如此。

2. 儿子生病

昨晚，儿子说头有点痛，早早睡了。早上，我问他好些了吗？他说还有点痛。我说：“今天就请假吧！”夫人悄悄地问我：“请假？那今天的课怎么办？高中呀！小孩身体不舒服是没关系的，挺挺就好了。”我“义正词严”地宣布：“不行！”

关注身体的健康永远是第一位的，其他都不重要，这就是教育。

3. 全国都这样

早晨，中央电视台新闻频道报道：昨日7时40分，湖南省衡南县松江镇因果村发生一起交通事故，造成9名学生当场死亡，1人失踪，另有10

名学生被紧急送往医院进行抢救。目前，1 名失踪人员已被发现并死亡，4 人因抢救无效死亡，遇难人数上升至 14 人。

看完后，我的眼睛潮湿了。夫人在一旁劝我："全国都这样!"

乡下没有小学，都集中到城里，我至今都想不通为什么会这样。教育还是离孩子们越近越安全。

# 要素5 执行力要走向使命

GaoPin Zhi XueXiao ShengZhang YaoSu

## 本 章 导 言

所谓执行力，指的是贯彻战略意图，完成预定目标的操作能力。执行力是把学校战略和规划转化成效益、成果的关键。执行力包含完成任务的意愿，完成任务的能力，完成任务的程度。执行力，对个人而言，就是办事能力；对团队而言，就是战斗力；对学校而言，就是经营能力。而衡量执行力的标准，对个人而言，是按时按质按量完成自己的工作任务；对学校而言，就是在预定的时间内完成学校的战略目标。《论语·颜渊》记载季康子问政于孔子。孔子对曰："政者，正也。子帅以正，孰敢不正?"所以，学校执行力的关键在于校长。高品质学校的员工均具有使命感。或许，这里的几篇文章能深刻地指出这一点。

## 观 点 释 放

### 基于教育的学校执行力

在谈论学校执行力这个话题时，我们要区分一个概念，执行力分为个人执行力和组织执行力。学校中，校长具有很强的执行力，但并不等于就有了很强的学校执行力，学校执行力不是简单的个人执行力的累加。

在学校管理执行中经常遇到三个字："情、理、法"。校长的恩师第一次因病迟到，怎么办？依法，扣钱；依情，恩师，算了；依理，生病，又是第一次，应原谅。有些校长会大手一挥：情况特殊，下不为例。我觉得这样的校长有魅力，也够气派，懂人情。也许有人会说这位校长没有执行力。我倒认为，人人都会说校长有情有义。我们应该注意到，这三个字是"情"当头，"法"居最后，"理"在中间。合情、合理、合法，可遇而不可求，通常情况下是三者不可得兼，怎么办？一取"情"，再取"理"，后取"法"，这就是老师们宁愿跟一个有情有义的校长，而不愿意效力于"包公"的原因。

应该说，作为中层的诸葛亮的执行力是很强的，六出祁山，靠什么？靠刘禅的执行力吗？靠蜀国的完善制度吗？都不是，没有"三顾"之情，没有抵足而眠之情，没有托孤之情，哪有诸葛亮的鞠躬尽瘁，死而后已！还有手无缚鸡之力的宋江，还有刘邦……

执行力缘起企业管理，对于这些移植的东西，我们一定要慎重。大家都在学洋思中学，但二十多年来，又出现了几个洋思呢？至多是几个山寨版洋思而已。为什么？因为学洋思，有一个本土化的问题。执行力挺进学校也有一个本土化问题，学校的本土特点是什么呢？学校是以尊重人、激励人、发展人、成全人作为出发点和落脚点的，这是学校最大的特点，学校不是流水线，学生也不是产品，一切都有一个"人"的问题。执行力，如果没有经过教育化的洗礼，就有可能酿成校园的"血雨腥风"。所以，我一直认为，执行力应该是基于教育的执行力，学校的基本属性是教育而不是企业。

基于教育的执行力，不仅让学校管理者拥有了执行力，还拥有了另一种"力"——领导力！

## 谨防学校管理中的"零效益"

学校管理中的效果与利益，也就是管理效益，有正效益、负效益、零效益之分，实现效益最大化是管理者的理想追求。从布置某项工作的流程看，记住以下几句话，能够有助于学校管理效益的持续提升，能够防止零效益和负效益的产生。

第一，布置了却不落实等于零。在学校管理过程中，我们总会听到这样的回答：“我已经布置了。”仿佛“我布置了”，就万事大吉了。其实，从工作的整体性上看，“我布置了”只是工作的一个开始，如果管理干部满足于“我布置了”，甚至自恋于“我布置了”，极容易造成工作浮于表面。也因为缺乏对实际的了解，让我们的“布置”与“实际”和“科学”渐行渐远。即使是“我布置了”，也要进行调研，一方面看看“布置”执行的情况，另一方面看看“布置”的合理度，以便作出调整，让“布置”更趋科学。

各校又要开始计划新学期工作了，我建议在各项工作的后面加一栏——责任人，落实到人。这有助于工作的推动而不是推诿，那么落实到人是否就大功告成了呢？还没有。

第二，落实了却不检查等于零。各地都在推行教学“五认真”（认真备课、上课、批改作业、辅导、检测），可为什么洋思中学还是只有一家？我认为，洋思中学的成功经验恐怕还在于其检查落实。各校都有不少关于“五认真”的常规要求，但少的就是“检查”。首先是检查的频率太低，有的甚至一学期一查。其次是检查没有“动真格”，天马行空般走一遭，画个“查”字了事。然后，更多的是在“查什么”上不够科学。如检查语文备课笔记，就看看有没有把“课题”“教学目标”“教学重难点”“板书设计”等栏目填写完毕，至于这节课为什么这样“备”、它的科学性在哪里等问题反倒被忽略了。“抄教案”正是在这样一种工作作风下产生的，“用形式主义对抗官僚主义”了。

有了检查，是不是一定能产生“正效益”呢？还不忙下结论，因为接下来还有工作。

第三，检查了却不反馈等于零。镇江市外国语学校有一个特别的部门：教学督察处。督察处由校长直管，功能就是检查教学“五认真”，并且聘请了一位德高望重的退休教师来担任此项工作。老师们每周周一打开校园网，网页上就会弹出上周的“督查反馈”意见，条分缕析，理据俱实，有“表扬”，有“批评”，有“建议”，均点到具体人、具体事，如“××老师的学生作业订正使用红笔，并把关键题标示在粘贴纸上，还写上了产生错误的原因”“××老师在新授课《三峡》的备课中缺少板书设计”。这份“督查反馈”就像一面镜子，照出了每个人的教学常规细节。

同样，有了“反馈”还没有大功告成。

第四，反馈了却不整改等于零。对于部分老师而言，“反馈”并不会自然地产生“整改”行为。设若放弃“整改”，同样的错误还会发生，如果持续发生就会养成“坏习惯”。对于优点和不足都要进行持续关注，让优点形成习惯乃至特色，让不足成为过去，并成为警示。对于考核条例而言，不仅要关注“做得怎么样”，也要关注甚至更要关注“改得怎么样”。

一流的学校会从任务的布置到落实、检查、反馈、整改一系列进行下来，让管理既有效率也有效益，但这样只能止步于一流。要成为名校、超一流，还要记住另外一点。

第五，整改了却不坚持也等于零。错误既然能发生，说明它有产生的性格和作风等因素。一次整改了，并不是说就“永逸”了，要寻找错误的原因，持续关注一段时间，直至“优秀成为习惯”。学校每学期的期中和期末考试总有人在监考或阅卷等工作中出现迟到、收发试卷不规范、统分错误等现象，对此，镇江市外国语学校在考务会上会打出一段警示语，这段警示语罗列了两年来每次考试出现的非正常现象的人次。随着频次的逐步降低，“事故率”便会趋向于零。

需要提醒的是，养成工作布置后坚持做后续系列工作的习惯，并不能杜绝教育教学事故的发生，用积极的学校文化去影响人，才是提高管理效益的根本之策。

## “常规”的距离

人们从洋思中学、杜郎口中学等名校参观归来都会不无感触地说：“人家常规抓得就是好!”“把简单的事情做好就是不简单，把平凡的事情做好就是不平凡!”这些话成了我们学习名校的精神提示，于是乎，一片“常规”声起。然而，若干年后，洋思还是洋思，我们还是我们，“第一”的梦想依然还是梦想。

为什么?

首先是校长的距离。

可以说，校长的距离决定了学校的距离，校长的力度决定了改革的力度。但基础教育领域中很多校长只是一些“钻营”之士，他们想学习别人，梦想当第一，却既没有蔡林森的执着，又没有崔其升的锐意改革精神，更没有名校长们的智慧。他们只想做改革的指挥者，却没有决心做改革的实践者，更不能一以贯之地做好某件事，于是“梦想”成了“做梦”。

还有一些校长，本身素质较高，不屑于学习洋思中学这样典型的应试学校，他们虽偶尔迫于社会的压力也曾萌生过学习人家的念头，但很快就放弃了，在当前的评价体制下无比悲壮地继续戴着镣铐在舞蹈。

另外有一些校长，总想行走在应试与素质之间，殊不知，越来越异化的应试之风已经挤占了教育的几乎所有的空间，在鱼与熊掌的患得患失中，素质教育走样，应试教育也变形。

我虽然并不十分认可蔡林森校长和崔其升校长的做法，但我理解他们，他们的平民情怀，他们的自强不息、永争第一的精神，不论是在应试的今天，还是在或许的素质教育的明天，都将是事业成功的基础。

其次是文化的距离。

有一个现象很值得关注，洋思中学之类的名校几乎都是农村薄弱学校，在改革初期，学校的校舍、教学设备、师资力量等各方面的条件都是当地最差的，并且都是初中。这不是偶然的巧合，是有其文化基因的。我们总想去移植人家的成功经验，到头来却只能是东施效颦。全国有多少学校在学洋思中学?不下几千所吧。但又出现了几所像模像样的“新洋思”?

文化的移植有一个水土不服的问题。你的老师有足够的淳朴吗?你的学生有足够的勤奋吗?你的周遭有足够的家长支持吗?你的学生只有考学一条路吗?你的校舍有足够的破败吗?……很多学校，硬去学人家，甚至丢弃自己的百年文化传统而去另投师门，到头来只能是“四不像”。

再次是“常规”的变异。

比如，有的学校发现洋思中学的“四清运动”有效，于是乎也来个“四清运动”，前几年甚至一些市教育局用行政推动“四清运动”。洋思中学的“四清运动”的确有其成功的一面，初一新生两个月后英语平均分能达到96分是“四清”的直接结果。但这项常规是洋思中学若干项常规中的一项，是常规系统中的一个分支，没有其他分支的支撑，应试大厦是会摇摇晃晃的。

我所知道的其他常规分支有：每晚的集体备课、“先学后教、当堂训练”的课堂教学模式、“兵教兵”的学习方式、层层承包的奖惩制度，还包括“没有教不好的学生”的坚定信念。这些分支和“四清运动”一起构成了洋思模式的大厦。从操作层面上看，“四清运动”有其十分复杂的运作程序，仅从字面上去琢磨人家的“法宝”，或者只是看看而已，复制一定会出赝品的。

最后是执行力的距离。

有些民办学校在学完洋思中学后狠抓了对制度的执行力，而更多的公办学校由于体制的原因，无法企及“洋思们”的执行力。洋思中学在管理过程中坚决贯彻“三严”，即严格管理、严格考评、严格兑现。各项活动都有考核制度和评分标准，每周通报一次，每月汇总一次，而且考核结果与老师的利益密切挂钩。如班主任津贴每月400元，但考核扣款项目达25条，有班主任透露，每月下来平均达不到300元。再如，师德津贴每月200元，扣款项目多达38项。每学期期末统计每人师德津贴总额，数额低于全校教师平均数的教师不得评优评先，不得参加职称评定，倒数1～10名的教师给予辞退。

我们能做到吗？

请记住，学谁，首先千万别忘了自己是谁。

## 期末了，我们需要怎样的总结

期末，老师们开始写学期（学年）总结了。对于一些学校的老师来说，这是一件“手到擒来”的事情。为何？下载呗！以前说“天下文章一大抄”，现在“抄”都不用，直接复制、粘贴。有一些老师为了让总结“真实”一些，对“拿来”的总结进行个性化改造，把名字换成本校的，把数字改成自己的。但是校长们也不是吃素的，除了三令五申不准下载外，还对交上来的总结进行“百度鉴定”，重复内容超过30%的定为抄袭，要扣奖金。“道高一尺，魔高一丈”，老师们更聪明，将别人的总结进行更深入的“改头换面”，如把二级标题换成原创句子，将正文中段落、句子进行调换等。

造成这一现象屡禁不止的原因到底在哪里？我认为，板子也不能完全打在老师们的身上，少数学校和多数上级主管部门是从来不看老师们交上来的总结的，学校收上来后则弃之不管，教育局交给人事部门存档了之，从不进行评价。没有了观众，表演就失去了意义。难怪有老师说：“我们这是用‘形式主义’来对抗‘官僚主义’！”学校和主管部门也埋怨：“老师们的总结千篇一律，‘没看头’。”

怎么办？有四步棋，即可盘活这个死局。

第一步，要让老师们明白总结的意义。一些学校校长对于工作总结意义的本身就有认识的误区，通知办公室把上级发的表格发到老师们手中就算布置了，没有把这作为期末的一项重要工作去抓。我们认为，总结是对一定时期内的工作加以分析、研究，肯定成绩，找出问题，得出经验教训，摸索事物的发展规律，用于指导下一阶段工作的一种书面文体。对于学校而言，这是一种管理行为。它所要解决和回答的中心问题，不是某一时期要做什么、如何去做、做到什么程度的问题，而是对某种工作实施结果的总鉴定和总结论，是对以往工作实践的一种理性认识。没有对总结的认识高度，就不会产生一种自觉的行动。有的学校在写总结前对教师进行相应的培训，以本校上学期的优秀总结为蓝本，现身说法。这种培训，是一种具有科研价值和校本价值的管理方略。

老师们不愿写或者是写不好，还有总结本身“假大空”的原因，什么“思想表现”，又是什么“教育”“教学”“教研”“今后打算”等四个方面，八股味很浓，政治性太强，相反，学术性不足，思考性欠缺。那么，盘活死局的第二步，就需要对总结的本身动动手术，给总结的内容“变变脸”。

举例来说，镇江市外国语学校教职工的总结是，上学期写一个案例，下学期填一张学校设计的表格。“案例”要求是教职员工本学期经历的一个真实的案例，可以是教育的，也可以是管理的，当然也可以是教学的，如课堂教学的一个微格分析。文章分两大部分：叙事和分析，一事一议，1000字以上。下学期的表格有五部分内容：有特色的事、最满意的事、一点遗憾、一点思考和一点建议。其中，“有特色的事”又有三个部分：教学、班主任、管理。换句话说，如果这三件事都承担了，将对三件事进行梳理，原则是“有特色的事，常规的工作不谈”。诚然，这与学校“月度创优创新”是配套工程。在所有“有特色的事”里一定有一件（或几件）是教职员工“最满意的事”，这也是要写出来的。当然，一学期下来了，也会有一些遗憾的事，总结出来，有利于今后的改正。前三项侧重于叙事，“一点思考”则是发掘事物的本质及规律，使感性认识上升为理性认识，以指导将来的工作。至于“一点建议”，则是对于学校发展的一种民间智慧的征集。以上五个方面的内容使用A4纸规格的表格，正反两面，1000字以上，“以事实和数据说话”。

第三步，对于“总结”进行多形式的评价。前文已经讲到，老师们不愿写总结的一个原因是“反正没人看”，即使有人看了也是“看看而已”。评价不能及时跟进，是长期以来大家懈怠总结的重要原因。我们认为，总结应该由校长“亲自”看，校长看完后，组织管理团队看，然后评出一些单项优秀的总结，如“最认真的总结”“最有创意的总结”“最深刻的总结”“最有启发的总结”……最后评出若干“优秀总结”进行奖励，还可以在校园网上“晒晒”优秀总结。当年，我对自已负责的团队中老师们的总结了若指掌，期末谈话和日常交流经常引用老师们在总结里的话，新学期的计划里还有他们的“金点子”，这是“必须的”工作。用老师们的话来说，这个团队“心很近”。

第四步，让“总结”演变成经验。对于一些规模相对较大的学校而言，校长的确很难发现每一位老师的工作创意，但阅读老师们的总结有助于弥补这一缺憾。在一次工作总结中，镇江市外国语学校的校领导发现，有一位老师用班级博客来建设班集体，一年来已有三百多篇班级日志，校领导们点击后很是感动。每学期开学前，镇江市外国语学校都会开展一些“校本培训”，校领导们对于“优秀总结”会与老师们进一步商量，请他们再深入发掘，供培训时交流，以形成“经验”并得以推广。很多专家学者都认为，教育教学的智慧永远是深藏于民间的。这句话有两层含义，一是深藏民间有待发掘，二是深藏民间有待提炼。我们手中的那一摞总结，不是文字，而是宝藏。

这四步，旨在解决三个问题：思想问题、方法问题和动力问题。不信，你也试试吧！

## 执行力也是一种文化

开学了，各校行政似乎都在忙于一件事——制定（修改）制度。有的学校校长水平“很高”，加上“枪手”们的润色，制度中不时闪现“文化”“新课程”“国际化”等时尚字眼，写出的制度很宏阔。新制度一出台，校长们终于松了一口气，似乎“制度”一出，万事大吉。

从江苏省溧阳市后六中学参观回来，我一直在思索一个问题：人家的硬件条件、师资水平、生源质量都很一般，为什么中考能有那么辉煌的成绩？很多学校，硬件不可谓不好，师资力量不可谓不强，生源质量不可谓不高，为什么总被“薄弱学校”超出？

是没有好的制度？看看那些城里的学校，墙上贴的、桌上放的，不可谓不齐全，连装帧都是一流的。更不要提制度的先进性和系统性，大到“学校发展五年规划”，小到每个场馆“管理规则”，应有尽有。为什么就没能转化为现实生产力？

我认为，这还是一个执行力的问题。

如果没有执行力，再完善、再科学可行的决策方案，也只能是沙盘上的蓝图或墙壁上的标语而已。

那么，学校管理的执行力从何而来？

执行力的第一个来源是校长。可以说，校长的执行力决定学校的执行力，“一所好学校，必有一个好校长；一个好校长，就会有一所好学校”，大概就是指执行力而言。江苏省栟茶高级中学原校长姚止平、山东省杜郎口中学校长崔其升、泰兴市洋思中学原校长蔡林森，为人所熟知的是他们朴素的理念和坚定的执行力。“其身正，不令而行；其身不正，虽令不行。”校长的示范作用永远是第一位的。

校长要提高执行力，首先要明白自己不仅是制度的制定者、执行者，更是遵守者，不仅要自己去遵守，还要让家人、亲朋成为执行的典范。就这一点来说，这很不容易。但对于一个真正的教育家来说，或者一个教育者来说，这是一个基本素质。很多民办学校，因家族式管理带来了“内廷”与“外庭”的区别，最后倒在了前进的路上。相对于学校的命运来说，那点家人、亲朋的利益又算得了什么?

校长执行力还取决于自我的魄力。毕竟执行力需要除旧布新，大胆果决就十分迫切了，但魄力不是会上会下的大呼小叫，更不是信口雌黄和独断专行。有魄力的校长是内外兼修的，既有战略的眼光，又有坚定的信念，还有一颗悲天悯人的情怀。对自我严格约束，对员工悉心关怀，对中层循循善诱，并在此基础上，坚定制度第一、情感第二，既要斩掉“马谡”，又要真心“挥泪”。

当然，学校的执行力是对于制度的执行力，而制度的执行力对制度本身的合理性要求很高。从这个意义上来说，校长的执行力是领导其团队制定出好的制度。什么是好的制度？如何领导团队去制定制度？均取决于校长的教育理念和管理水平。

执行力的第二个来源是中层领导干部。执行力，对于学校而言，就是将长期发展目标一步步落到实处的能力，是把办学理念、发展规划、学校计划、学校决策，转化成为学校发展壮大、教师专业成长、学生理想放飞的关键。学校的执行力水平在很大程度上取决于中层领导干部执行力的水平，它既可以促使学校快速发展，也可以使学校停滞不前，甚至倒退。中层是萧何，成败皆出一人。并且，中层极易成为群众的尾巴，一方面，他们不像校长那样有主人翁意识；另一方面，怕得罪人，影响人气。于是，一些中层干部一面向校长提供假信息，作伪汇报；一面讨好群众，在关键问题上丧失原则。

要解决中层干部的执行力问题，首先取决于中层干部的自我素质。校长的作用依然很大，要“诱之以‘利’、放之以权、信之以人、约之以行”，尤其是“信之以人”很关键。在执行制度的过程中，中层干部难免要得罪一些人，“刁民”喜欢先告状，校长要是信以为真的话，恐怕中层的执行力会从此削弱。在这一点上，两千年前的孔子的认识比我们深刻，他认为

"好人"的标准是：好人认为他是好人，坏人认为他是坏人。

我的一位好朋友（校长）谈起过这样一个下属：交给他的任务，你要求的，他做到了；没有要求做又很关键的细节，他也做到了。我想这样的中层的执行力是很高的。

执行力的第三个来源是制度的本身。很多校长认为学校已经有了很好的制度了，就缺"执行"，我看未必。很多学校的制度都存在问题，一是制度泛滥的问题，表现为两点：制度太多，又缺少核心制度；各部门各自为政，制度有"打架"现象。二是制度的可执行问题。好的制度不要超过1000字，且条分缕析。三是有制度，没有制度执行人和相应奖惩办法。如考勤制度，谁来执行？谁来监督？谁来整改？这是要有一套执行力文化系统的。

在江苏省溧阳市后六中学，班级制度只有《中学生守则》，还有就是作息时间表、值日表、常规检查表，简洁明了。看后，我有一种返朴归真的感觉。很多学校热衷搞"班本"制度，内容很多，但执行起来就成了问题，学生不能像律师一样整日翻"制度"吧！

影响执行力的其他因素还有执行过程的科学性。执行力有一个线性过程：制度的制定——执行人的执行——执行中的反馈、调整、督促——执行的评价。有不少学校目前只停留在第一阶段，有制度，无执行，形同虚设。开始执行了，校长（或分管校长）不能撒手不管，要全程监控，与执行者沟通，向被执行者了解实情。如月考核奖，很多中层干部习惯于平均主义，员工也习惯于平均主义，你好我好大家好。有的为了应付校长的问讯，来个五块钱的差异，应付过关。这样的"考核奖"还有意义吗？

很多学校校长言必称"文化"，往往是在"文化"的表层念叨了无数遍"芝麻开门"，却依然没能"文化"起来。

因为，他们忽略了真正的学校文化——执行力文化！

## 李云龙的执行力强还是不强

在江苏省"赢在执行力"小学教育发展论坛上，泰兴市洋思中学校长秦培元提出学校干部要像电视剧《亮剑》中的李云龙一样具有执行力，常州市武进区星辰实验学校校长庞荣瑞则提出李云龙是最没有执行力的观点。两位校长都是智者，他们因身处辩论中的“正方”或“反方”，无法辩证地看待这一问题。那么，李云龙到底有没有执行力？他的执行力到底是强还是不强？

依我看，李云龙这个英雄的执行力是超强的。他执行什么？“消灭鬼子”，这是他的最高目标，围绕这个目标甚至可以不执行上级的命令。在当时的条件下，通讯不畅通，信息不灵便，战场瞬息万变，李云龙围绕最高目标，灵活运用战术，多次消灭鬼子，壮大自己的队伍。

我们知道，执行力是目标与结果之间的一个重要环节。李云龙瞄准“消灭鬼子”的目标，其余的甚至包括上级的命令，都可以灵活机动地把握。在那个时代，他就凭着一个单纯的信念，创造了太多战场奇迹。

学校是培养人的地方，有没有自己的“消灭鬼子”的最高目标呢？当然有——实施素质教育，培养全面发展的人才。就这个最高目标来说，学校的执行力如何呢？恐怕没有几所学校在不折不扣地执行。中国的学校可以分成三类：一类是纯应试型学校；一类是素质教育外衣下的准应试型学校；一类是素质教育型学校。第一类，老百姓拥护；第二类，政府和教育局喜欢；第三类，谁也不喜欢，只有未来喜欢。很多学校也想执行这个最高目标，但面对社会的评价、上级的提醒，不得不走一步、退一步，直至完全投降。

再如“减负令”，从中央到地方，层层下达，有的地区围绕“减负”还作出了详细规定，但有几所学校真正执行了？中国学校的执行力是最令人担忧的。国际法令、制度可以不执行，或者变通了执行，这个民族的生命力我不知道能否称作顽强。他们也在执行，执行什么呢？政府嘴上没说，行动却无时无刻不在说“升学率”，高中如此，初中如此，小学亦如此，并且，应试的战车已经开到了幼儿园。

我没有半点责怪学校的意思，也没有理由去指责哪一级政府，但内心的疼痛时刻在燃烧，挥起拳头却不知道应该砸向谁，这也许便是痛苦的根源。

案例呈现

## 职责与使命：学校行政系统创新一例

学校管理机制，是学校管理系统的结构及其运行机理。学校管理机制本质上是管理系统的内在联系、功能及运行原理，是决定学校管理功效的核心问题。管理机制是通过组织来运行的，一个学校的组织可以分为学校行政系统、学校教学系统、学校后勤保障系统三部分。在这里，我想重点阐述学校行政系统的创新问题。在长期计划经济体制影响下，学校管理机制无不打上了计划经济的烙印，我们可以从德育处的名称嬗变来窥其全豹。改革开放前，德育处被称为政教处，有的学校叫训导处，具有明显的“政治挂帅”的色彩。新课程实施后，一些学校改之为德育处，从处室名称上明确了德育处是校长推进学生德育目标的职能机构，承担着完成学校各项德育工作的任务。镇江市外国语学校在近几年管理机制改革的过程中，形成了具有系统性特征的管理方略。

首先，在部门设置上突出其功能性。一般学校校长室下设有四处室，即德育处、教务处、教科室、总务处，而镇江市外国语学校为强化德育处、教务处、教科室的职能，改名称为学工处、课程处、研究站。政教处的政治性、说教性太强，德育处服务对象还是不明了，学工处则能弥补上两者的不足，强调了服务对象是学生，体现了以人为本、以生为本的基本理念。教务处呢，教务的功能可由教务室来完成，而镇江市外国语学校的课程处既有教务的职责，更是学校课程开发的机构，以课程来突显学校特色、满足学生个性发展需求。教科室在镇江市外国语学校被称为研究站，并且由安博教育集团挂牌成立，中心任务十分明确——学校“合作学习”课题的研究。

其次，在部门的门类上强调其系统性。应当说，一所学校有德育处、教务处、教科室、总务处已经能维持其正常运转了，但从一所现代意义的学校来看，这样的部门设置还是有缺陷的。为加强学校文化建设，提升品牌的力量，镇江市外国语学校特设发展处，为学校发展献计献策，不仅承担着学校规划的制定，还为学校各个部门的建设提供智力支撑。镇江市外国语学校还有人力资源处，负责教职员工的信息管理、绩效统计、专业培训的沟通、职称评定。还有督察处，这个部门由一位德高望重的退休老师担当，负责教学常规的督查、指导，被称为学校管理和教学的“第三只眼”。还有国际交流处，负责小语种课程的开设、外籍老师的评聘、英语特色的打造等。这几个部门的设立，让镇江市外国语学校的行政管理系统基本建立起来，形成了较为完备的学校管理生态。

再次，在管理人员的作风建设上强调其执行性。学校管理的效率、效益最终取决于团队的执行力。执行力，对个人而言，是办事能力；对团队而言，就是战斗力；对学校而言，就是经营能力。而衡量执行力的标准，对个人而言，是按时按质按量完成自己的工作任务；对学校而言，就是在预定的时间内完成学校的战略目标。如何提升组织的执行力？镇江市外国语学校的做法是，通过管理文化进行引领与约束。镇江市外国语学校强调“一种心态”，也就是具有正思维和积极、乐观、阳光般的心态；倡导“两种作风”，即日事日毕、日清日高的作风和务实求精的作风；培养“三种品质”，即利而不害、为而不争、功而不处的品质；养成“四个习惯”，即提前谋划的习惯、分工合作的习惯、按时完成任务的习惯、勇于担当的习惯；以及“五个一定”，即布置了一定要落实、落实了一定要检查、检查了一定要反馈、反馈了一定要整改、整改了一定要坚持。

值得一提的是，镇江市外国语学校在管理作用上强调其创新性。先从镇江市外国语学校的“月奖励”谈起，“月奖励”一共有7项，包括纪律与规范、备课与作业（后勤与教辅人员是“服务与保障”）、学习与研究、安全与卫生、组织与管理、创优与创新、运动与健康，称之为“4＋3”奖励制度（前四项为常规项，后三项相关人员申请）。在这7项中，最引人注目的是“创优与创新”。潘晓芙校长说：什么是创优创新？“人无我有”，体现新意是创新，就是在教学与教育、服务与管理各项工作中，实施新举措、取得新成效；“人有我优”，产生亮点是创优，也就是在教学与教育、服务与管理各项工作中，讲求方法，取得实效。创优创新给管理干部的工作带来活力，大家都能朝着“优”与“新”的方向去努力了。为此，学校还专门制订了《创优创新申报条例》，大家对照条例进行申报，由级部认定、学校审定。

学校行政系统建设因为强调其功能性、系统性、执行性、创新性，因而镇江市外国语学校总是彰显着一种理念，充满着一种张力，让校园始终洋溢着热爱、尊重、创新、发展的氛围。

## 微博选粹 门房老大爷、门卫、门警

1. 门房老大爷、门卫、门警

近期接二连三的校园惨案让每一个中国人心有余悸，一时间人心惶惶。为了安全，各地纷纷把原来的门房老大爷换成年轻人，还有一些学校加强保安值守，更有甚者门卫干脆换成门警，大有“大兵压境”的感觉。善良的人都不敢对此举措说“不”，因为谁都不愿意看到“万一”。我昨天在“心情随笔”里呼吁：各校都在换走门房老大爷，请善待他们，他们是温馨校园的最后一批见证人和标志性人物。今天，因为历史的原因，他们永远成为了历史！

门房老大爷换成门卫、门警，这说明我们离和谐还很远，但愿不是渐行渐远。

2. 小学科、副科、术科及其他

除中考主要科目语文、数学、英语、物理、化学外，很多学校称其他科目为小学科、副科、术科。“小”相对于“大”而言，“副”相对于“正”而言，你敢说这不是学科歧视？江阴等地称之为“术科”，我至今也没有查明“术科”的含义，也懒得查了，反正不是什么好名称。后来，我建议称“综合学科”，大家点头称是。我却再次犯了嘀咕：那些是“综合”学科吗？不是，它们都有很专业的研究领域，如地理、生物、体育。

为什么非要给它们一个统称呢？古时，女人嫁人后是随夫姓，被称作“王氏”“李氏”的，因为女人在那个时代是没有地位的。这么想，便通了。

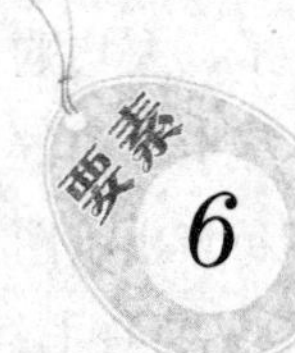

# 要素6 学习型组织要走向自觉

GaoPinZhi XueXiao ShengZhang YaoSu

## 本章导言

美国壳牌石油公司企划总监阿瑞斯·德格有一句名言："唯一持久的竞争优势，就是比你的竞争对手学习得更快的能力。"孔子也说："吾尝终日不食，终夜不寝，以思，无益，不如学也。"高品质学校是一个学习型组织。告诉型学校和学习型学校的区别在于对待学习的不同。学习型学校的学习主体是全体员工；教学主体是一线工作人员和外部培训专家；学习工具是专修课程，员工之间的传帮带，团队协作、个人思考和合作关系；学习时间上倡导终身学习；学习内容除专业技术外，还包括人际关系和合作学习方法；学习地点上则主张工作和学习的不可分割性，是二者地点的统一。教师，作为"传道授业解惑"者，恐怕不能只有"一桶水"了，还应该是"源头活水"。请看下面的几篇相关思考。

## 观点释放

### 红尘中，一个忙碌的背影……

去参加镇江市教育局举办的"镇江教育大讲坛"开坛仪式，教育局领导给部分校长代表授"必读书"。镇江的教育现代化走在了全省的前列，但人的现代化，尤其是学校管理水平的现代化却让领导们经常看到差距。选择让学校管理者读书、听报告这种方式，无疑是找到了解决问题的根本。

前几天，看到一则新闻："1990 年，我国人均图书消费量（扣除教材、教辅，下同）为 5.2 册，2009 年这一数字为 5.6 册。20 年过去了，人均购书量只增加了不到 1/2 本。在最近 10 年来出书种类、销售码洋等指标相继翻番的背景下，这个 20 年徘徊不前的数字显得格外刺眼。"中国每年出版图书 30 万种以上，已是当之无愧的世界出版大国，但平均到每个人的身上，购书量只有发达国家的几分之一甚至十几分之一。

我有很多校长朋友，他们向我"咨询"提升学校品位的"妙招"。我只是淡淡地说："你先开始读书，一年后，再让老师们跟着你一起读书。"他们通常也是淡淡地回答我："我也知道。但是，我们忙啊！"一位无锡的朋友是酷爱读书的人，但是，他从来不在学校读书，有时忍不住看几页，但一见到校长，立即把书藏了起来。你知道是什么原因吗？很简单。有一次，这位校长在全校教师大会上说："有些人整天说班主任工作量大，但我发现某些人还有时间读书！"另一位扬州的朋友是酷爱写作的老师，但是很长一段时间也不更新博客了，问他为什么。他说："校长提醒我，不要把时间都花在博客上，要脚踏实地。"还有一个例子，我的好兄弟在一家民办学校任校长，他用解嘲的话来说："我的博客更新不了日志，只好更新博客风格了。"言语间充满了无奈。我知道，他是怕学校的董事长说他"不务实"。

忙碌，固然是一个原因，没有读书的氛围与文化背景才是主因所在。理解到这层，就能弄明白为什么中国，一个出版大国，却是一个读书小国的原因了。我国设有很多的"××日"，就没有"读书日"。9 月 28 日，孔子诞辰日，天赐的"读书日"，却无人理睬。更可怕的是，现在中学生的书桌上，"名著"早已被当作"闲书"而清空了！

一次，我和潘晓芙校长谈起这个话题，并说到了教师"第九个小时"的问题。她说："先不指望教师能在第九个小时读书、研究，还是先倡导教师第八小时吧！"真的是这样，校长管天管地，还管教师的八小时外？新教育的倡导者朱永新老师经常说："活人与死人的差别在于一口气，活人与活人的差别要看他们是怎样度过业余生活的。"我所在学校四月份的"荐文跟帖"是关于哈佛大学的一则报道：两张美国哈佛大学图书馆凌晨四点时学生仍在学习的照片在网上迅速传播。照片显示：凌晨四点的哈佛大学图书馆里，灯火通明，座无虚席……图片配文这样写道：“哈佛是一种象征。人到底有怎样的发挥潜力？人的意志，人的才情，人的理想，为什么在哈佛能兑现？”

很多网友问我：“王老师，你有没有自己的业余生活？”我回答：“有！读书、写作、研究。”我每天晚上有三个小时的学习时间，几年来，三百多万字的原创作品，平均每天2000字的创作量，八十多万字的出版著作与发表论文就是在这个时间里创作出来的。尤其是来镇江后，白日里丰富的教育、教学、管理实践成了我源源不断地创作来源。还有，我每天早上要比规定时间提前一个小时到校，整理办公室、听听音乐，更多的是当别人还暖在被窝里的时候梳理自己的心情，对新的一天道一声“早上好”。还是那篇“荐文”，还有这样一段文字：“哈佛没有高楼大厦，只有新英格兰的红砖墙。即使诺贝尔奖获得者也不过在校园有一个不起眼的停车位。毕竟，哈佛最起眼的是100座图书馆，尤其是一个个像图书馆那样的人，或者说，一个人就是一座图书馆。哈佛或哈佛人是不需要任何包装的。”

有时我想，只要有这种精神，人人都能拥有一座哈佛。

## 名师应“眼睛向内”

名师最初的成长路径主要有三种：第一种是靠学生中、高考成绩，这种情况多发生在中学，从地域上看多在重点校。第二种是靠一堂课。不是有“厨师一道菜，医生一把刀”的说法吗？老师就靠一堂课了，获一个全国一等奖，一夜成名。第三种是靠写。笔耕不辍，论文屡屡见诸报刊，甚至还有专著出版。等到“小有名气”，“三条路径”则齐头并进，既有扎实的教学成绩，又有精彩的课堂，还有不时发表的研究成果。此时，“名师”的光环已经耀眼在自己的颈项上了。

猜想一下，从此以后，如果说要丢弃一些东西的话，这名师会最先丢弃什么？对，是自己的教学成绩。课还继续精彩，不过，享受到的不再是自己的学生，而是“某某展示课”上的借班学生了。据说，还有花银子来听课的全国各地的老师。文章还在继续发表，还是报刊的约稿呢！不过，再也没有振聋发聩之言，有的只是重复着的昨天的故事。总之，他不再“眼睛向内”。

他热衷于参加各种会议，并试图成为会议的“主角”，上节课、做场报告，名利双收，不亦乐乎！课也的确精彩，这也难怪，演过多少遍了，能不精彩？就是新课，也是磨了又磨。报告嘛，“天下报告一大抄”，东拼西凑，来点故事，煽煽情；说个笑话，幽幽默，还不打发了那个把小时？为了能被邀请，拼命网罗自己的人脉群，名家成了他的“嫡亲”，省市区教研员成了他的哥儿们，各校校长成了他的朋友，还拼命地朝各种“学会”挤靠，甚至还到处打听会议，自我推销，“廉价出售”。

一句话，他还爱着教育，但已经不爱学生了。

不过话说回来，也不能完全把板子打在这些名师身上。如果说现在还有一套考核老师的办法的话，“考核名师”却是真空，即使有，也还有一个标准的科学性问题。有的只是看做了多少次讲座，开了多少节公开课，发表了多少篇论文，而那些能真正反映名师思想素质、教育理念、业务底蕴、人格魅力、教学特色的深层次和内涵性的因素往往被忽略。即使是名师的教学常规考核也被束之高阁了，似乎名师就不用备课、不用批作业、不用看中高考成绩了。这就是理念有问题了。

还有就是社会的误解和校长的自我意识，认为“名师”的多少决定了学校教学质量的优劣。在我看来，栟茶、洋思并没有什么名师，但它们的教学成绩和社会影响绝对一流。我敢说，大面积追求特级、名师之日，就是学校走向末路之时。理想情况是，部分教师在成为“名师”后“眼睛向内”，仍在教育教学上不断创新，并带动其他教师共同提高，如此，学校教学质量才能真正提高，名师的作用才能真正发挥。换句话说，学校需要“百灵鸟”，更需要“老母鸡”——大量专职于孵蛋的“老母鸡”。

其实，对名师的判断不能仅停留在讲好课、写好文章这一层面上，真正的名师不仅要能指导学生掌握知识，还要善于促进学生身心的全面和谐发展，让学生能够适应未来社会的需要。如果社会各界和教师自身都能有这样的认识，名师们就能获得不竭的发展动力。不是有很多名师，一朝成名，几度荒疏，进而“名而不鸣”了吗？一般情况下，名师在评上高级职称或获得特级教师等荣誉称号时，往往正处于一个阶段内教育教学水平发展的巅峰时期，接着便会进入“高原期”，在短期内再有大的进步是比较困难的，还会出现一定程度的“退化”现象，这是正常教育教学规律所致。但如果从此脱离课堂，或者半脱离，就会由“退化”变成“荒芜”。

所以，名师也需要沉静，需要读书，需要须臾不离课堂、不离研究。尤其是“眼睛向内”——不离课堂。要有静下来的勇气和决心，教上一个班的课，最好还是班主任。一个真正的名师首先应该是一个优秀的班主任，富有大爱情怀，富有“等待花开”的耐心，懂得态度比方法更重要的育人道理。备好每一课，批好每一份作业，命好每一份试卷，做好每一次试卷分析，搞好每一次个性化辅导，坚守“课堂比天大”的基本师德底线。虽然少了一分挎包飞天下的洒脱，却多了几分从容为师的坦荡。大数学家帕斯卡早就说过：“几乎所有灾难的发生，都是由于我们没有老老实实地待在自己的屋子里。”

从这个意义上，我更喜欢李镇西，成为校长了，还认真做着班主任，写日记，做报告，说起自己的学生来如数家珍，一个一个鲜活的名字和刚出炉的故事，让人常听常新，向内使然。

## 办好一所学校的关键是发展好人才

阿刘要去无锡市崇安区教育局上班了，去做办公室秘书，今天来江阴辞行。中午几个人小酌，感慨良多，很快就谈到各自的归宿，大家欣慰无比。梁、聂去年转正，在英桥国际学校是绝对的骨干；小黄通过招考去了苏州市第一中学；梅等人也是春风得意，再加上阿刘。令人称奇的是，这几位兄弟均是2007年随同我一起离开无锡一所民办学校的。为什么有如此大的变化，我想到了一所学校办学的问题。

在学校生存和可持续发展的众多因素当中，什么是决定因素？学校的经费投入、设施设备、人员待遇等方面的条件必要而重要，但关键还在于两个核心点：一是要回归教育的本质，即真正在做培养人的事业；二是要有一班人，一班具有专业素质的人。这些人不是天生拥有“专业素质”。靠什么？培养，也就是专业化发展。校长关注教师的专业化发展，就是在关注学校的命运。

20世纪90年代民办学校初起时，流行过“事业留人、感情留人、待遇留人”的说法。从历史的角度看来，对于有些办学者，那只不过是忽悠人的一种权宜的策略而已。个别民办学校为了留人，一进他的门，便把你的专业封闭起来了，职称不给评，称号没你份，只要你像牛一样的劳作，把生命的潜能发挥到极致。突然有一天，当你打开窗户的时候，发现自己就是个古董，还是个赝品。至于“感情留人”“待遇留人”，如今，恐怕连老板自己也不相信了。

民办学校在目前重重危机中如何留住人才？第一，要让学校有一个清晰而又准确并为之不懈奋斗的战略定位。有人把民办学校的寒冬归结为政策，其实政策只能让一些低品位的学校倒闭。从长远来看，民办教育在国民教育体系中一定有一席之地。第二，要关注人才的专业发展。一些民办学校的老板有一个很愚蠢的想法，教师名气大了，学科带头人就要跑掉。其实，一所能培养出若干个学科带头人的学校，人家是不愿意走的，何况即使走了，准带头人也会趋之若鹜、源源不断地有凤来仪。第三，待遇。有些老板总埋怨老师们不满足，学生收费不能提高，如何提高待遇？不能开源，就节流嘛；不能节流，就缩小自己的利润空间嘛。不是与虎谋皮，从长远看，生存是第一位的，金融危机来了，你还拼命追求利润，不死亡，天理不容。

人才，是学校发展之命脉，尊重人才的最高境界是运用好人才、发展好人才，除非你别有用心。

## “教育的抒情诗”是这样炼成的

镇江市局领导来镇江市外国语学校指导学校第二轮“三年发展规划”。会议上，三位领导穷尽溢美之词夸奖学校的“三年发展规划”。镇江市教科所所长周老师说：“（你们学校的“三年发展规划”）思想前瞻、立意高远、蓝图光明、愿景灿烂，是一首教育的抒情诗！”镇江市教育督导室陈主任当即决定，将镇江市外国语学校的“三年发展规划”作为初中段唯一范本在全市交流。作为主要撰稿人，我的心情是激动的，三个月来的辛苦看来是有了一定的成果，最关键的是，我们学校有了未来三年的发展蓝图。

这份规划应该说是倾学校之智合力打造的一份科学规划，是学校文化的集成，折射出学校发展的理性光芒。在这份规划的制作中，我们通过系统分析学校发展的历史传统，深入挖掘学校资源，在学校“培养三年，服务一生”的办学理念指引下，确立了“培养出能自主发展的具有中国灵魂和世界胸怀的现代公民”的学校培养目标，并描画出未来三年的美好愿景——形成以“五自”活动为载体的自塑式德育模式，以“合作学习”为主要学习方式的教学模式，以“1＋4＋X”为课程体系的外语教学模式，以“协同管理”为特色的校本管理模式，以“多元活动”为路径的教师专业发展模式，从而构建出“镇外”学校文化的教育生态体系和课程体系。

围绕着这份愿景，我们提出了“十大工程”：（1）整合、开发具有校本特色的课程体系；（2）建构以“合作学习”为特征的教学模式；（3）构筑以“五自”活动为载体的自塑式德育模式；（4）形成“1＋2＋N”外语教学模式；（5）建设教师专业发展概念学校；（6）形成“协同管理”为特色的校本管理；（7）探索“合作—行动”为表征的教科研模式；（8）以“合作联盟”形式寻求学校新发展；（9）构筑师生共创共享的“幸福家园”；（10）构建“镇外”学校文化的教育生态体系。

这份规划具有四项明显的特征：一是系统性。我们希望用系统思维的方法对学校今后发展进行整体思考，形成宏观战略规划、中观策略规划和微观意义上的行动规划，最终把它整合为有内在结构的整体的学校发展规划。二是发展性。我们试图对学校在三年时间内的发展策略、目标定位、发展内容及保障制度、监控措施等进行统筹规划，带有明确的指向性、操作性，在未来的发展周期内引领学校全面工作的开展。三是行动性。我们力争在长期、持续、自觉的行动过程中，调动校内外各种积极因素，逐步开发学校及其所在社区的人力、社会和自然资源，发挥学校和社区的潜能，努力将学校组织的共同愿景一步步转化为现实。四是特色性。我们在满足市局整体规划包括文本格式的要求的同时，又挖掘和发展学校已有特色资源，对学校未来的特色建设作出规划和保障，并以规划的实施来促进学校特色的形成与彰显，实现服从性与自主性的结合。

我曾经用这样一段话概括那三个月的心灵旅程：（这是）一次发掘之旅——发掘学校几十年来、十几年来、几年来积淀的丰富的办学成果；一次感动之旅——感动于团队的务实高效、追求卓越、超越自我的精神；一次提升之旅——翻阅大量学校文化策略塑造的书籍和资料，整合学校办学成果；一次分享之旅——分享成功、分享思索、分享艰难、分享幸福；一次创造之旅——在与老师、中层、校长交流中规划日臻完善，老师们的智慧蕴含了无穷的创造力。

这是真的，学校教师对本次规划付出了极大的热情，“三年发展规划”的“荐文跟帖”达176人次，占全校教师总人数的90％，文字量达8万字，其中不乏真知灼见，有的已经被吸纳进“三年发展规划”中。每当打开这份文档，我看着这份凝聚了学校教职员工心血和智慧的“三年发展规划”，一种温暖、一份憧憬、一抹幸福充溢胸间，“批阅仨月，增删五次”的辛苦早已化为一缕轻烟散淡飞去。

在中国做教育真的很累，明知不能为之却要全力为之，一项项的中高考统计数据压得人难于呼吸，教育早已没有了一份应有的诗意与浪漫。或许，这首“教育的抒情诗”能让我们找回久违的感觉，让我们祈愿吧！

## 如何引领教师从优秀走向卓越

对于很多学校来说，教师是否优秀是不值得关注的，更不能主动提供教师得以成长的平台，当然，这样的学校最终也是平庸的。还有一些学校，那里云集了很多优秀的教师，这些教师是在一线成长起来的，当他们“优秀”的时候，往往是进入了专业发展的“高原期”，此时，学校如果不能主动采取相应策略，“策之不以其道”，极有可能让优秀重新回归平庸。在江苏，很多学校的校长就是特级教师，他们的眼界更为开阔，胸怀更为宽广。他们知道，学校从优秀走向卓越仅靠优秀人才是远远不够的，还要造就一批卓越人才。

他们通常的做法是这样的。

首先是“减负”。优秀的人才往往承担着很多的课务和兼职，以一个语文老师来说，一个班的班主任，两个班的语文课，再套上个备课组长，估计这位优秀的语文老师是很难再有时间和精力去发展自己了。提供足够的时间和空间，是发展人才的第一步。一些学校专门为优秀人才“减负”，让他们“闲暇”起来，有更多的机会接触专业知识，思考专业问题，“闲暇出智慧”，让优秀人才有闲暇去培植专业精神和专业眼光。当然，“减负”不是简单地做“减法”。

其次是“加负”。“加”什么？读书，研究，反思，最有效的是“加”读书之“负”。读书是最好的成长路径，因为读书本身就是教育。同样对于学校而言，突破重围，唯一的途径是读书。在镇江市外国语学校“相约星期三”学术讲坛上，校长潘晓芙就教师专业发展发表了三点意见：第一，教师的培养要实现“双轮驱动”，即名师群体和青年教师共同发展，互相促进；第二，教师的专业培训实现“两个结合”，即理论与实践的结合、教育教学与班集体建设的结合；第三，教师专业发展要实现“双力推动”，既要有自上而下的压力，更要有自下而上的内驱力。这些“两”或“双”，如何走得更远，恐怕除了读书便无选择了。

再次是制订“个人发展规划”。一年教师要达标，三年以内教师有规定，五年教师上要求。八年以上呢？备课可以从简，一切都在自觉发展。镇江市外国语学校有一个“校级骨干教师”评选，它打破了教龄、学历界限。换句话说，理论上，即便你是市级学科带头人，也未必能评得上“校级骨干”（当然，目前还未发生一例）。这对年轻教师是种鼓励，对于成熟教师是种鞭策。对于一些“优秀”的老师，还要制订“个人发展规划”，一方面促进优秀向卓越一步步迈进，另一方面学校也可以有针对性地对他们进行培养。

最后是提供更高端的研修平台。一般来说，市级教师继续教育的成果并不明显，似乎有的地区上级部门本身也在完成任务，发本书，搞个开卷考试。很多高端的教师培训的信息掌握在校长们手里，对于热爱学习的老师们来说信息并不对称，加上经费的原因，校长们一般并不看好此类培训，这也是缺少远见的一种行为。

# 校本培训的一种实践样式

很多老师都不愿意参加培训，有的说内容太枯燥，有的说听不懂，有的说利用自己的休息时间划不来。《面向21世纪教育振兴行动计划》指出："中小学教师的全员培训要以校本培训为主。"近几年来，各校积累了一些校本培训的好做法，在机制、内容、形式、方法等方面都作了一些创新，取得了一定的成效。2010年暑假，镇江市外国语学校进行了为期7天的"做最好的自己——2010年暑期校本培训"。先让我来作一次回顾，然后进行一些综述。

本次培训从8月20日开始，共进行了7天，分成6个模块，包括校长报告、专家讲座、校长论坛、骨干教师论坛、青年教师论坛、自主学习，内容涉及核心价值观的确立、校本课程的开发、职业幸福、学科感悟等。此外，还观看了美国教育片《热血教师》，用三天时间自学了《教师月刊》7、8期合刊。本次培训立足校本、立足问题、立足发展，共有17人次进行了演讲，江苏省教育科学研究院基础教育研究所王一军副所长、著名学校管理专家郑杰分别做了题为《校本课程的开发》《教师的专业与幸福》的学术报告。

8月20日上午，潘晓芙校长做了题为《关于学校核心价值观的思考》的主题报告。她首先向我们展开了一幅宏伟的画卷，是关于中国人民大学附属中学60年校庆的观感。中国人民大学附属中学是一所名校，或许我们永远无法复制，但其发展过程中的精神要素，却是每一位办学人所需要的。潘校长向我们展示了中国人民大学附属中学的"向祖国汇报——人大附中素质教育成果展示"节目单，和我们一起寻找中国人民大学附属中学成功的基因。

接下来，她为大家厘清了价值、价值观、价值教育、核心价值观等几个概念，并从哲学的本体论、价值论和方法论的角度，深入剖析了镇江市外国语学校核心价值的五个重要元素：热爱、尊重、责任、创造、发展。两个小时的报告，让全体与会老师进一步明确了自身的教育责任，深化了对于学校核心价值观的认同，也为接下来的校本培训和今后的工作定下了基调。

下午，江苏省教育科学研究院基础教育研究所王一军副所长为全体老师做了题为《校本课程的开发》的主题报告。

王一军副所长从全省四星级高中无锡会议上的几组数字谈起，谈到了学校的核心品质应该是课程，然后以生动的叙述为与会者解释了校本课程、校本课程开发、校本的课程开发、校本课程的开发几个概念，并介绍了校本课程的几种实践样式：教材本位模式、传统项目模式、学生兴趣模式、特色学科模式、教师资源模式。最后，王副所长从实践的层面引导大家明确新课程框架内校本课程应有的边界，分析校本课程开发的基本要素，了解校本课程开发情境分析的思路，掌握校本课程开发方案的设计方法，掌握基于学科的校本课程开发的模式，了解校本课程开发的一般程序。

抽象的理论在王副所长的诠释下是那样的丰富而形象，本次报告为学校品牌建设注入了一种全新的理解，为学生提供了更多的个性化的选择，为“镇外”的品质提升提供了一种可能。

8月21号上午，是“做最好的自己——2010年暑假校本培训”主题演讲单元，由四位骨干老师登坛演讲。

首先登场的是贺利群老师，她的演讲题目是《行走在语文教育之路上》。她认为，“知语文”奠定了合格语文教师的基础，也是语文教师专业发展的初级阶段；“好语文”能促使教师逐步走向优秀语文教师的行列，也是语文教师专业发展的中级阶段；“乐语文”是专家型语文教师的标准，也是语文教师专业发展的高级阶段。

杨爱萍老师的演讲题目是《关注绿色英语教学》。她认为，绿色教学的出发点是生命，目标是在教给学生知识和技能的同时，培养学生终身学习的能力和意识，提高学生的学习兴趣和积极性。绿色教学强调学生的学习态度和价值观的形成，关注学生行为习惯的养成，将学生的主动性作为教学目标。绿色教学要求教师以自然纯洁的心态投入教学，以自身的崇高品质教育影响学生。

朱燕老师以《我这样做班主任》为题，介绍了班主任工作的幸福点滴。她认为，班主任工作是讲究艺术的，她的理解是“班主任要用热爱、尊重、宽容、机智化解矛盾，协调关系，用四两拨千斤的能力处理复杂多变的班级情况，使得班级工作得心应手”。她希望能教育孩子三年，却影响他的一生，让三年的初中生活成为孩子生命中最为宝贵的财富。

下午，王益民老师发表演讲，题目是《什么是教育中的爱》。他以《看上去很美》和《放牛班的春天》两部中外经典影片片段为例，告诉大家“有一种爱我们还很陌生”，它与知识无关；它是一种保护；它并不拒绝科学的责罚；它更多的是一种宽容，一种在孩子们心中“种庄稼”的教育行为。最后，王老师说，在“模式”和“兵法”为教育所推崇的时代，其实已经背离了教育的本质。支撑课堂的，不是技巧，而是教师对于这份事业的爱，对于学生的爱，对于同事的爱，还有对于学校、自己、亲人、弱者的爱!

四位老师演讲结束后，全体老师观看了美国经典影片《热血教师》，再一次接受精神的洗礼。

8月22日上午，镇江市外国语学校“做最好的自己——2010年暑假校本培训”进入“青年教师论坛”单元，先后有8位老师畅谈了自己的教育实践和对教育的初步理解。

他们的演讲题目分别是：陈志寅——《用心和学生交朋友》；宗薇——《明天我更棒》；张岩——《心态决定成败》；王诚怡——《做一个坚持的教师》；李志——《在“困”与“思”中前行》；董道茹——《学习不止，奋斗不休》；宋仁高——《最好是一种目标，更好是一种过程》；陆菁菁——《做好自己》。论坛结束后，潘晓芙校长进行了即兴发言，勉励青年教师不断前行。

8月23～25日，是“做最好的自己——2010年暑假校本培训”教师专业阅读时段。为此，学校为每一位教师购买了《教师月刊》7、8期合刊。该合刊集束古今中外文化大家的教育人文思考，从这里，能寻找到教育人文的精神源头，寻找到那些从灵魂深处打动我们的生命、从生命的高处照亮我们的教育的力量与光。42篇短文，是人类文化中高贵而奇崛的那部分，也是让人类世俗生活保持弹性与气度的活水源头，它们因此成为美好教育的丰盈土壤。大家读到的，都是人类最高智慧的言说，都是对人性本质问题、教育本质问题的打开与陈述。

8月26日，镇江市外国语学校2010年暑假校本培训进入最后一天。上午，举行了“我们明天会更好”校长主题论坛，四位副校长分别发表了演讲。

邹敏副校长的演讲题目是《育人——不同文化背景下的共同追求》，从世界知名中学的办学特色谈起，结合镇江市外国语学校的办学实践、价值追求，谈到了不同文化背景下的共同追求；王伟副校长的演讲题目是《耐心等待每一朵花儿开放》，从“学生之花”谈及“教师之花”，言辞间充满一种温情与关切；赵国强副校长的演讲题目是《用我的课堂影响学生》，从自己的教学实践入手，深刻而又具体地阐述了“课堂文化”构建的几个要素：教室文化、班级文化、教学文化、规则文化和精神文化；周慰副校长则以《我们的未来更美好》为题，从“我们已经拥有”谈到“我们还拥有”“我们正走向”“我们将探寻”“我们能拥有”。潘晓芙校长为大家的出色演讲所感染，即兴发表演说，明确了学校发展的未来方向及举措。

8月26日下午，大家盼来了“做最好的自己——2010年暑期校本培训”的收官之作——郑杰校长的学术报告《教师的专业与幸福》。

郑杰校长从“职业——专业——事业”三个方面，就如何增加职业魅力，如何提升专业品质，如何增加事业幸福感等方面，从一些全新的角度，结合大量的事例甚至是生活中的一些幽默片段，旁征博引，阐释了教师应该如何发展专业及专业的要求有哪些。

在报告中，郑杰校长指出，教师要爱惜自己的每一根羽毛，要有热情，让大家因为你而温暖，人们喜欢热情的人，因为他们为烦躁的、贫乏的工作和生活注入活力，他们制造欢乐、化解矛盾，他们使冰冷的办公室充满生趣，他们身上总是有一种积极的力量，使人们愿意凝聚在他周围。教师还要善良，“己所不欲，勿施于人”，要把别人的痛苦“移情”，当作自己的苦痛，善良的人善意地揣摩别人，善良的人自己活得轻松，善良的人善待别人。教师还要宽容，己所欲，亦勿施于人。成为这样的人，你的品质才有了基本的保证，就有了好口碑，也就成了名牌，你在劳动力市场上就有了竞争力。

郑杰校长认为，教育就是一种服务，而不是制造业。教育的服务产品是课程，课程是以促进学生发展为功能，以增进人的幸福、减少人的痛苦为宗旨。教师给学生提供的服务，要让学生感到舒适。好教师拖堂，是学生不让教师走，是学生在拖老师的堂。差教师拖堂，是下课了还在讲，学生们如坐针毡，度日如年。有些教师还微笑着说着令人恐惧的话，会让学生尤其害怕，没有安全感。郑杰校长还提出，教师要关注自己的三个世界：第一世界，即世俗世界；第二世界，即心灵世界；第三世界，即精神信仰。只有这样，教师才能成为一个幸福的教师。

由上面的介绍，我们可以发现，校本培训要深入人心，至少要具有这样几个要素。

一是要立足问题。一些学校的校本培训出发点是很盲目的，想到哪里就是哪里，自身的培训资源挖掘不足，校外资源又不加选择，几年来培训内容雷同，无非是请几个优秀班主任讲点“工作经验”。这样的校本培训停留在经验介绍的层面，有的还是“劳模”色彩，毫无专业性可言，几乎成了“政治学习”。如果报告者是个好无趣味的人，全体疲劳已经不可避免了。镇江市外国语学校 7 天的培训有两个主题：校本课程开发、核心价值观的确立，并且两个主题统整在“做最好的自己”这一主题下。选择第一个主题是因为根据学校三年发展规划本学年是“课程年”，选择第二个主题是为学校精神文化力出台最后造势。

二是要内容丰富。主题确立后，内容的丰富性决定了校本培训的实效性。镇江市外国语学校本次培训内容涉及核心价值观的确立、校本课程的开发、职业幸福、学科感悟等，还组织教师们观看了美国教育片《热血教师》，用三天时间自学了《教师月刊》7、8 期合刊。

三是要形式多样。镇江市外国语学校本次培训分成 6 个模块：校长报告、专家讲座、校长论坛、骨干教师论坛、青年教师论坛、自主学习。该校共有 17 人次发表了演讲，还有两位外请专家讲座，形式上有报告、有论坛、有自学、有视频观看。即使是专家的聘请，也考虑到了报告本身的“可欣赏性”，事实上，两位专家用他们的睿智和幽默帮助与会教师轻松度过了收获丰硕的半天。

四是要体现关怀。7 天的培训，会场上没有响起一次手机铃声，并且，主持人也没有特别提醒。总结时，主持人说这体现了“镇外人”良好的风范。校长潘晓芙则说：“不，是文化。”这种文化是基于一种尊重，7 天的培训都在学校第二报告厅举行。正值暑热，工作人员会提前一小时到达会场，打开空调，调试音响，准备好充足的纯净水放置在易拿取的地方。会议每一小时休息 10 分钟，会前、会间播放轻音乐。

五是宣传要跟进。镇江市外国语学校本次校本培训在校园网进行了系列报道，一共有 9 篇，镇江市教育信息网也发表了两篇报道。这种即时跟进的报道让每个人都生出一种骄傲感，同时也促使发言者精心准备，包括外部形象塑造。培训结束后，学校更换了宣传橱窗的内容，改为本次培训剪影。

六是总结提高。针对本次培训，与会者具体谈一谈自我感受，然后把文章贴在校园网上，供大家一起学习。这种总结具有一定的针对性，大家畅所欲言，不求文笔优美，但求实话实说，也让管理者能够更好地组织好下次的校本培训。大家浏览帖子，何尝不是又一次的“培训”?

## “五‘共’”

——基于校本的教师专业发展路径

教师发展是学生发展的基础，尤其是在知识创新的时代，教师即使是“整瓶水”也已经不能满足形势的需要，还要有“源头活水”。实践中，很多学校已经把“教师发展”当作学校发展的首要。镇江市外国语学校也走出了一条校本化的教师专业发展之路——共读、共写、共听、共享、共研，简称“五‘共’”。

一、共读——站在大师的肩膀上前行

教师与教师之间专业水平的高下最后取决于学习力。从阅读物来看，教师的阅读分成三种：本体性阅读、专业性阅读、人类基本知识阅读。镇江市外国语学校首先建立了多维度的学习型共同体，有“行政团队学习共同体”“骨干团队学习共同体”“青年教师学习共同体”“学科学习共同体”，学习力正成为学校发展的核心竞争力。学校为每位教师制定了三年读书学习计划，要求三年内每人至少阅读 12 本教育理论和 24 本学科专业知识等方面的专著，包括市教育局指定的 6 本专著，其中必须研读学校指定的专著，如《细节决定成败》《合作学习教师指南》《做一名高效能的教师》《给教师的100条新建议》《合作性学习ABC》《教师月刊》（人文读本），其余的由教师根据专业发展的需要挑选阅读。坚持以“自学为主、集中学习”为辅的原则，开展读书活动。要求学校领导、中层干部率先垂范，当好排头兵。学校不定期地检查教师的读书笔记、学习心得和教学反思，通过多种形式及时组织交流。

二、共写——站在自己的肩膀上攀升

“学而不思则罔”，思而不写亦“罔”。一开始，学校规定，每位教师每月至少有一篇不少于2000字的较高质量的读后感或论文上网；并组织读书交流会和读书报告会，及时将评选出的优秀读后感或论文汇集成册。目前，学校开展的常规活动是“荐文跟帖”，每个月由校长室推荐一篇时文，老师们阅读后进行跟帖。例如，本学期推荐了三篇文章，九月份是《关于加强教师队伍建设的几则材料》，有181人跟帖；十月份是《镇江市外国语学校精神文化体系及诠释》，有180人跟帖；11月份是《教研组如何得以优秀》，有177人跟帖。除“荐文跟帖”外，不同教龄的教师每月都有“教学反思”的写作要求，并纳入“月考核”中。为推动老师们对教育教学进行系统思考，学校制定了《学术奖励办法》，鼓励老师们撰写教育教学论文，尤其鼓励老师们在核心期刊上发表高质量的论文。

三、共听——站在专家的肩膀上提高

本校内的教研活动具有一定的实效性，但容易造成“低水平重复”，观览教育天下，与名家、大师对话成为教师专业发展走出“高原期”的切实之举。为此，镇江市外国语学校每年在暑期都有一周的教师专题进修培训。2006年，学校教师分三批赴北京师范大学培训，由学校提出培训目标，北京师范大学量身订制高品质培训，开镇江地区教师培训先河。2009年8月份，学校全体教师赴北京师范大学安博集团昆山产业基地进行了为期四天的学习、培训。2010年的暑假校本培训分成6个模块，包括校长报告、专家讲座、校长论坛、骨干教师论坛、青年教师论坛、自主学习，内容涉及核心价值观的确立、校本课程的开发、职业幸福、学科感悟等，还观看了美国教育片《热血教师》，与会教师用三天时间自学了《教师月刊》7、8期合刊。本次培训立足校本、立足问题、立足发展，共有17人次发表了演讲，江苏省教育科学研究院基础教学研究所王一军副所长、著名学校管理专家郑杰分别做了题为《校本课程的开发》《教师的专业与幸福》的学术报告。

2010年，学校除暑假全员培训外，平时还有“请进来”的专家讲座四人次，“走出去”的国外考察、国内会议、校际交流达300人次之多。

四、共享——站在问题的肩膀上发展

教育的智慧是深藏民间的。镇江市外国语学校在推进“合作学习”“学习优势教育”“支架式教学”的过程中，发现一线老师的很多创新之举是需要传播的。大家都在提“学习型组织”，学习型组织不仅仅是大家看书、学习，更重要的是大家懂得把自己的心得体会拿出来共享，“共享”是学习型组织的核心。为此，镇江市外国语学校推出了一种校本培训——“相约星期三”，每周三下午进行约一个小时的校本培训，这对学校既往的一些培训进行了一次整合。目前推出了三种“产品”：一是“讲座”，邀请本市、本校的名师、专家进行学术讲座；二是“论坛”，由本校教师围绕一个主题进行细致深入的探讨；三是“研究课”，由本校骨干教师开课。“相约星期三”定位为6个字：高位、原创、校本。此外，学校日常有“随堂抽课”“梦溪讲堂”等校本化培训，各有不同定位，“随堂抽课”主要针对五年内年轻教师，“梦溪讲堂”是利用周六时间进行的高端培训。学校提出“高位”的想法是基于“相约星期三”的引领性，登上讲堂的一定是在教育、教学上颇有成就的老师；“原创”体现出了一种内容和形式上的变革，要让老师们在一个小时内有收获，还要获得精神的愉悦；“校本”就是体现学校品牌的主题，如“合作学习”“自塑式德育”“外国语‘1+2+N’”等。

老师们都说，“相约星期三”，相约的是思想，相约的是心灵，相约的还是一种精神——一种“自我加压，负重前行，追求卓越，拒绝平庸”的学校精神。

五、共研——站在集体的肩膀上飞翔

共研有两个步骤：第一，“随堂抽课”；第二，“网络议课”。每周早上7点，打开校园网，就会弹出今天被抽课的老师名单、节次等信息。届时，同科目甚至其他科目的老师就会准时来到相应的教室听课。听课结束后，老师们会把听课意见写在“网络议课”栏，开课的老师回及时作出回应。学校还要求备课组长或骨干教师进行回应，以形成反复对话的议课状态。

为保证此项工作的推进，学校把它纳入“月考核”予以保障。学校还建立了各学科、班主任工作研究 QQ 群，把 QQ 群作为一种快捷、随意联系渠道，共享观点，共有资源，通过 QQ 群进行思想交流，观点碰撞，互相启迪，共同进步。班主任 QQ 群除“五自”自塑式德育这个中心话题外，每月提供一个话题，大家可以在群内交流。如上年度话题有：（1）如何整合任课老师的力量参与班级管理；（2）学生操行评语的写作；（3）问题学生案例分析及诊疗；（4）开学啦，班主任准备工作；（5）班会课的研究；（6）班级文化建设的思考与实践；（7）班级管理与企业文化；（8）班主任的自我修炼；（9）班级座位调整；（10）假期班主任工作不缺席。

目前，更高位的教师专业发展平台——“潘晓芙工作室”“数学工作室”“英语工作室”“班主任工作研究室”四个名师工作室即将推出。为便于管理，镇江市外国语学校还成立了“教师发展中心”，以便统一管理。一场更具有校本意义的专业发展的创新举措业已肇始。

## “开放式网络议课”的实践与主张

镇江市外国语学校的校园网有这样一个特殊的社区——“开放式网络议课讨论区”。这个社区是 2006 年开始建立的，至今已有主题二千多个，共一百多页，它业已成为学校教师专业成长的重要平台，也是学校“合作学习”课堂模式建立的研究站，在新的发展时期继续推动学校课堂教学改革的深入发展。

每天早上，上班后，教师们打开校园网，网页上就会弹出一个窗口，显示今天有哪几位老师被“随堂抽课”了，还有第几节、哪个班、什么学科、甚至教学内容（教师进度是上网公示的）等信息。同时，校园网首页“开放议课”栏也出现相关信息，一点击，就进入“开放式网络议课讨论区”，就可以进行“议课”了。

传统的议课（也叫“评课”，“议课”更符合对话理论）需要把大家拢到一起“坐而论道”，受到了时空的限制，不能进行大面积的、深入的议课。很多学校一个月只有一两次议课的机会，还不能“各抒已见”。镇江市外国语学校的网络议课规定每周必须至少“议课”一次，可以去“议”听过的课，就算是没听过的课，看大家那么热热闹闹地“议”开来，也会忍不住“插嘴”的。网络议课扩大了辐射面，使一种基于小集体的相对封闭的传统行为变为一种社会化的全面开放的行为。能让所有的人参与到议课这项教研活动中来，是网络议课的第一大优势。

第二个优势，有了网络议课，听课者会用研究的心态去听课。只听不议（评）的教研容易导致听课人“心灵缺席”，听课时“恹恹欲睡”并不全是讲课人的错。有了议课，哪怕只是任务，听课者也会打起精神，不断用心与这节课进行“对话”，不时在听课本上写上一两句心得。我发现一个现象，当孩子们“议论纷纷”的时候，教室后面的教师也开始“乘机”“窃窃私语”起来，我曾多次提醒大家安静，但效果甚微。抛开听课纪律不论，也能看出教师们听课时思考之迅疾，话在嘴边，不得不说。研究的心态，让大家欲罢不能。

第三个优势是议课的时空拓展了。教师们都有各自的教学任务，校内、组内开课后的议课经常因为没有聚集在一起的时间而不得不走过场，即使聚集在一起也只能有少数几个人发言，点到即止，交互面小，意见难以充分表达。使用网络议课，时间的机动性增强了，教师可以在任意时间进行跟帖议课。但为了防止议课时间无限延后，学校曾经在一段时期通过技术手段控制议课的有效时间为 48 小时，后来解除了这个限制，但发现有些教师会拖拉议课，于是现在改为 96 小时。一段时间下来，教师们反映，这个时长的设定既“自由”，又不会让“黄花菜凉了”。

听完就“议”固然可以，但“议”的质量会受到影响。听课人还没有充分的时间对教学过程、教学内容、教学设计、教学手段、教师素养等方面去深入思考，大多只能对课的整个过程谈些肤浅的看法，所发表的评论感性的东西多一些，理性的东西少了些。网络议课以文字的形式出现，需要仔细推敲，查看他人的评课，查阅有关的资料，反思自己的教学，并引经据典地阐述自己的观点。通过观察发现，镇江市外国语学校的网络议课中很多议课的质量很高，还有的能用“学习优势教育”“支架式教学”“合作学习”等新课程的理论来对接，充满理性的思考。网络议课留出了足够的时间供教师们整理议课的角度，有的教师的议课就是一篇高水平的论文。

议课的理性思考是"网络议课"的第四个优势，也是最大亮点。

第五个优势，议课的研究风味浓了。学校规定，开课教师要在自己的议课区首先进行说课，谈谈课堂的环节、设计的初衷以及课后的反思。教师们贴上自己的发言后，开课人和骨干教师是要和议课人进行"对话"的，这样交互面更广阔了，反反复复，"真理愈辩愈明"。从校本教研的角度来看，除了有"随堂抽课"外，还有"研究课"专贴、"每周自由评课"专贴，不仅丰富了"网络议课"的层次，而且让更多的好课进入老师们的视野。

第六个优势，网络议课的资料能有效存储，为深入系统的研究提供了可能。传统的面对面的议课，只能是参加听课的人参与，一旦活动结束，研讨也随之结束。而网络议课的内容留存在网上，信息的存储性提高了，研究者可以在活动后自主安排时间对各家观点进行深入的分析和研究，而且还可以把进一步学习的心得继续与别人交流。对于开课教师和听课教师而言，每一次阅读网上的评课意见，都是全方位反思自身教学思想和教学行为的过程。即使没有参加听课的教师也可以通过阅读已发表的评论，了解各家观点，参与评论，因此研讨的影响时间延伸了，指导面也更宽广了。

当然，在五年来的实践中，也发现了一些不足，因为网络是公开的，又是"实名制"，大家在议课时很难"直言不讳"了，而议课的价值点有时恰恰在"直言"里。对此，镇江市外国语学校通过技术手段把议课分成两个板块：优点、建议，不填建议，不允许发表。但有的老师还是只写上一些"不痛不痒"的话。还有，因为是网络议课，缺少"现场感"，你一言我一语的"争锋"少了些。再就是受抽课的随机性限制，课的家常味浓了，可圈可点的地方就少了些，议课时难免说些套话。

## 案例呈现

### 由夏青峰校长《学校预算》一文想到的

这一年，夏青峰校长调任到北京去了，我们的联系少了很多，好在有博客，可惜，他的博客更新很慢。最近读到一篇《学校预算》的博客，让我想到了很多。

那时，夏青峰校长正在编制他所在的新学校的2011年预算，他说本次预算的中心是“加强教师培训，提升教师水平，积极建设学习型校园”，并提出了三项具体意见，包括“给老师们的发展搭建更好的平台，添置更多的图书，改善教师的工作环境”。

关于加强教师培训，我们来看一看他的表述：“对于教师来说，培训就是最好的福利。要进行培训，就必须‘请进来，走出去’。一个教师，如果一直待在一所学校，既没有外出学习的机会，也没有教育名家走进学校，那老师们的视野一定会存在局限性，老师们的专业发展也会缓慢很多。所以，我有一个美好的理想，就是将中国教育界的名家都不断地请到校园中来，与老师们进行近距离的对话与交流，让老师们在不断的激励与启发中成长。同时，一定要不断地派老师们走出去，看看外面的教研、外面的世界，视野宽了，心胸就会更宽；心胸宽了，人生也就会快乐起来，学生也就能得到更好的影响与熏陶。”

这段表达至少有这样几点可贵之处：一是落实“培训就是最好的福利”，这一点是很多校长难以做到甚至难以想到的。很多校长对于教师培训，要么疏于培训，要么进行低层次培训。在网上搜索到一所学校“2009年度教师培训经费预算”，共计32万元，巧的是在这所学校我正好有几个朋友。一问，答曰：一年来几乎没有培训。问题是：这些预算的经费到哪里去了？恐怕只有天知道了。学校的预算是几个人的事，决算也是几个人的事，在中国，这恐怕不是个例。二是夏青峰校长对于培训的高位理解。很多校长对教师培训的理解恐怕只是停留在专业发展上。夏青峰有一个推演：视野宽了，心胸就会宽了；心胸宽了，人生也就会快乐了；人生快乐了，学生也就能得到更好的影响与熏陶，最后的落脚是学生。所谓以人为本，大约就是这样吧！

百年大计，教育为本；教育大计，教师为本。我再补充一句：教师大计，专业为本。有些薄弱学校没有经费支撑，专业发展全靠教师的自觉发展；有些公办学校，上面“卡得死”，专业发展经费有限，全靠上面有限的几次拨款。有一点儿自主权的是一些民办和发达地区的公办学校，如青峰校长原来工作的江阴市华士实验教育集团，连续四届都出现了一名省特级教师——吴辰、夏青峰、曾宝俊、常建强。我相信，之后一定还有……我曾在这个集团工作了两年，感受到这所学校不同一般的气质，正如老校长吴辰所说的“这里是师生共同成长的精神家园”，夏青峰所说的“我们在这里要享受学校”。

为了教师的专业发展，几年来，包括马克斯·范梅南在内的世界各地的教育家、名师约有百位都曾在这里讲学。我曾负责过华士实验教育集团的教科研，学校每学期仅付给教师的“教科研奖”就不下 10 万元，曾经有人跟时任校长的夏青峰反映，教科研奖主要集中在几个人身上，有人过万了，不公正。夏青峰说：“有本事，你也过万。”而恰恰是那位教科研奖过万的教师后来成了省级特级教师。

关心人、发展人、成全人、激励人，夏青峰所做的远不止这些。他在《学校预算》一文中有这样的表述：“首先想把学校的几间平房进行整修与装潢，给老师们提供一个喝咖啡的地方、吃午餐的地方和健身的地方。教师的工作是把孩子们培养成有品质的人，那教师首先就要享受到有品质的生活。”我读着这样的文字感到很亲切、很感动。我曾任教的江阴市英桥国际学校就有一个很好的“会所”，虽然很少去，但那份温热与浪漫时常萦绕在心际，久久不绝。

值得庆幸的是，我来到镇江后同样生活在一种幸福中，这是上天的眷顾。我现在所在的镇江市外国语学校正处在发展的最好时期，社会认可、家长放心、教师勤勉、团队和谐、校长亲和，学校正在全力关注教师专业发展，几乎每天，我都在收获感动。

我越来越深刻地认识到，学校要推动教师的专业发展，要做好以下几点。

一要正确的舆论支撑。如果想用名师装点学校，就不要发展教师；如果想提高学生成绩，也不要发展教师；如果觉得学校名师少了，也不要发展教师；如果能像夏青峰一样，是为了学生的发展与幸福，请您发展教师。我深深地知道，认识不深刻，名师工程随时都有可能“停工”。有人跟你叫了：“教学不是写论文，给写论文的人奖金，专心教学的人呢?”又有人跟你说了：“他动动笔，动辄几千奖金，这不公正。”如此言论，你能不动摇?

更可怕的是，有人提醒你：“他发展了，还会留在你身边?”夏青峰的回答是这样的：“他发展了，走了，会给更多同事增强动力，总比不发展留在家里的强。”一些校长，在受到一些触动后，回到家信誓旦旦地要发展教师，但“热度”一过，又固态毕现。更有一些校长，自己的专业水平有限，还怕别人超过自己，处处打压。这样的学校永远只能是二流，甚至末流。

二要“挂苹果，搭梯子”。挂苹果，让老师们够一够，能尝到。特级教师是一颗明亮的星星，对于大多数教师来说，是遥不可及的梦，但给他搭个梯子，纵然触及不到，也会越来越近。现在教育行政部门的“梯子”已经很完备了，骨干、带头人、特级、教授级特级、人民教育家，一步一个台阶，只要仰望星空，又脚踏实地，就能触及星空。镇江市外国语学校在“挂苹果，搭梯子”上启动了很多有效的举措，拟制订“教师专业发展促进办法”，可以预见，这里将是师生共襄成长的家园。

夏青峰在江阴的最后一年曾经要求全体教师都要拥有自己的教育博客，并且从行政开始，一段时间后，大家都拥有了自己的教育博客。这是推动专业发展的第三招——“逼”。我们注意到，有一位副校长，一直到现在还在坚持，并且教育小品文越写越精彩，加上这位老师本身专业功底就扎实，最要紧的是他并不自恋于行政，可以预见，他的专业前途是不可限量的。当然，我们不要指望“逼”一次就大功告成，全体特级。对于大部分人来说，会继续平凡，但其行走方式会悄悄地发生变化。镇江市外国语学校进行的“做最好的自己——2010年暑期校本培训”，就是一种“逼”。潘晓芙校长曾说：“精彩，有时候是逼出来的。”

四要“奖”。镇江市外国语学校提出了一句口号：“在研究的状态下工作，在工作的状态下研究。”这也许是对“仰望星空，脚踏实地”的最好诠释。那么如何对教师的这两个“状态”进行评价？奖励不啻为一种好办法。2010年江苏省“教海探航”征文活动拉开序幕时，江阴市有一所学校为促进教师“下海”探航，作出一个决定：谁能拿到一等奖，奖一万元人民币。诚然，这笔钱将由企业资助，但如果换到某些学校，这笔钱可能要划到“招待费”或“公务用车”的预算里了。现在还有人对“研究”存有怀疑，你要奖励谁，他心里就是不平衡。任何观念的扭转是要付出除流血以外的代价的，发展教师，不“解决动力系统”问题，一切都是白扯。

夏青峰在《学校预算》一文中还提出“要添置更多的图书”“学校的图书一定要多，购买图书一定要是学校最最重要的经济支出”“要引导更多的教师养成阅读的习惯，只有教师读书了，学生的读书氛围才会浓厚与持久。学生真正热爱读书了，教育就已经成功了一半”。这里，夏青峰指出了教师专业发展的路径——读书。有时候，我们感到这也是一种历史的责任。镇江市外国语学校的生活是忙碌的，也是充实的。潘晓芙校长提出教师专业发展“第八小时”的概念，这一概念提醒我们的行走方式，我们需要忙碌，因为有太多的常规需要我们去一一点击；我们还需要学习，只因为学习让忙碌更有价值，也让我们更有价值。在众多的学习方式里面，我们无法回避一种最佳的选择——读书！我们需要本体知识，于是去读教育类的名著；我们需要修养类的知识，于是我们去文学的田园里漫步；我们需要专业性知识，于是我们在浩瀚的专业性书籍里浸润。暑假里，我把《有效教学》翻了个遍，还与《校本课程开发》交了朋友，每天聆听孙绍振、王富仁、钱理群，倾听钟启泉教授的《课程的逻辑》。有时，看得目光迷茫，揉揉酸痛的眼睛，继而更加明亮……

说远了，回到主题，我想问一句：学校预算——指向给老师们的发展搭建更好的平台、添置更多的图书、改善教师的工作环境，你做到了吗？

## 微博选粹 观察窗的变迁

1. 观察窗的变迁

教室的后门上方通常开一个小窗，装上玻璃。那些年，校领导们通过“窗口”检查各班学生纪律，顺便看看老师上课的精神状况，还有记录呢！张文质教授为我校新聘副校长，一日说到此事，颇有不平，曰：“把师生置于管理干部的监督之下，并且是在师生不知情的情况下，不仅是对师生人权的侵犯，还让师生上课时战战兢兢。一个心灵得不到舒展的课堂一定是低效的课堂……”这是10年以前的事了。

后来，很多学校的理念发生了变化。我听说有的学校的观察窗有了改进，装上了一种特殊的玻璃，外面可以看到里面，而里面看不到外面，据说这样师生不再分心……

2.“妈妈，我下次会小心的”

很久以前，我外出听课，是小学语文课，上的什么课文已经忘了。最后10分钟是课堂延伸，老师让孩子们谈一谈在家里是如何帮妈妈做家务的。一时间小手如林，孩子们侃侃而谈，甚至有点眉飞色舞，课堂气氛达到了高潮。我注意到，最后一排有个女生没有举手，我特别期待老师能注意到这个场景。

果然，老师走到这位女孩面前问道：“你想说一说你的故事吗?”女孩坚定地点点头，又摇了摇头。这时课堂一下子静了下来，全场的目光都聚焦在这位女孩身上。“你有话说就大胆地说，好吗?”老师亲切地说道。

女孩终于站了起来，说了一个帮妈妈烧菜的故事。她说得很慢，不是很流畅。说到油点溅到她脸上时，我的心紧缩了一下。我知道，我的儿子初中快毕业了，还没有进过厨房门。

女孩继续讲道：她的妈妈来到了厨房一看，吓了一跳。女儿说：“妈妈，我没关系的，我下次会小心的!”

全场肃静。

3. 奥数本身并没有错

杨东平教授的一篇文章《打倒万恶的奥数教育》在博客上贴出后一石激起千重浪，一个月来，点击率达50万！后来，他又写了一篇《我为什么反对奥数》，又在“实话实说”栏目做了一期节目。奥数一时间成为人们争论的焦点。

事后，我与周德藩老师、王铁军教授等在锡山会议上谈到这个话题。周德藩老师提高了一下嗓门说：“奥数本身并没有错，错在与升学挂钩、错在应试上……”

我一时语塞。

# 制度要走向“软着陆”

GaoPinZhi XueXiao ShengZhang YaoSu

## 本章导言

高品质学校一定是制度化的组织，但又超越了制度。一个秩序良好的校园，不是建立在人人都是圣人的假定之上。相反，它既要有严格设计的制度，规范每一位师生的言行，提防人性恶的一面，又必须有正面的表彰激励措施，宣传和弘扬人性善的一面。学校制度应该遵循“热炉法则”：热炉火红，不用手摸也知道炉子是热的，是会灼伤人的，这是警告性原则；每当你碰到热炉，肯定会被灼伤，即只要触犯规章制度，就一定会受到惩处，这是违规必究的原则；当你碰到热炉时，立即就被灼伤，这是即时性原则，即惩处必须在错误行为发生后立即进行，以便达到及时改正错误行为的目的；不管谁碰到热炉，都会被灼伤，这是公平性原则。但是，在学校，制度从制定到执行都必须贯彻以人为本的原则，让冷冰冰的制度如热炉般充满生命的温度，从而实现“软着陆”。

## 观点释放

### “奥卡姆剃刀原理”的管理学意义

“奥卡姆剃刀原理”，由公元14世纪英国奥卡姆的逻辑学家威廉提出的，他对当时哲学界无休无止的有关共相、本质之类的争论极为反感，认为那些空洞的论辩都是无用的累赘，应无情剔除。其主张可概括为“如无必要、勿增实体”。要意为：“对于现象最简单的解释往往比复杂的解释更正确。”在中世纪，“奥卡姆剃刀原理”促进了科学和哲学的解放，为中世纪文艺复兴和宗教改革作了重要铺垫。

“奥卡姆剃刀原理”在学校管理上的启示意义十分重要。2004 年暑假，我和同事们“奉命”对小学到高中的语文教材进行单元整合，当时觉得很有趣，也很自豪，国标版教材在我等整合下“面目全非”，这是怎样一种酣畅淋漓的破坏！一个单元就是一课，字词教学整体来，作品主题一起拎，各课问题整锅炒……如果说这里还有一点儿单元复习的味道，接下来的要求就让人摸不着头脑了。每一单元何时上要精确到时，为此，课表要先出台。常识告诉我们，课表出台是受班级数、老师数制约的，而这些对于私立学校来说都是一个未定数，但不行，要精确。用“老板”的话来说，这份材料就是“作战方案”，要精确到几点几分。呜呼，可惜了，没有威廉先生的“剃刀”!

再看看有些学校的管理，“规范”一条一条、“细则”一点一点，一个教职工迟到问题就有几十种情况说明。一开始对待迟到采取重罚，被罚老师不服气，蹲守抓“迟到”，结果领导迟到了。改为签到制，就有人代签，或者把一个星期的都签完了。于是，一天早也签、中也签、晚也签，上班签、下班签，怨声载道。然后借助高科技，刷卡进门，一开始大家觉得新鲜，上下班刷刷卡，很快就有人代刷，忘带、坏了、丢了，都出来了。怎么办？于是，指纹刷卡，代不了，忘不了，坏不了，更丢不了，皆大欢喜了！但是，指纹考勤机，谁去买单？谁去维护？

翔宇教育集团卢志文校长说，管人不能只管“门房”，还要管“心房”。当大家感到迟到很不好意思时，可能一切繁文缛节都可以束之高阁了。“奥卡姆剃刀原理”不在于剔除累赘，而在于剩下什么，或者有怎样的新肌理。

## 学校管理人员的“四勤一懒”

学校文化建设很重要的一部分是制度文化的建设。很多学校，制度不可谓不齐全，奖惩力度不可谓不大，然而几乎无一例外的都遇到执行力的问题。干部说，教师素质低，缺少自觉性；教师说，我有客观原因，希望领导多一点儿人文关怀。其实，有了好的制度并不等于就有了好的秩序，在"制定制度"和"员工遵守制度"之间还缺少一个环节，就是督促制度的执行。道理十分明白，各单位的中层也熟谙此道，但事实上一些管理干部喜欢待在办公室听汇报，或者在有问题的时候去"灭灭火"，缺少对于问题的有效预见。所以，我们在这里有必要重提"四勤一懒"，以图把学校管理人员优良的工作作风从边缘化的境地中重新拉回来。

"四勤"的第一勤是"腿勤"。我认识一位民办学校的安全督导，他姓丁，负责全校安全保卫工作。这位老人身高七尺，虎背熊腰，每天 5 点起床，晚上 12 点休息，偌大的校园经常能看到他高大的身影。学校例会，有些干部发言时，其他人各怀心事，唯独他发言时，大家振作起来。一来他敢于说实话，更重要的是他所列举实例"五个 W"（何人、何事、何时、何地、何故）一个不缺，有时"何时"精确到秒，令人心服口服，接下来你除了改正没有选择。

现在似乎有一个规律性的东西，干部职位越大越少勤走动，干活越虚的人越少勤走动。有人认为管理就是制定制定政策、开开会，他们忽视了管理的一个重要方面——走动，并且是"勤"走动。不要担心别人会说你是"甩手将军"，干部的走动就是工作，还是一项重要工作。看看楼区的教学秩序，看看办公室的办公情况，看看操场的安全设施，看看宿舍的卫生状况，看看食堂的规范操作，看看学生的养成情况，当为管理人员工作之常态。

第二勤是"手勤"。一张废纸，捡起，丢进垃圾桶；一位学生走过来，一个微笑，一个抚摸；同事走了过来，一个点头，再伸出你的双手；检查备课，别走马观花，拿出你的笔，写上几句鼓励的话；餐桌不整齐了，拖上一拖……一圈巡视下来，留下的不仅是你的足迹，还有你的思想、你的鼓励。学校也在你这一"动"中，规范了，自觉了，信心了。

第三勤是"耳勤"，就是善于倾听。学校不仅是师生学习、生活的地方，更是他们的精神家园。江苏省名校长、特级教师夏青峰说："校长的重要责任，就是让不同特点的人都能得到最大的发展，无论是学生，还是老师。要让师生们在离开学校时，都能带着一份收获、一份成功、一份向往与留恋。”这样，就要求管理人员善于倾听来自不同方面的声音，倾听学生的表白，倾听教师的心声，倾听家长的意见，做好各种交流沟通工作，优化教育环境，赢得广泛认同。

管理人员的“耳勤”还要善于倾听不同意见。能听到不同意见的干部是幸福的干部，当大家都“哀莫大于心死”的时候，学校也就走向末路了。现在“面谏”的机会不是很多，要听到原汁原味的谏言，可以关注学校论坛、社区BBS、校长信箱、各种座谈会等，眼观六路、耳听八方是否也应是管理者追求的境界呢?

第四勤是“脑勤”。一次，我和另外一位年长的校长在校园“走动”，因为这天学生要去“春游”，走到食堂门口看见有个小孩蹲在地上。那位年长的校长走上前去，问他：“怎么啦!”孩子说：“肚子疼。”我很吃一惊，为什么我先看到却没有上前问一问？那位校长说：“让班主任领他到校医务室看看!”我心想，有点多余吧！一个多小时后，班主任来电话告诉我：“那孩子是急性阑尾炎，需立即住院手术!”我冒了一身冷汗，万一去“春游”了……原来，“腿勤”的真正意义在于善于发现问题。如何才能做到“善于”，就是“脑勤”了。一是在走动的时候发现“异常”不要放过，像那位校长一样多问一个“为什么”；二是要带着问题走动，如看看早读的目标有没有“示标”；三是要把一些看似不相干的事情联系起来，以便得出规律性东西。

以上是“四勤”，还有“一懒”——“嘴懒”。那年，我做班主任，一次班上的两名学生踩了草坪，结果被校长当场“抓住”。校长将这两名学生领到办公室，当着办公室里所有老师和学生的面，狠狠斥责我的教育不利。我知道自己当时痛苦的心情，所以在今后的管理中不断提醒自己要“嘴懒”。学校管理人员在管理的过程中会发现很多问题，值得注意的是，不要见风就是雨，轻易下结论，很多事情是不能看表象的，要学会综合意见，长期观察，即使是明显问题，也要用商量的语气和员工进行沟通。那种靠颐指气使工作的时代一去不复返了，抱残守旧只能让自己处处被动。

管理人员的“勤”还有一些心理暗示作用：让慵懒者随时警觉，让勤奋者的勤奋能被领导及时关注，让全体员工共同感觉“领导离我们很近”。

“四勤一懒”是一种管理的责任意识，也是一种管理方法，须长期坚持，渐成作风。

## 学校管理的“人情”与“人情味”

某老教师是校长的恩师，一次因下大雾而迟到了，办公室主任请示校长是否扣除该教师当月“满勤奖”。校长说：“按制度办。”这让主任为了难，不扣，制度在那里摆着；扣，是校长恩师，虽然有“按制度办”的“指示”，但校长葫芦里到底装的什么药只有天知道。主任到底“功力”深厚，找来这位老教师：当月“满勤奖”要扣了，校长有“指示”。这位老教师很愤懑：“我这辈子教了三十多年书就迟到了这么一回，扣几个钱是小事，丢不起这个人。”主任明白，到了校长那儿“说情”，结果碰了一鼻子灰。到底还是扣了，整整50元。

有人说校长坚持原则，是个敬畏制度的好校长；有人说，校长一点儿“人情”也不讲，既是他的恩师，又是一个行将退休的老教师；有人甚至上升到文化的程度，中国本来就是个“人情社会”，看清了这一点，校长才能“混得久”。

过了一个多月，老教师退了休，校长摆家宴请恩师。几杯酒下肚，老教师无限感慨地说：“你还蛮有‘人情味’的嘛!”校长说：“工作上，我是只讲‘制度’不讲‘人情’，但并不等于我没有‘人情味’。这一点都不能把握，也辜负了您当初的教诲……”据说，那天，老教师醉了酒，非要拉他的“学生”谈“中国式管理”。

一所学校，就是一个“小社会”，没有社会的功能，却有社会的一切复杂性。校长也不是孤家寡人，他总有家人、亲戚、同学、好友、师长在本单位，人说“有关系，没关系；没关系，有关系”就是这个道理。这些人，尤其是民办学校，在事业初期，打拼在第一线，不计报酬，任劳任怨；事业鼎盛期，容易摆资格，讲功劳，稍有不如意，就埋怨校长“不讲人情”“过河拆桥”“卸磨杀驴”。校长迁就他们，无以面对亲手制定的制度；不迁就，“家里人”不依不饶，甚至还要面对强劲的“枕头风”。在公办学校呢，校长照样要面对类似的情况，又因为公办学校与地方政府、百姓的复杂关系，加之我国“校长负责制”刚刚起步，处理起“人”来是“人情”不断，纵有太极拳式的“推、拖、拉”之法，也常常把自己忙得晕头转向。

那么，在学校管理过程中，怎样才能做到既抛开“人情”坚持原则，又能兼有“人情味”呢？先要树立自己的“硬汉”形象。知识分子是容易计较的，一旦“计较”“得逞”后，还容易“得寸进尺”，因此封住“第一次”特别重要。校长也是知识分子，容易“心一软”，尤其经不住“眼泪”的考验。知识分子又是讲理的，只要讲明了道理，他们是能够配合的，即使暂时有些“想不通”，时间一久，一定能顿悟。一些校长，总是在不同意见间徘徊，缺少应有的决策力，这本身就是在怀疑自己的制度。其实，对于制度的敬畏，是最浓的“人情味”。

有了“硬汉”做派还是不够的，一味“硬”，容易导致刚愎自用，所以校长还要懂得“变通”，也就是说既要有“硬性管理”又要有“软性管理”。管理的过程是“修己达人”，校长的管理是不断“修己”的过程，“人皆可以为尧舜”就是指通过修炼可至尧舜。因此，校长要善于“变通”。那位校长设家宴是一种人情味的变通；如果第二天还是雾天，让办公室通知老师们早点乘公交更是一种变通；更为常见的、也是更高明的变通，是对现行制度的变通。老教师是第一次迟到，按制度扣 50 元，这个制度本身就有问题，不出现迟到大家都不说，一出现，要兑现了，发现“狠”了点，校长可以变通一下：第一次不扣，第二次扣 10 元……或许有人要说了，这不是朝令夕改吗？我敢说，这一改，没人反对。况且，中国式管理的特点从来就是人治与法治的结合，“制度是多数人讨论，少数人制定，由一个人完善”就是这个道理。

当然，校长的“人情味”还体现在制度本身，要制定出一部既具有约束性又兼有灵活性的好制度。我们看到很多学校制度的最后都有“该制度的解释权在校长室”的字样，就是校长在给自己留了条后路。但这是“例行公事”，是不够的，还要在具体条例上体现“人情味”。如出勤中的“迟到”，第一次和第二次处罚应该不一样，第三次和第二次又不一样，三次以后，属“屡教不改”，加重处罚，理所当然。像前文案例，老教师第一次迟到就被罚了 50 元，下手“狠”了点，准确地说是制度缺少了点“人情味”，容易让执行者陷于少"人情味"的境地。

心中有杆制度的秤，又能因人、因事、因时、因地适当拿捏，方能做一个不讲"人情"、却又有"人情味"的好领导。

## 表扬有度，批评无痕

——员工管理中表扬与批评的艺术一席谈

很多学校管理者都不是职业管理者，只是因为"教而优则仕"了，因此其管理方式很多是借鉴管理学生的方式。如对员工的表扬，通常选择公开指名、诉说缘由、评论等一般结构方式，且语言诚恳，冷不丁还会冒出"真棒""很优秀""我为你感到高兴"等课堂激励性语言。只要仔细观察一下，被表扬的员工一定是坐卧不宁，甚至从此以后被大多数人"孤立"起来。终于有一天，员工一定会对那位管理者说："请不要像表扬学生一样表扬我。"

又如对员工的批评，不分场合、出言激烈、语气较重，甚至夸大其词，有恫吓倾向。员工犯错误，在心理上有"无意、心存侥幸、故意"之分；在程度上有轻、中、缓之别。不论哪种情况，都需要管理者事先有一个冷静、客观的分析，事中有一个平和的态度、理性的分析，事后还要"以观后效"。有的管理者认为，对于犯错误的员工，不拿点态度，不能以儆效尤，也无法显示自己的"威严"。事实上恰好相反，热衷于"威严"的管理者往往情绪化严重，"原则性"变味为"自我中心主义"，"威严"丧尽。有一天，一位员工终于会提醒说："请不要像批评学生一样批评我。"

其实，批评学生也需要晓之以理、动之以情的，教育不是讲民主与平等吗？做老师的，"民主"一直是我们的梦想，而实际工作中我们往往亲手制造着"霸权"与"独裁"。

那么，表扬与批评究竟有哪些度需要我们去把握呢？

首先，无论是表扬还是批评，要"有据可查"。不能凭管理者的好恶，更不能随管理者的情绪，用以培养团队的"规则意识"，尤其是管理者的"规则意识"，不能有"无缘无故的表扬"，也不能有"无缘无故的批评"。

当前的管理实践中，奖励的随意性较大，一些领导为突出某些稀有事迹，动辄千元奖励，这种物质性表扬的结果是助长员工的猎奇心理，不利于稳定。更严重的是批评过火，甚至以“罚款”“开除”相加，闹得人心惶惶。这些作为都是“土皇帝”思想在作祟，不利于制度建设，自然也就不利于积极向上的文化建设了。从管理层次上看，这种管理尚属“经验层次”，与制度管理有距离，更无法奢谈文化管理这种高级层次了。

由此可见，表扬与批评，有时真的不是管理者的性格问题，更多情况下是理念与文化修为。

其次是场合与“度”的问题。表扬宜在公开场合，批评宜在私下场合，这是一般原则。表扬与批评都是手段，不宜常用，要把握好“度”。这里的“度”有两层意思：一是对于事情本身的“度”，不宜夸大，也不宜轻描淡写；二是表扬与批评的频度问题。

“场合”与“度”已经涉猎“方式”问题了，我这里还是要强调一下表扬与批评的语言技巧。我的一位同事，班级里有一个很淘气的小男孩。一天，她实在是被这孩子整得没辙了，大声“扬言”不干班主任了。我待她冷静后，“批评”道：“怎么，被小孩打趴下了?”她笑道：“你不知道，太淘气!”教务主任在一旁插言说：“老师，你还读《老子》《论语》呢，‘诲人不倦’也做不到?”这位班主任彻底消了气，这几天正在研究《班主任工作 100 招》呢!

可见，表扬应有度，批评宜无痕。

## 学校管理：从制度走向文化

一般认为，学校管理有三个渐进的发展阶段，分别是经验管理阶段、制度管理阶段和文化管理阶段。其实，这三个管理阶段是不能截然分开的，尤其是到了“文化管理阶段”，它并不拒斥经验和制度而单纯地进行文化管理。况且，从归属性上讲，制度也属于文化，是一种次文化，在文化的同心圆中，制度文化是文化的中层圆。应该说，这“三分法”最直接的意义在于提醒学校管理者要在三者之间进行哲学行走。

先说说学校的制度，它是学校根据党和国家的有关方针、政策、法规，按照学校教育工作的规律和各校的实际情况，采用条文的形式，对全校教职工的工作、学习和生活等行为提出的具有约束力和一定强制性的准则和规范，即学校的“法”。这使我想起一个故事。

很多年以前，有两个人分别在一条河边定居下来，在离他们不远的地方有一棵苹果树。两个人都想抢先吃到苹果，于是在苹果还没有熟的时候，两个人就你摘一筐，我摘一筐，结果摘到的都是青苹果。三番五次之后，两人发现这不是长久之计，这种状况必须有所改变。于是，两人坐下来，商讨解决问题的办法，最终达成一项协议，规定双方都必须在苹果成熟之后才能采摘，而且要各占50%的份额。这样，两人终于吃到了熟苹果。

可见，制度的产生源于限制、约束人类行为和协调人与人之间关系的需要。它是建立在人性是恶的，是自私的，必须创设某些规则即制度来加以约束和规范这个假设之上的。用制度管理学校，体现了依法治校的思想。这种管理重在凸显一种预设的规范，通过建章立制，实现学校工作的秩序化运转，有利于指挥畅通、落实目标、强化责任、提高效率、创造公平、量化考评，是现代学校普遍采用的有效的管理方式。

也有人指出，制度应具有“热炉法则”：热炉火红，不用手摸也知道炉子是热的，是被会灼伤的——警告性原则；每当你碰到热炉，肯定会被灼伤，也就是说只要触犯规章制度，就一定会受到惩处——违规必究的原则；当你碰到热炉时，立即就被灼伤——即时性原则，即惩处必须在错误行为发生后立即进行，以便达到及时改正错误行为的目的；不管谁碰到热炉，都会被灼伤——公平性原则。

瑞士人说，我们有贵和不贵的旅馆，但没有干净和不干净的旅馆之分；新加坡人说，我们有薪水高和薪水低的公务员之分，但没有收红包和不收红包的公务员之别；美国人说，我们有能干与不能干的政府首长，但没有守法和不守法的首长之分。规矩、规则、制度、法律，对于形成一种良好的风气和理想的文化都是一样重要的。

一个秩序良好的校园，不是建立在人人都是圣人的假定之上。相反，它既要有严格设计的制度，规范每一位师生的言行，提防人性恶的一面，又必须有正面的表彰激励措施，宣传和弘扬人性善的一面。一个好的制度能使魔鬼变成天使，而一个坏的制度能使天使变成魔鬼。

但是，这种刚性的科学管理缺少必要的人文关怀、情感和谐、内力驱动，有时可能会造成一些意料之外的矛盾，有着先天的硬伤。例如，把规章制度当作“管、卡、压”的工具；有的规章制度本身缺乏代表性和民主性，甚至规章制度不够严密甚至落后；在制度面前不能一视同仁，缺乏制度管理的平等性；执行起来有令不行，执法不严，受人为因素的影响，制度执行起来前后不一致；有些制度的规定不够明确和具体，缺乏操作性。

人本主义的兴起，又进一步对这种游戏规则提出了质疑，一些管理学家提出了文化管理的理念。

相传在很久以前，弥勒佛和韦陀并不在同一个庙里，而是分别掌管不同的庙，享受天下人的供奉。弥勒佛热情随和，笑脸常开，所以来的人非常多，香火也很旺盛，可是他生性什么都不在乎，丢三落四，无法好好地管理账务，所以依然入不敷出。而韦陀虽然管账是一把好手，却成天板着个脸，太过严肃，搞得前来供拜的人越来越少，直至最后香火断绝。佛祖在巡查天下香火的时候发现了这个问题，就生出一计，将他们放在同一个庙里，由弥勒佛负责公关接待，笑迎八方客，而韦陀作为寺院护法，负责财务，严格把关。在两人分工合作以后，庙里果然呈现一派欣欣向荣的景象。

文化管理就是通过组织文化的培育，管理文化模式的推进，使员工形成共同的价值观、共同的行为规范，来实现有效的组织管理。文化管理理论强调以人为本、以价值观塑造为核心，试图实现物质与精神、理性与价值、个人与整体在管理中的融合与统一，契合了当代社会发展、科技进步所引发的劳动方式、管理方式的变化以及劳动者素质提高等时代特征，是一种更符合人性、更有效率的新的管理理论。

翔宇教育集团总校长卢志文讲过这样一个故事：一位母亲骑三轮车送儿子上学，那孩子腿上打着石膏。保安拦下了三轮车，说什么也不让他们进校园。那位母亲非常愤怒，便和保安争吵起来。卢志文对保安说：“三轮车不得进校园，这个规定没有错，你严格执行这个规定也是应该的。不过，我想提醒你的是，别忘了学校《员工宣言》第一条是怎么说的。”那小伙子立即领悟，让另一位同伴在门口继续值勤，自己背着那孩子往教室里走去。

这一背就是整整三个月。

制度，把三轮车拦在校门外；文化，把孩子送到温暖的教室。

成思危先生认为，20世纪是由经验管理进化为科学管理的世纪，21世纪则是由科学管理进化为文化管理的世纪。经验管理重在人治，制度管理重在法治，而文化管理就是一种德治了。

## “洋、栟、杜、六”秘诀之私聊

应该说，在基础教育界，江苏省泰兴市洋思中学、江苏省栟茶高级中学、山东省杜郎口中学、江苏省溧阳市后六初级中学这四所学校都取得了很高的应试成绩，只是很多人硬把它们往“素质教育典型”上靠，这大概是出于“应试”这个词名声不大好的缘故。其实，这四所学校就是应试典型，或者说是科学应试典型，你没有看到诸多报道最吸引人眼球的还是其高升学率，家长趋之若鹜的最后一个原因无疑还是升学率高，与“素质”“课改”并无直接联系。硬说是，只不过是记者们的发表需要，而已而已。

这四所学校的成功有一些共性的东西是完全可以借鉴的，你做到了，不一定就成为第二，但一定会无限接近第二，乃至超越。

第一，“捆绑式”的考评制度。很多学校也有考评，但“口袋式”考评、“人情式”考评、“平均主义”式考评至今盛行。一些高中，高考考评很“硬”，一届高考下来，多则四五万，少则几千，差异很大。但“洋、栟、杜、六”的考评有一个特色就是“捆绑式”，它们是“没有球星的球队”，但这支“球队”是一损俱损、一荣俱荣。如栟茶高级中学，如果学科组没有“达标”，班级就是全县第一也甭想拿奖金，每一位教师都是“带着一个班，放眼全年级”。年级组长和分管行政呢？他们的奖金直接和学科组达标情况挂靠。在这种考评机制下，就见不到“散兵游勇式”单兵作战了，“资源共享”“互相帮助”蔚然成风。一些学校，不是没有名师，只是内耗太多，一加一小于二了。

第二，从班级管理上，“洋、栟、杜、六”崇尚一个“严”字。这一点在城市学校很难完整执行，因为很多城里的家长关心的是孩子的心灵成长，并不看重那点“死揪”的成绩，而农村的孩子只有读书一条路。我有幸拜访过其中的三所学校，学生们面对窗外的众多“参观者”是“充耳不闻”的，“回头率”几近为“零”，对于“迟到”“马虎完成作业”等现象各班都有严厉的惩罚措施。这些学校的整体感觉是校园里很安静，杜郎口中学的课堂闹腾除外。这种“严”直接带来了班风正，为学习创造了良好的氛围。姚止平校长当年就提出“校风育人”，这里的含义是很深刻的。

第三，从课堂教学的角度，抓了学生的学，而不仅仅是老师的教。现在很多学校都在实施教师专业化工程，高学历、高职称成为共同追求，“洋、栟、杜、六”的教师专业化能有多“专业”？这四所学校无一例外地看中了学生的学，无论是洋思中学的“先学后教，当堂训练”，还是杜郎口中学的“10＋35”，无不瞄准学生的学。这一改革的确抓住了应试的核心，再高明的理论，再精彩的课堂，没有学生“在场”都将是低效的，甚至是无效的。

第四，从作业布置来看，注重“以学定练”“分层训练”。洋思中学原校长蔡林森说：“学生会的坚决不教。”这四所学校是“以学定教”，练习也是“以学定练”，这一点是很多学校难以做到的。现在是教辅满天飞，良莠不齐，“洋、栟、杜、六”从来不用一套完整的、现成的教辅，使用的练习题是老师们“剪刀加糨糊”的“百衲衣”，练习题“看上去不美”，但每一道题都是根据学生的学习状况精选的。即使是平时的练习，也进行分层练习，“基础题”是人人必做，“提高题”是部分学生选作，“竞赛题”是自由选做。还有一点，就是“要求学生做的题，老师先做；要求学生写的作文，老师先写下水文”，说到做到，从不含糊。

第五，从考试来看，密度大、试题精。每学期，学校教务处组织四次大型考试已经不是秘密，称之为“月考”，每月一次。但这四所学校还有“周考”，每周一次，也叫“验收考”，洋思叫“周周清”。很多学校也有类似的做法，但只停留在“考”“批”“评”这一循环。“洋思们”贵在一个“清”字，不能达标的，先是科任老师给学生“清”一次；再不能“清”，备课组再来一次；再不行，教务处又“清”一次。如此反复，学生都有一种“非清不可”的愿望，否则“死定了”。考试的试题呢，是十分经典的。去“洋、栟、杜、六”参观的老师有两样东西拿不到，一是考评办法，二是试卷。我们听说过"黄冈密卷""启东密卷"，大概没有"栟茶密卷"，当然也没有"杜郎口密卷"等了。

第六，质量分析是分析到人、分析到小题、分析到考点的。对于考完后的试卷分析，一般学校都是"个体化"操作，至多是教务处发一张"试卷分析表"，老师们把相应的内容置换一下。"洋、栟、杜、六"却是一项系统工程，先是老师分析，分析到小题的得分率，还有学生的失分点；再是学科组把老师的分析进行汇总，看看各班、各知识点的得分率，得出学科组老师间教学的差异；然后，教务处拿出上一年同期数据进行比对，找出优劣。三轮下来，下一步教学重点已经是再明确不过。据说，姚止平校长会参加每一次的质量分析，并自我先作出一些分析的。

除了这些"秘诀"外，还有一个不是秘诀的秘诀，就是重视学生非智力因素的培养。这些学校不是特意关注，但其所作所为无意中抓住了问题的关键。一是情感因素，有师生情感，还有同学情感。一个孩子爱学习是从爱老师开始的，一个孩子爱学校是从爱同学开始的，基础教育阶段的未成年人是很依赖情感这个因素的。别说孩子学习不是为你学的，他们恰恰就是为了老师而学，"不给老师丢脸"。这些传统的情感教育被我们放弃得太早、太早。二是兴趣培养。一个老师的最大成功是学生喜欢他的这门功课，同样，一名老师最大的失败是学生讨厌这门学科。学生对一门课的兴趣是从课堂开始的，课堂要让学生有所收获，让学生成为课堂的主人。三是意志力的磨炼。栟茶高级中学把历届学生的高考录取情况公布在橱窗内，把考入一流大学的学生照片挂上，这些小的动作对于孩子们的毅力培养来说是具有恒久保持力的。典型要在身边，最好就在自己的班级、年级，抬头不见低头见，孩子们像崇拜明星一样崇拜榜样，这就不再需要"苦口婆心"的教导了。对于学习的很多"传统打法"，某些"理念先进"学校遗弃了很多。四是习惯的养成，主要是科学考试的习惯，如审题、各科考试考场时间分配、考试检查、新知识的学习链（预习、学习、练习、复习、总结）的坚持。

当即将完成这一"私聊"的时候，我想用一句话来总结一下"秘诀"，突然想到栟茶高级中学教学楼里的一句标语："把简单的问题做到极致就是不简单，把平凡的问题做到极致就是不平凡。"这大概就是"秘诀"了吧！

# 服　务

## ——制度的逻辑起点

近一年来，我也学会了网购，尤其是货到付款，十分方便。寒假期间，我在外地，“货到”后找不到人“付款”，只好请学校的门卫帮忙。他在电话里很爽快地答应了，我有点意外，当然更多的是感激。学校的门卫工作是承包给一家保安公司的，门卫经常换人，我与他们也不十分熟，能帮这样的忙自然让人感到现在保安公司的服务意识的确很强。过了几天，我买了八百多元的书，正好要去上课，便把钱交给一位门卫，他欣然答应会帮我接货。这两件事情后，我更感到网上购物于我或许更方便。

前几天，当当网送货员打电话，说30分钟后把一单货送到学校。我一看，马上就要上课，老规矩，交给门卫办理吧。当我掏出钱要交给门卫时，门卫“抱歉”地对我说不能帮我办理。我刚要说“以前不是可以吗”，旁边一位“便衣”说话了：“这是制度。我们公司有规定，门卫不能接触现金。”哦，我遇上门卫所在公司的“领导”了。我跟他“理论”了一番：“我要去上课，当当网的送货员马上就要来，学校门卫理当为老师们提供这项服务。”

“领导”显然很坚决，说以前公司的保安就曾发生过接了老师的钱，最后发现是假币而“说不清”的事情。我一时语塞。他看我“义正词严”，并且见我也像个“领导”，便说：“如保安愿意的话，可以先帮你垫付。”保安说：“我正好带了30元钱。”

如果这家公司的确有“在带钱的情况下可以垫付”的服务条款，我们应该向这家公司表示敬意，但我怀疑他们并没有这条款，因为“领导”说出这句话是在我“据理力争”半天之后，而旁边的保安也认识我。真有这条，他们早就拿出来“息事宁人”了。事后，我一直在想：不让保安接触钱，是省去了一些不必要的麻烦，却拒绝了一次对于客户的服务，或者说，失去了一次增加公司“美誉度”的机会。对于“假币”纠纷，我们可以有N种措施去规避。唯独“服务”，我们无论如何不能前去规避。因为，为学校老师、学生提供安全保障和必要的服务，是门卫人员义不容辞的职责。

前几天早上，学校师生正在上课间操，一位家长的车停在了行政楼门口，几位家长下了车，走到后备箱拿下一个轮椅。这时，潘晓芙校长迅速走了过去，站在旁边的还有三位保安，他们是按照制度前来提醒家长应该把车停到规定位置的。潘校长示意他们给家长帮忙扶学生下车，三位保安终于反应了过来……

制度，真的很重要，但服务意识永远高出制度，超越制度。只有这样，企业才有文化；企业有了文化，才有魅力，恒久的魅力！

**案例呈现**

## 外显有规，内涵有德

——关于《教师手册》的思考

学校管理方式有经验管理、制度管理和文化管理。有人认为这是管理的三重境界，这种理解容易造成误会，似乎"文化管理"是最高阶段，似乎"文化管理"就不需要"经验"与"制度"了。还有人说，经验管理是人治，制度管理是法治，文化管理是德治。这些意见有其片面性，其实，学校管理要追求文化管理，也离不开经验，更离不开制度。如何在这三者之间进行哲学行走？这里仅以《教师手册》为例说明之。

一些学校将各项制度进行汇编，名之曰《学校教育教学规章制度汇编》。有的学校嫌这个名字过于"生硬"，改为《学校教师守则》。这个思路是正确的，但更重要的是其内容是否真实地体现出一种先进的办学理念。镇江市外国语学校将其命名为《教师手册》，这个名称比较中性，教师容易接受。一开始，学校准备命之为《教师服务手册》，或许这样更人文化一些，但既然是一种"规约"，免不了与"服务"相隔，"名不副实"，倒不如"手册"这种提法更接近真相。

这本《教师手册》的内容包含 10 个部分：①卷首语；②教师守则 84 字诀；③理念篇（4 条）；④师表篇（10 条）；⑤职守篇（54 条）；⑥学习篇（10 条）；⑦礼仪篇（11 条）；⑧环境篇（7 条）；⑨快乐篇（4 条）；⑩附录

(课堂激励用语 50 句)。其中③～⑨是主体部分，共 7 个篇章，计 100 条。这 7 个部分中尤以“职守篇”条目最多，它又包含 7 个方面：备课、授课、作业、考试、课后辅导、家校合育和服务保障。

那么，这本《教师手册》到底是怎样将经验、制度与文化三者融合的呢？或者说，相对于其他学校的“制度汇编”，它有哪些创新点呢？

一是理念引领。在第一部分“理念篇”中一共有四条基本理念：“核心价值观”五原则、树立正确的教育观、树立正确的教学观、教改的“五个转变”等。如“核心价值观”中，“确立‘热爱、尊重、责任、创新、发展’这五大要素为我们从教的价值原则，并始终用以指导自己的育人行为……”这四条基本理念分别从四个侧面阐述了教师在教育教学过程中应当秉承的基本理念，同时也指出了“手册”其他条目的理论出发点和逻辑起点。应当说，“理念篇”的缺位是“手册”的一种文化缺失，它的存在不仅能加深教师对于其他规约的理解从而自觉遵守，还能从思想上保证一种文化的认同。所谓文化管理，不是写在墙上就是文化管理了，当然也不是写在“手册”里，而是融进教师的教育生命中。

二是草根生成。2010 年暑假，学校准备对相关的制度进行“整合”。学校“发展处”根据党政联席会的意见，初拟了“手册”的框架，然后成立了有 8 人组成的“‘手册’起草委员会”。开学初的校本培训上，委员会提出了学校核心价值观的问题，并对“热爱、尊重、责任、创新、发展”进行了解读，并第一次征求全体教职工对于“草案”的意见，“修改稿”一个月后发布在校园网再次征求意见，直到教代会全体通过。学校民主，不仅体现在课堂教学中、师生交往中、有组织的学校活动中，还要体现在学校管理决策的过程中，体现在学校与社区、家庭以及其他成员的沟通与合作中。“手册”的 100 条来自田野，又回归于田野，老师们阅读时既熟悉又陌生，制定过程的几上几下早已让制度内化为员工的一种文化自觉。其实，“手册”固然重要，更重要的是制定过程，这个过程是一种价值的判断与选择，同时，又是基于学校核心价值观下的判断与选择。

三是内容系统。《教师手册》有 10 个方面、7 个篇章、100 条，多维度规约了教师的教育教学行为，引导员工走向教育的理想王国。其理念篇、学习篇、环境篇、快乐篇等更是闪耀着理性的光辉和人性的温暖。“学习篇”是关于教师专业发展的内容，有共读、共听、共写、共研、共享等内容。“环境篇”则是“校园行走”的一些规定。“快乐篇”是对于教职工身心健康的一些倡议。从学校的生态性来看，“手册”的内容是把学校引向教职工的学园、家园、乐园、花园和艺园。

四是校本特色。“手册”颁行后，全国各地前来参观的学校都要求拷贝“学习”，但最后都说不能“嫁接”到他们学校。原因很简单，“手册”每一个篇章都体现着镇江市外国语学校的特色：“师表”的要求、“五认真”中“三备”、“学习篇”中的“荐文跟帖”“网络议课”“家校合育”等，都具有鲜明的“镇外”特色。我们曾经打趣地说：“理念可以同构，‘手册’难以复制。”如第十三条，“……当危险降临时，要想方设法保护学生的安全。”在全国上下对“危险降临时”教师的作为莫衷一是的时候，镇江市外国语学校有明确要求，就是“保护学生安全”。再如第七十五条，“教师参加开放式随堂听课、教研组活动听课、各级教研部门活动听课以及课堂实录系统的听课后，均可在网上进行评课，要求一律署实名。积极参与组内评课和网上评课，评课语言要客观诚恳，提倡学术争鸣。每位教师每周网上评课至少一次。”这里的“随堂听课”“网络议课”是镇江市外国语学校坚持了近10年的推动课堂改革的传统了。

五是表述人文。在“手册”中力避使用“严禁”“禁止”“必须”的表述，而改为“请”“应当”“还要”。其实，“硬性的要求”还可以有“软性的表达”，制度的人本性不仅要体现在内容上，作为载体的文字其字里行间无不彰显制度的人本精神。如第八十一条，“师生相遇，学生主动向教师问候时，教师应面带微笑回应学生；对于生性胆怯内向的学生，教师应主动问好。”镇江市外国语学校把“手册”从以往只重视“物”转向对“人”的关注，思考如何促进人的发展。

六是规范指导。既然是《教师手册》，“职守”应当是重要的篇章，教学常规中的“五认真”在这本手册里有了完整的体现，同时也观照了镇江市外国语学校“合作学习”的课堂特色。请看第二十五条，“每位教师都要致力于课堂教学的改革与创新研究，认真学习‘小组合作学习’‘支架式教学’‘学习优势教育’等教学方法的相关理论并勇于实践……尽量多让学生观察、思考、小结、表达，努力打造‘互动、愉悦、高效’的活力课堂，着力提高45分钟的课堂效率。”这项规约，实际上是学校课堂的基本要求，这为构建学校特色课堂文化提供了“法规依据”。

七是指向幸福。“手册”自始至终流淌着一种文化的潜流，那就是追求一种“职业幸福”：享受工作、享受困难、享受教育。其中的“快乐篇”更是引导教职员工关注自身的健康，养我高雅之生活情趣。如第九十七条是这样说的：“为保持自己拥有健康的体魄，每位教师除每天坚持按时、认真做好广播操外，还可选择自己适合的运动项目，在不影响工作的前提下，抽出一定时间进行活动和锻炼，提倡以结伴同行或小组合作的形式进行。”

有了这本《教师手册》，并不会自动产生文化力，至少不会有长效文化力，一些学校将“手册”或制度制作出来后要么束之高阁，要么张贴了事。镇江市外国语学校首先将“手册”制作“口袋书”——“外显有规”。其实很多时候，我们需要对照条款以校对我们的航向，而“口袋书”无疑是一种最便捷的手段，相对于电子书和网页，“口袋书”更便捷、更稳定。然后，组织教职工分备课组学习，甚至进行“《教师手册》知识竞猜”，更重要的是在日常工作中进行对照纠偏。同时，学校出台了与之配套的“月奖励”制度，名之为“5＋2月奖励”：“5”是指纪律与规范、备课与作业、学习与研究、安全与卫生、运动与健康；“2”则为组织与管理、创优与创新。推行了此制度，不仅让“手册”的执行有了着落，还引导教职工追求自身工作的“创优”与“创新”，达到了“内涵有德”的工作要求。“月奖励”制度规范了“手册”的具体执行部门、配合执行部门和监督部门。这个过程可以表述为“《教师手册》的学习（外化）——《教师手册》的运用（内化）——教师的教育教学行为（再外化）”。

在《教师手册》“卷首语”中有这样一句话：“这本《教师手册》是我们在‘仰望星空’时为自己建立的一个行为坐标系，而连接这坐标系中的每个点将是我们‘脚踏实地’的行进轨迹。我们努力，我们创造，我们快乐，我们分享。”这正好能说明其实践意义。

“手册”应该是集经验、制度、文化为一体的。好的规约应该还具有发展性的特点，镇江市外国语学校将进一步完善《教师手册》，以适应学校不断发展之需要，并进一步改进其配套评价办法，让制度生根、让文化引领，让《教师手册》“外显有规，内涵有德”；开发其配套产品，用“四本手册”

(另有三本是《学生手册》《班主任手册》《家长手册》)守护校园,并进一步引领学校教育教学的规范化、科学化,并形成学校教育教学的话语系统与文化规约。

## 微博选粹 "你只有一句话了!"

1. "你只有一句话了!"

我参加市级科研工作会议,主持会议的是大名鼎鼎的胡所,先是指定发言,每人5～8分钟。我心里不以为然,这个规定也就说说罢了,至多发言完了提醒后面的发言者控制一下时间。今天会议原定3个小时,怕要超时了,各校教科室主任大都是"名嘴",况且今天有省市级领导,他们恐怕都要尽情"显摆"一番。胡思乱想间,听到主持人敲了一下桌子,提醒发言人:"你还有一分钟!"我很诧异,但看到胡所那笑眯眯的样子似乎要动真格。也是那个发言人表现欲强,宝贵的一分钟过去了,还没有刹车的意思。这时,主持人只好再次提醒:"你只有一句话了!"

接下来应该杜绝超时现象了吧!没有。还是有两三个人在"你只有一句话了"的提醒声中悻悻结束。轮到无锡几所学校的校长发言,我暗自嘀咕:"这回胡所该为难了,他们是校长,更擅长延时;又是胡所从无锡带来交流的名校长,够老人家喝一壶的了。"但我又错了,一位"名校长"还是没有逃脱"你只有一句话了"的命运。

胡所的提醒固然可贵,但积重难返更加发人深省。

2. 开关在背面

初来英桥国际学校的那一天,办公室通知我参加一次学术沙龙。我从事学校管理工作多年,很注意会议的细节,提前两分钟进入会场,发现大部分人也在这时纷纷落座;刚打开笔记本,工作人员一杯热茶已经端到桌前。我环顾了一下会场,这样校级的常规沙龙竟然还有PPT。大家全是有备而来,有的还把发言制作成了课件。当然,没有手机铃声和抽烟人。

轮到我发言,话筒被推了过来。一瞄话筒,底座赫然有一行"友情提醒":开关在背面。

会议结束后,大家纷纷离座,并在完成最后一件事:带走一次性水杯和把椅子推进桌子下面。

3. 挑剔、挑剔，直到无可挑剔

“莺歌燕舞”的会议已然成风。不管什么层次的会议，一律是“团结的大会”“胜利的大会”“达成广泛一致的大会”。即使是一些沙龙，也是一边倒地“叫好”，参加会议的领导是如坐春风里。那天参加一个会议，有人就“另类”了一番，结果获得了“满堂彩”，看来群众的眼光基本还是雪亮的。

“我们的教科研成果果真是真实有效的吗？经过了大家挑剔了吗？当然要挑剔，科研的指向是‘人’，不挑剔是很危险的，要挑剔、挑剔，直到无可挑剔。”

这倒真的，没有挑剔，就没有艺术品；没有挑剔，就没有真教育。

# 评价要走向激励

GuoPinZhi XueXiao ShengZhang YaoSu

## 本章导言

高品质学校的评价一定是多元的，并且是基于激励的评价。学校的评价方式主要有经济评价、精神评价和情态评价，最常见的是运用经济手段进行评价，主要是通过工资、津贴、奖金等物质刺激的方式，对学校成员产生影响。经济评价的实质在于贯彻物质利益原则，多劳多得，少劳少得，不劳不得，但在学校评价中不可片面夸大经济评价的作用。精神评价是人成长需要的基本内涵，如良好的政治环境、被尊重、良好的学术氛围和人际关系。情态评价是指领导者的眼神、脸色、动作、语言等。《礼记·祭义》有云："孝子之有深爱者必有和气，有和气者必有愉色，有愉色者必有婉容。"教师们需要"婉容"高于经济和精神，下面的文章会和你一起讨论这是为什么。

## 观点释放

### 学校管理中"量化"与"不可量化"

很多学校都在采用"量化考核"的办法对教师进行常规考核，江苏省自实施"五严"规定以来，为了能在有限的课堂45分钟之内提高分数，很多学校加大了“五认真”（江阴谓之“六认真”）的考核力度。如“备课”项，不仅有“一备”“二备”“三备”的具体要求，还要文本的、电子的一起查，备课组、教研组查了还不算，教务处还有抽查，而这一切均有量化的办法。在长期分数教育的熏陶下，搞量化考核也可以说是专业对口。据说，还有的学校制作了专门的量化软件，输入数字，结果就自动生成。

学校管理有两个成效：第一，调整教师的行为；第二，激发教师的潜能。这些学校的量化办法的确能让老师们循着常规走了，但也容易造成老师工作的僵化，甚至是形式化。尤其是教务处的检查，如备课，仅仅能看“做了没有”，至于“做得如何”“是否科学”，就不能结论了，而老师的备课到底备得如何，恰恰是最重要的。于是乎，我们极不情愿地看到这样一番景象：每次检查前，老师们匆匆赶写备课笔记和听课记录。江苏省前教育厅副厅长周德藩曾经指出，这种现象是“用形式主义对抗官僚主义”。

我以前有一位同事，也是一位语文老师，他是市级先进工作者，我们都很敬重他。他的备课笔记可谓“优品”，不仅字迹工整，而且分课时内容详尽，我们一学期一个备课本用不完，他要用两三本，校长经常号召我们向他学习。我当时很纳闷，一节课哪有那么多内容可写？后来才知道，他是抄教学参考书，后来抄教案（配套发放）。听过他的课，感觉极其一般，教学效果也不好。其实，我在这里以他为例，是有点不地道的，但如果大家能从我的“不地道”中受到一些启发，我也就心安了。

所以，注意工作的量化，更要注意不能量化的东西，如教师的智慧、情感的投入、敬业的精神、创新的精神、从业的技能等。潘晓芙校长在教师的“月考核”中突出完善了一个栏目——“月创新”。就是教师把本月最得意的创新申报上来，作为本月“加分”项，可以是一次小型讲座，也可以是一节研究课，还可以是一篇交流的论文……这个栏目的设置一下子就将无法“量化”的又恰恰是最重要的进行了“量化”。此举一出，全校的创新热情得到了极大的激发。尤其是在“合作学习”的课堂模式中，大家寻找出了诸如“倾听无声、合作小声、讨论轻声、发言大声”“白板使用‘五要五不要’”等有效的策略。

关注常规没有错，但过分地关注常规会遏制老师们的创新热情；关注量化也没有错，但过分地关注量化会忘记教育中更多的是不能量化这一基本事实。

## 校长，请关注你的“情态评价”

相对于经济激励和精神鼓励，校长以及其他管理人员对员工的“情态评价”更为直接与普遍。虽然校长等学校管理者的日常脸色、看待员工的眼神、交流的语气甚至包括对于员工的称呼，并不直接反映在员工的“奖励性绩效”上，但对于管理者在员工心目中的“招牌”形象和员工的精神需求仍有不可小觑的作用。一个优秀的校长，一个优秀的管理人员，一定要学会对自己的“情态”负责。因为，它直接通向员工的心灵。

先说说“脸色”。有所学校的德育主任被班主任们称为“阎王爷”，因为他整天铁青着脸，人人都“怕”他，班主任的常规倒也因此上了台阶，只是教师们在工作时战战兢兢，生怕挨剋。但班主任们很快发现，这位“阎王爷”是个极端自私的管理人员，要求班主任做到的，他自己很少能做到。自然，他也很快失去人心，在年度考核中被群众评为“不合格”。还有一位校长，平时难见其一笑，一天，不知什么原因，突然云开雾散，竟然露出了难得的笑脸。教务主任十分欣喜地说了句：“校长，你是不是娶儿媳妇了，这么高兴!”教务主任本来的一句“奉承话”，一般人都会一笑了之。谁知这位校长的脸色立即“转阴”，厉色道：“你能这么和我说话吗?”

西方有一句俗语：20岁以前不漂亮是父母的错，20岁以后不漂亮就是自己的不是了。一位真正的具有教育家情怀的校长，他（她）一定会有一张充满微笑的脸，即使泰山压顶，也处变不惊。一如霍懋征，再如李吉林，永远慈祥，永远充满对于众生的关爱。时下，中国的校长是由上级任命的，是“官”，自然不少人乐于把手背在后面呈“官样”，但他（她）在良好的自我感觉中一天天地“去教育化”了。

再看看“眼神”。写下这两个字的时候，脑中立刻浮现出一个人的眼神。对，是上海于漪老师的。那种专注于你的关切的眼神，每每想起，分外温暖。还有年轻的名校长夏青峰，他的目光里总闪烁着一种鼓励、信任的东西，让你觉得这是一位值得托付事业的校长。

有些校长就未必了。某老师在一份全国核心期刊上发表了一篇数千字的重要论文，此事传开。某校长见到该老师时，用极为怀疑的眼神盯着他问："你在某期刊上发表文章了?"发表文章本来是事实，可不知为什么，该老师却脱口而出："没有!"

眼睛是心灵的窗户，它可以传递情感。如果学校管理者向教师传递了一种不信任的情感，可以说是一种人格上的污辱。专注的眼神，特别是信任的眼神，有时候比说上一千句一万句鼓励的话都要管用。反之，一个不留意，你懈怠、傲慢、自大的眼神说不定就会深深刺伤一颗敏感而欲求上进的心。

还有"语气"。潘晓芙校长经常告诫她的领导团队：永远不要怪老师们没有把事做好。她平时跟老师们说话总是用一种"哥们儿"的语气，再配合她那孩子般的笑脸，总给人一种春风般的温暖。

我还听说过这样一个故事：一天，学校主抓后勤的主任找到某校长商量学校基建工程的事宜。谈着谈着，后勤主任发现校长不时地看看手表，似乎心不在焉，便问："校长，您有什么急事儿吗？我们等会儿再谈。"校长抬了抬头，不太客气地说："没有，你说。"可是在接下来的谈话中，后勤主任还是能够感觉到校长总是不够专注。"校长，你有事就先走吧!"后勤主任真诚地说。"这件事本来就应该由你负责，你怎么老是来问我?"校长的回答把后勤主任给惊呆了，他半天没有缓过神来。待清醒时，校长早已扬长而去。

最后说下"称呼"。对人的称呼最能表露两人之间的关系，称三个字的，是年龄相仿的同事关系；去姓称呼，是朋友关系；一个字，则是情人关系或犹如情人般关系。有的人喜欢在姓前加"老"或"小"，这是需慎重的。在我们周围，不管对方年龄大小，总喜欢加上"老"，这是一种落后文化，有一种轻慢的态度。校长称呼老师，宜称"×老师"，非工作场合，可以考虑去姓称呼，当然，是年龄相仿的人之间。曾经跟很多校长谈起这个话题，他们都不以为然，我则认为，在一个习以为常的落后话语文化环境中，校长们具有纯洁其环境的历史责任。

迷人的微笑、信任的眼神、温和的语调、得体的称呼，这些"情态评价"对于员工真的很重要。那么，你有吗?

## 略论语言之修养

在一次聊天中，潘晓芙校长说，现在很多单位的服务意识和服务质量已经有了根本性改变，跳出教育看教育，就会发现教育的改变并不多，甚至已经落后于社会的整体变化了。后来我乘坐出租车，再次感觉到服务行业的变化。一上车，出租车司机说了句："你好!"我感觉很新鲜，一般司机会问一声"师傅，你到哪"，"你好"还是头一回听到。到站后，我给他20元，他找回5枚硬币，又解释了句："对不起，我没有5块的。"这更令人吃惊了。另外，你只要去一次银行，也能体会到职员们的周到服务。

学校呢，传播文明的地方，你却随时能听到"老张""老王"的称呼。有时称你"老张""老王"的人其实比你小很多，甚至不是一个年代的人。最大的问题不在于"老张""老王"这样的称呼有什么不妥，而在于那些人浑然不觉，偶尔有人提醒他，应该称"张老师""王老师"云云，他还振振有词："这样不是亲热嘛!"但是这种人还是有分寸的，如他绝对不会称校长为"老某"，而是"某校长"长"某校长"短喊个不停；自然也不会称自己父母为"老某"，基本伦理还保持了，幸甚!

一点儿也不是我矫情，其实在三朋四友聚会的时候，尤其是酒酣耳热之际，混喊一通，不仅可以原谅，而且实属应当。如果"老"在私下里也就罢了，有时会不自觉地带到课堂中。那年，我在走廊里亲耳听到有人冲着教室里喊"老某，出来下"。习惯了，甚至正式的会议上也"老"个不停。

学校，毕竟是学校，是滋养文明的地方，不能混同于市井；教师，毕竟是教师，是文明的传播者，不能等同于江湖人士。

有一次，我要跟著名作家曹文轩老师通话，准备请他给我们学校"行舟文学社"的社员们做一次文学讲座。说实在的，一开始有点忐忑，曹老师毕竟是我国著名儿童文学作家、北京大学博士生导师。没想到，拨通了他的电话后，传来的是一种朋友般的问候与寒暄，完全没有距离感。我怕过多打扰曹老师，语速也快，话点到为止。他说："王老师，你不要急，把详细情况跟我说说。”寥寥数语，已经尽显一位大师级人物对孩子们的热爱，以及对人的尊重。

其实，很多老师，语言专业修养并不差，甚至很优秀，但生活语言缺乏起码的对于人的尊重。归结到底，还是个人修养问题，也是一个局部风气问题。

美国管理学家雷鲍夫说过一段话：“在你着手建立合作和信任时，要牢记我们语言中最重要的八个字是：我承认我犯过错误；最重要的七个字是：你干了一件好事；最重要的六个字是：你的看法如何；最重要的五个字是：咱们一起干；最重要的四个字是：不妨试试；最重要的三个字是：谢谢您；最重要的两个字是：咱们；最重要的一个字是：您。”其实，在学校，同事间的沟通最重要的两个字是——尊重！

## 以“帮”的态度对待下属失误

在无锡工作期间，我的分管领导是一位老校长，她身上凝聚着老一代教育工作者的热情与经验，我至今还时常想起她经常叮嘱我的两句话，一句是“不要急，慢慢来”，还有一句是“对下属的失误要‘帮’”。其实这两句话很平常，也不是什么微言大义，但这两句是对症下药特意送给我的。现在想来，这两句何尝不是她自己的管理经验总结呀！

这几天，各部门、教研组、备课组的计划相继出台，有一些遗憾，自己的分管工作也屡有失误，有时也想找个人痛快地“骂”几句，当想到“对下属的失误要‘帮’”，还有晓芙校长推心置腹的教导的时候，还是冷静了下来，重新梳理思绪，找找自己的原因，找找机制的漏洞，找找“人”的症结，不禁豁然。

对待失误，一般人尤其领导是很容易“发脾气”的，那样很“痛快”，下属在表面上也不会计较。翔宇教育集团总校长卢志文曾经写过一篇博文《做一个不对下属发火的校长》，他在文章中指出，冷静地对发火的原因进行探究时，就会发现源头多在校长身上。而校长的暴跳如雷与大光其火，伤及的不仅是下属的感情，而且还有校长的人格与声誉。他认为，要么由于校长的治校方略错位，下属方向不明，犹如没头苍蝇般乱飞乱撞，以致工作无序，出现错误；要么由于校长凡事“一把抓”，事事自己说了算，下属唯唯诺诺，唯命是从，做起事来束手束脚，遇到难题必然无所适从；要么由于校长平时做甩手掌柜，疏于管理，下属不知办事规范和要求，校长遇事突然“抓一把”，必然“驴唇不对马嘴”；要么由于下属的观点正确、思维新颖，只是由于角色地位的不同，使得下属不能很好地表达自己的意见和申明自己的主张。这样的下属，在校长看来也常会犯这样或那样的“错”，因此招来训斥，下属的心志在遭受打击的同时，创新思维的火花也会因之泯灭。

那么，遇到下属“失误”，管理者应该怎样做到自然地选择“帮”呢？首先，领导者要不断修炼自己，时刻提醒自我要“有猷、有为、有守”。我的好友刘军原来也是个“疾恶如仇”的人，提到教育的畸形常常是“咬牙切齿”地咒骂，两眼迸发出愤怒的光芒，自从研读“四书五经”和笃信佛学后，心静了下来。有时，我从他的脸上能读出他的挣扎，但他的世界平和了很多。

其次，要懂得“教化”。学校管理者要让老师们“遵道”，仅靠规章制度是不够的，还要靠道德教化，唤起员工的道德羞耻感，从而内省。镇江市外国语学校进行的“新校训”“三风”征集活动，本质上说是一次道德强化。很多学校喜欢闭门造车，或者请专家策划，而潘晓芙校长说我们要“全民参与”，包括学生、家长、教师。道德强化不是道德强加，发乎于自我的文化才能得到普遍的认同。或许，这就叫作沉淀。

再次，就要分析“失误”的原因。我特别喜欢上下班的那段时间，虽然只有短短的10分钟步行路程，我却喜欢花去20分钟，慢慢地溜达，头脑中在“三省”：一省今天值得反思的事；二省今天看到的好文；三省过去的岁月。当然，最多的是对工作的“省”，我们是在不断的失误中长大的，我们并不怕失误，只是怕失误后没有应对的策略，更怕失误后缺少自察。

最后，有了原因的探寻，破解的方略就自然产生了。下属在工作失误后本来就很惊慌，你一旦告诉他可以“峰回路转”，下属岂能不“柳暗花明”？批评的目的是为了改正，改正的途径是有人渡他过河。

当然，如果是“错误”，而不是“失误”，甚至是屡教不改的错误，策略的拍案而起有时也不失为一种方法，毕竟，沉疴还是要用猛药的。

## “骂人校长”的情绪化管理弊谈

教育在线论坛之“卢志文在线”版块，有一个叫海若的网友讲了他所在学校校长骂人的两起案例。

案例一　《新教师被校长骂哭了》

中午（2009 年 5 月 8 日）吃饭时，我听学生们在议论：王老师哭了。心中好生奇怪，刚还见面，怎么这会儿就哭了呢？下午通过侧面了解，原来王老师被校长骂了。事情很简单，王老师是刚刚参加工作的教师，是学校的体育专职教师，据说校长曾多次要求她把体育室整理一下，但是今天校长发现体育室还是没有整理，于是狠狠把她骂了一通……

案例二　《骂人校长续集》

我实在是憋不住了，我要疯了！今天（5 月 18 日），我上完最后一节六年级的课，下楼准备回家。就在这短短几分钟的路程中，我遇见了学校的某位领导。他看见我，第一句话就是：“现在六年级学生的英语成绩怎么样啊?”我只能谦虚地说：“不太好!”为什么我要这么说呢？是因为本学期的英语及格率和优秀率都提高了，分别是 90％和 30％。当时大概是 5 点 10 分，按照惯例都是 5 点放学，我今天由于有几道题目给学生做讲解，拖到了 5 点 10 分。这个领导居然问我：“现在才几点啊，你就回去啦？说学生学习态度差，不肯学，我看是你们老师有问题!”

这是两起发生在同一所学校、同一位校长，短期内连续发生，造成“王老师哭了”“我要疯了”的后果的管理案例。假如海若网友所说是事实的话，我们认为，这位校长是一位情绪化管理的典型。他的这种情绪化管理带来的负面影响是很显然的。

一是影响了自己在教师心目中的形象。校长是学校的灵魂，一个动辄发火的校长是不成熟的。卢志文曾经撰文呼吁“做一个不对下属发火的校长”，是很值得深思的。经常性的情绪化管理，会使校长在教师心目中的形象大打折扣，老师们会认为这样的校长管理能力差，只会发脾气、要官风。时间久了，校长的号召力和感染力会逐渐丧失。

学校管理从根本上说是一种文化管理，文化管理最显性的指标是学校制度。案例一中的这位校长在“曾多次要求她把体育室整理一下”而无果的情况下发火骂人，看起来作风硬朗，其实从一开始就错了。对于体育室凌乱这个个案，校长首先要清楚的是学校有没有相关的管理制度，如《器材管理制度》《办公室管理制度》，明确整理责任在谁，而不是看到一位教师就吩咐其干活。据海若网友说，这位王老师“一周要上 18 节体育课，另外还要自学太极剑，每天课间活动的时候要教学生练剑”，况且该校体育组有很多老师，为什么偏偏让一位工作任务很重的新老师去整理呢？欺负“新兵蛋子”，这也是一种情绪化管理。这种情绪化的管理，领导者往往会被问题的表面现象所障目，不能有效地进行问题归因，因而极易造成工作上的疏忽或失误。

那么，是不是校长就不能临时请老师包括新老师做一些事，凡是都要有个制度呢？也不是。制度再严密也有不能到达的地方，否则就没有“制度修订”一说了。此时靠什么吩咐人？靠行政权力？不是，靠的是校长的人格魅力，也就是校长的价值领导力。

管理大师曾仕强认为：“管理是一种历程，起点是修己，终点是安人。”校长们总想着“安人”，却忘了“修己”，花太多的时间和精力去改变别人，浪费了很多管理成本。校长如果总想着去改变员工，员工势必保持高度的警觉，不是全力抗拒，便是做两面人——表面唯唯诺诺，内心热闹非凡。如果校长在不断“修己”，也会影响员工，员工也会“修己”，互动起来，和谐校园还会远吗？

二是影响了教师的幸福指数。案例二中老师因为“谦虚”了一下，换来了还是那位校长劈头盖脸的数落。与案例一中的王老师一样，这位老师伤心至极，特意写了一篇长文诉说心中的委屈。我们说，在这样的校长领导下，老师们的幸福指数是接近零点的。

作为一个管理者，校长应该时刻保持关爱员工、体谅员工的心态，不要把自己当作一个高高在上的管理者。即使是管理者，其主要职能还是服务，“官本位”的思想尤其在知识分子堆里是很难顺利行走的。管理者对员工的关爱应该体现在每一天的工作细节中。下班路上遇见老师，不要再问什么考试成绩，“您好”“再见”是幼儿园小朋友也会的，点点头，报以微笑总是可以的吧？同时，校长要有对员工负责的意识，当老师工作上出现失误的时候，不能把责任完全归结于老师，即使老师确实有一定的责任，校长也要尽量检讨自己的领导力，并尽量为老师承担责任。如果一味问责，极易令老师对校长失去信心。卢志文在《做一个不对下属发火的校长》一文中说：“恨铁不成钢，把责任一股脑儿推向部下，把发火看成是自己的领导风格加以发挥放大，动辄训人，有意无意之间，会伤害越来越多的人，自己的威信不仅不能提高，反而会进一步下降。下一次，自然要发更大的火才会奏效，如此形成恶性循环。”伤人伤己，何苦来着？

如果一位老师的工作有了情绪，最直接的受害者是学生，这是第三点影响，也是最大的影响。教师带着情绪进入班级，孩子们还会有好日子过？有一名以“骂人”为工作特征的校长，还怕不熏陶出以“骂人”为主要教育方式的老师？

不仅如此，一般而言，情绪化管理往往还伴随着以自我感觉为依据开展工作和朝令夕改的两大特征。对一项工作或者一项提议，只要自己感觉良好，就一定要加以实施，不容任何人质疑或者出台管理制度时考虑不严谨，没有经过认真的论证，遇到环境发生一点点变化就马上改变原来的规则，让员工无所适从。看来，这种由个案推演出的弊端可能不仅是几位老师的情绪问题，而且已经伤及组织了。

## 案例呈现

### 对于员工的奖励要讲点时效性

案例一：某学校在全校有奖征集“综合性学习”方案，W老师积极参与，并一举获得了特等奖。W老师高兴之余请同事“搓”了一顿，花去四百多元。可是一学期过去了，仍不见那800元奖金的影子。校长说：“学校暂时经济困难，等等吧！”

案例二：某市教育局面向全市选拔首批“双语实验学校”，某校小学部在全体老师共同努力下顺利过关，并同时获得了市第九届小学生英语口语比赛一等奖。双喜临门，M校长欣喜之余给总校校长发信息报喜，却多日不见回信，并且总校分管教学、德育的校长也没有一句赞美，一切是那么的安静……

人的管理是现代管理的核心，以人为核心的管理是现代管理的重要特征。在学校管理中，人的因素更为突出，学校管理的关键就在于充分调动教师的积极性。基于这种认识，学校管理者几乎无一例外地采取了各种奖励措施，其方法一般包括赞许、表扬、物质奖励等。而“赞许、表扬、物质奖励”都有一个时效性问题，及时的奖励能发挥奖励的最大功用，等到“黄花菜凉了”再去兑现奖励，被奖励者多少有那么一点儿“迟来的爱”的感觉。

案例一说明的是奖励措施是否执行和是否及时执行的问题。很多学校都遭遇过同样的问题，为了突出某项制度在一个时期的重要性，制订相应的奖励办法，而等到结果一出来，管理者就“后悔”了，哪来那么多钱哪！再一想，反正目的达到了，就拖吧，越拖到最后越不想兑现。老师们呢，虽然涉及自己的切身利益，但“又不是自己一个人”的，于是在观望中选择了沉默。下个学期又有新的奖励办法了，这次，校长会更加信誓旦旦地保证奖励到位，老师们在将信将疑中行动了起来。有的人在劝自己：拿不到奖金算了，自己能力得到锻炼了嘛！第三次，还有第三次吗？这次老师们选择了冷笑……

案例二则告诉我们人性中最本质的愿望就是得到赞赏。赏识与期待能给予人们无穷的力量，学校中层、高层也不例外，诚然，他们自我约束、自我管理、自我激励的能力要高出普通老师。M校长在工作取得重大成绩的时候，不仅需要得到最高行政的鼓励与肯定，作为管理者，他还要把这种“鼓励与肯定”带给他的员工，从而让前期付出有所归依，并激发出更大的工作热情和创造力。

玫琳凯化妆品公司董事长玛丽·凯在《掌握人性的管理》一书中满怀深情地告诉读者：管理是一门了不起的艺术，它的最高境界就是让每一个被管理的人都感到自己的重要。实践也证明，几乎每个人都希望自己成为重要人物。正如杜威所言："在人类所有的冲动中，以'希望成为重要人物'的欲望最为强烈。"因此，学校管理者在工作中，要充分发挥"罗森塔尔效应"，及时抓住员工的每一点进步和成功做法，给予及时的、恰当的评价与褒奖，鼓励员工做最好的自我，让每一位员工都能从校长的目光中读到这样的话语："你是最好的员工。""再来一次好吗?""你进步很快，相信你能做得更好。"

一次，我所任教学校的小学段举行家长会，与会家长们盛赞学校的教育成功，对于老师的辛苦付出给予了各种形式的褒扬，各班家长会场面也十分感人，远在市里开会的书记、校长听说后分别发来信息予以高度赞扬并勉励大家做好家长会的后期工作。我及时把信息转（群）发给每一位还正在开家长会的班主任，再次巡视时，他们脸上洋溢着幸福的笑容。

当然，奖励也有一些负面影响，过分的和不合时宜的奖励会使目的转移到当前的奖励上，产生"有奖才做"的雇佣思想。再者，有奖励便有竞争，竞争的结果只是少数人获胜，获胜者自然高兴，更多的失利者更需要鼓励。因此，除了讲求奖励的时效性外，不能把奖励作为唯一的手段滥加使用。

## 微博选粹　校园里的笑声

1. 校园里的笑声

开学第一天是周二，下午是语文教研活动时间。结束后，我便习惯性地在教学楼溜达起来，从三楼到一楼，最大的感受就是教室中不时传出的学生的笑声，很清脆，很自豪，甚至有点放肆。我的心也随之被感染，我一直以为新课程实施后最大的改观是师生关系，那种教师高高在上、不可一世的情况日渐其少，在这所学校更为明显。又走过几间教室，老师们那种亲切的状态很令人鼓舞。

或许你要说这只是个开头，但以前分明就有人告诉我："开学第一节课就要把学生镇住，给他们一个下马威，否则你以后的日子就难过了。"正是听多了这样的"谆谆教诲"，今天的笑声才格外弥足珍贵。

2. 里边请

去会场开会，你选择坐在哪儿？大部分人会选择朝过道坐，并且朝后排坐。朝过道坐的好处是自由，不像坐中间那么促狭，还能进出自如，这是一种自私的想法。朝后排坐，据说是谦虚的表现。你看，一方面自私，一方面又是谦虚，这大概就是中国人的虚伪吧！第一次参加新到任学校的开学工作会议，我眼前一亮：最早来到的人一律朝前排中间走去。或许这里的领导早已发现了这个陋习，改得如此彻底、自然，让我看到教育的力量。

3. 作业量

全省都在倡导减负增效，省教育督导办的红头文件着实吓人，很多地区的校长都在想应对之策。校长们也难，社会评价甚至主管领导对一所学校的评价到底还是分数。怎么办？“减负增效”，校长们很喜欢“增效”，却不喜欢“减负”，他们的理想状态是既增负、又增效。况且“减负增效”中的“效”本身就很模糊，效率？效益？效果？我看还是分数吧！至于分数之外的东西，无法量化成办学成绩从而成为政府文告中政绩，不增也罢！

# 课堂要走向文化重构

GaoPinZhi XueXiao ShengZhang YaoSu

## 本章导言

高品质的学校必定有高品质的课堂，事实证明，所有的教学改革最后都瞄准了课堂。有一个故事叫《穿越玉米地》，穿越玉米地要比什么呢？第一个要比谁穿越得快；第二个要比在穿越的过程当中掰玉米，看到最后谁掰得多；第三个是过程当中玉米叶子会割伤人的身体皮肤，看谁身上的伤口少。这就是企业管理中所说的速度、收益和安全。这也可以看作课堂的三个要素：速度可看作学习时间——投入；收益可看作学习结果——产出；安全可看作学习苦乐——体验。学习时间是前提，投入一定的时间并提高学习效率，这是增加学习结果和强化学习体验（积极）的基础；学习结果是关键，学业进步和学力提升不仅能促进学习效率的提高，也能增进学生学习的积极体验；学习体验是灵魂，积极的体验和态度会促使学生乐于学习，并提高学习的效率和结果。课堂文化，重在细节，但愿这一章的文字能给你带去启发。

## 观点释放

### 合作学习中的“独学”“对学”与“群学”

九年制义务教育《语文课程标准》在“课程的基本理念”中指出：“积

极倡导自主、合作、探究的学习方式……教学内容的确定，教学方法的选择，评价方式的设计，都应有助于这种学习方式的形成。”可能正是因为有了这段表述，“自主、合作、探究”几乎成了“新课堂”的唯一标志。一节课是否成功，关注点集中到了是否自主、合作、探究上。一些“明星校”的课堂模式就是按照这一理论进行阶段性分解，课堂流程简单地变为“自主——合作、探究——展示”这样的环节。

我们认为，一节课是否采用“自主、合作、探究”这种学习方式，至少受六个方面的限制：一是学科的限制，相对而言，理科类比文史类更需要这种学习方式；二是内容的限制，并不是所有的章节（课）都适合“自主、合作、探究”；三是目标的限制，即这节课的教学目标，如《春》第一课时，目标是朗读体会朱自清对于春天的喜爱，这是断不可“合作、探究”的；四是年段的限制，年段越高，越适合“自主、合作、探究”，小学尤其是低年段，连坐都坐不住，如何“合作”；五是生源质量的限制，一些“择差”学校的生源，学生连坐都不想坐，如何“探究”；六是教师风格的限制，有的教师学养丰富，多讲一些又何妨?

应该说，“自主、合作、探究”是一种“发现学习”，是学生通过自己的再发现以获取知识并发展探究思维的一种学习方式。它的相对概念是接受学习，所谓接受学习，是指学生通过教师呈现材料来掌握现成知识的一种学习方式。本来学习方式应具有多样性、创造性和综合性等特点，但语文教育研究专家倪文锦教授担心：“自主、合作、探究”“一旦成了课程理念，那‘接受学习’自然成了排斥、批判的对象”。倪教授的这种担心并非多余，实践中把“接受学习”单纯看作“机械学习”的人并不少。

在教学实践中，即使对于“自主、合作、探究”这种学习方式，既有理解上的偏颇，也有操作上的机械。在镇江市外国语学校第二届“本色语文”课堂研讨会前，一名教师请我“指点”她的教学设计。我一看，前面有5分钟的“自主预习”，这个环节本身并无不妥之处，不妥在接下来的环节与“自主预习”几乎无关了，这种“自主预习”就成了“贴标签”。包括“合作学习”课堂在内，课堂的流程不是绝对的，用好、用妥“自主、合作、探究”才是硬道理。我们在实践以这一学习方式为主要标志的“合作学习”课堂模式过程中，发现“独学”“对学”“群学”这三种方式应成为

“合作学习”最基本的学习方式。

先说“独学”，也就是独立学习、自主学习，是就学习的内在品质而言的，相对的是“被动学习”“机械学习”和“他主学习”。关于自主学习，在国外，如行为主义心理学家、认知建构主义学派，已经有大量的研究成果。我国学者庞维国认为，如果学生在学习活动之前能够确定学习目标、制订学习计划、做好具体的学习准备，在学习活动中能够对学习进展、学习方法作出自我监控、自我反馈和自我调节，在学习活动后能够对学习结果进行自我检查、自我总结、自我评价和自我补救，那么他的学习就是自主的。

作为语文“合作学习”课堂的“独学”，须具有这样的四个特征：一是“裸学”，也就是学生直接面向教科书中的文本进行阅读、思考，以期培养学生的阅读能力。我的学生对于新文本的预习都有一项作业：提出自己的疑问或者质疑。几年试验下来，学生的阅读能力有了很大的提升，他们不仅能完成现有发展区的内容和任务，并能提出最近发展区的问题。现在学生手中有很多教辅，课堂中，老师提出了问题，学生的第一反应是查找教辅（找答案）。有的学校上课前让学生完成“讲学稿”，似乎要活生生地把学生培养成解题机器；还有的学校公然提出“文科教学理科化，理科教学试卷化”，目标直指考试分数。

第二个特征是“静学”，即安静的“独学”、足够时间的“独学”。有人说，上语文公开课就怕冷场，提了一个问题，几十秒还没有人举手。这时，我们要学会迅速判断，如果是问题太难，就要搭“支架”，让学生能够“缓坡向上”；如果不是“太难”，就要学会等待，静静地等待，语文课堂的静思默想是学生用心灵与文本进行对话，不热闹，但有深度。有些老师，在学生“独学”时要么自己不停地走动，要么就在不停地“唠叨”，催促“快一点儿”。还有的老师明显没有给足时间让学生充分独学。

第三个特征是“助学”。“独学”就是一个与文本、与编者、与作者的深度对话与调节的过程，是一次心灵的探究之旅，需要有“凭借”。但如今，学生是教辅太多，工具书变少。七年级时，我的学生人手一本“课课通”，从注音、注释、作者、背景、疑难解答到配套练习，应有尽有。后来，我提出了反对意见，请他们每个小组（4～5人）拥有三本工具书，包括《新华字典》《现代汉语词典》《古汉语常用词词典》；人人拥有一本名著。学生课堂“独学”时有必要的话，我会用幻灯片演示“背景资料”。如此“助学”，有助于培养学生独立阅读的能力，而不是记答案，去嚼别人嚼过的苹果。

四是“随学”，即随时“独学”。有些人把“独学”简单理解为课堂的一个阶段，一些学校的阶段性课堂模式也容易误导老师把“独学”机械地理解为一个阶段，并且是课前几分钟。是否需要“独学”，由学习任务和课堂目标决定，并且，语文课，尤其是中学语文课，随时“独学”更能培养学生对于问题的深度思考。

再说“对学”。我曾经写过一篇文章，题名为《那样就没了同桌的你》，对于现在学校学生的单桌现象提出了质疑。其实这个问题想来是很严重的，中国的学生大多是独生子女，在学校又“独坐”，自私、褊狭、个人中心主义其实在此刻就埋下了祸根。一个人长大后，记住的往往是兄弟情和同桌谊，遗憾的是，这点人生最温馨的记忆却被我们“改革”掉了。所以，每次去学校参观，看到“秧田式”的座位，我的心就被猛揪一下。那么，在“合作学习”的课堂里首先遇到的是分组问题：一些学者认为，4 人组、6 人组最佳；我觉得 2 人组最佳，准确地说，“2 人组”应该是座位摆放的常态。4 人组（6 人组）的“合作学习”偶用，2 人组的“对学”却可以在 45 分钟内不断呈现。美国教师罗杰·约翰逊也说：“小组的规模越小，学生越不会偷懒，越不容易产生搭便车行为。”泰兴市洋思中学的“兵教兵”教学方式也给了我们很多的启发。“对学”，可以“对议”，对于一些问题共同议论；可以“对问”，把自己的一些发现告诉对方，听一听他的意见。对于语文学科，最实惠的做法是“对背”，一首诗、一篇古文，“对背”轻松易行，很容易就达成。

最后说说“群学”。“群学”，也就是小组合作学习，我在这里不想展开论述“群学”的方法，它可能过于复杂。对于语文课而言，最重要的是把握好“独学”“对学”和“群学”的关系，从学习职能上看，“独学”可以解决一些基础问题；“群学”则解决提高性问题，也就是说，“群学”是旨在解决“独学”甚至是“对学”解决不了的问题，通过小组讨论、互相启发、优势互补，直至涣然冰释。我并不建议老师们在借班上课的时候也使用“群学”的办法，毕竟，没有合作技巧和习惯的“群学”只能是一次不成功的点缀。美国教育学、心理学博士乔治·亚格斯等人认为：“合作是一种社会准则。”山东省某校课堂中的超市般的热闹与“合作学习”无关，充其量只是学生个体表现欲被彻底激发后的个人喧嚣。用著名教育学者余文森教授的话来说：“在这样的课堂上，学生虽然获得了知识，发展了智力，却丧失了灵气与悟性。”

在语文课堂教学的探索中，我始终坚持“教什么比怎么教”重要，但在“教学内容”确定后，“怎么教”就显得非常重要了。如果说“教什么”取决于老师的素养，那么“怎么教”则取决于老师的智慧了。

## 学生评课，品出原味

2004年沪浙苏皖第四届“新语文圆桌论坛年会”在安徽省宣城中学举行，本次活动最大的亮点是让学生参与评课。复旦大学附属中学方勇老师执教的《徐志摩诗魂探索》一课争议颇大。当时有学生说她非常喜欢这节课，主持人问为什么。她说一开始自己并不喜欢徐志摩，上了方老师的这节课，喜欢上了徐志摩，喜欢上了徐志摩诗歌的“轻烟似的微哀，神秘的象征”。主持人点评道：“一个老师的一节课能让学生对诗人从不喜欢到喜欢，这样的课就是好课。”那次年会也正是有了学生参与评课，有了学生评课的原生感受，几年来仍能记起。

评课由听课老师去评，或者由专家去评，有点像给病人扎针，不问病人感觉如何，却要由旁观者评价医术，这是很滑稽的事情。正因为如此，“花课”大行其道，Flash等多媒体“乱花渐欲迷人眼”，老师热情澎湃、才艺毕现，把一节课弄成了一个浓妆艳抹的贵妇人。难怪有语文老师说，最怕自己班级的学生给“名家”借班上课，回来还要煮夹生饭。

学生在评课中，喜欢说出自己最真实的感受，这种最真实的感受往往不是他看到了什么“西洋景”，而是获得了什么，这应该是一节课的终极目的了。老师们的评课，虽然具有“专业水准”，但“顾忌”太多，且不说无法判别学生的实际收获，就是那点“看法”也是包装了一下扔出来的。尤其是“熟人”圈内的评课，“唱颂歌”的特别多，就是一节“差课”，也要硬生生地挖出“闪光点”来。有的学校规定，只准说“但是”后面的内容，但是实际上用了一个又一个“商榷”“不成熟的看法”“纯属个人意见”等谦辞。学生就不一样了，《皇帝的新装》里的小孩的真话会让我们冷不丁大吃一惊的。

我在一位网友的博客里面看到这样一则记载。

女儿小佳瑞（一年级）每天有一道固定作业，根据提问说一句完整的话。那天的提问是，你最喜欢的老师是谁？女儿一脸幸福地回答：“我最喜欢我们的写字老师！”“为什么？”我在作业之外增加了一个问题。“因为……因为他很搞笑啊，上课的时候总能把我们逗乐，小朋友们都喜欢上写字课。”

接下来还有一道练习——你最不喜欢的老师是谁？女儿不假思索地回答：“我最讨厌我们的音乐老师！”妻在一旁说：“女儿在中午上学的路上对我说，今天下午又要倒霉了！下午有音乐课，同学们都不喜欢音乐老师，因为音乐老师太凶！”

在小佳瑞的眼中，好老师的标准是“很搞笑”，不好的老师的标准是“太凶”，是老师的“学生观”决定了他们的不同教育风格。并且，按说“写字”是很枯燥的，音乐应该给人以愉悦，最后是枯燥的课“总能把我们逗乐”，愉悦的喜剧却用上了一位悲剧演员。小佳瑞的这一“评课”因为真实而切中肯綮。

有人说，学生评课要经过一定的培训，否则会“瞎评”。我则认为，一定不能“培训”，一培训就会走样，专业术语一大堆，到头来不知所云。我们就是要从看似“幼稚”的语言中寻找背后的真理。我在网上搜索了一所学校的学生评课记载，摘录一段如下。

在马老师刚实施课改的时候，有的同学不在状态，可是由于马老师坚持不懈开发同学们的自学能力，一个月下来，每个同学都不得不进入状态，后来同学们自然形成了自主学习的习惯。实施课堂教学改革，最大的优点在于提高学生的自学能力，开发学生的发散性思维能力，真正让同学们在课堂上动起来了。

这里的语言过于“专业化”，有可能是老师在录入的时候做了技术处理。这一处理，表面上看有了深度，却没了“原味”，怎么嚼，也让人难以品出学生语言的味道，哪怕是高中学生的语言味道。由于工作关系，我经常去听低年级的课，一次听了小学一年级一节班会课，主题是“当大人好还是当小孩好”。“两派”针锋相对，时有妙语，获得的自发的笑声掌声有三十几次之多。我问同时参加听课的李镇西老师：“小孩的语言为什么这么富有活力?”他笑了笑：“因为真实。”

当然，学生评课本身虽然有着不可替代的积极意义，但也要防止出现这样或那样的偏差，从而陷入形而上学和形式主义的泥淖。要正确地推行学生评课的做法，一方面，鼓励孩子们说真话，并分析真话背后的含义；另一方面，将学生评课作为辅助手段，与专家、老师的评议进行综合考虑。

## 评课的“捧杀”“棒杀”与“乱杀”析

评课是对教师课堂的一种评价，这种评价应尽量客观、公允、科学、辩证，毕竟课堂的诊断会影响被评价者今后的专业指向，甚至可能影响被评者的人生态度。评课就像医生对人的健康检查一样，不能乱开方子。现实中，我们却非常不幸地看到，有些人的评课存在着很多不科学的做法，主要有三种：一种是“捧杀”，不管课到底如何，一律把吹捧进行到底；一种是“棒杀”，也不管课如何，一律乱轰一气；还有一种更可怕，是“乱杀”，评课本是专业性很强的学术活动，一些人包括一些行政领导挟裹着行政权力，不得要领或无关痛痒地指手画脚一番，据说他们尤其擅长评语文课。

三种“杀”产生的背景并不复杂。“捧杀”滋生的土壤很有“民族性”，好人主义，“事不关己，高高挂起”。“还行”“不错”，是常用的“专业”评课术语。这种评课模式从学校来看，在一些教研风气欠发达的学校盛行；从个体来看，一些世故者多见。评课会上要么一言不发，要么“好”个不停。需要指出的是，这样的学校人际关系并不阳光，背后是谁也不服谁的。“棒杀”往往伴随学术霸权而生，有些学校规定评课不准说优点，要从“但是”直接开始说，乍一看，这里学术风气很正，也很特别。问题是，评课不仅要找出问题所在，还要强化优势做法，从心理学的角度来看，“激励”似乎更容易让人上进。“乱杀”的学校政治气候很浓，“个人权威”弥漫整个校园。有一位校长很喜欢听课，但他听课只听几分钟，一节课下来，八九位老师的课听下来了，因为没有听完整，评课时偏颇更多。你略有疑问，他则振振有词：“我在听理念！”

这样看来，“捧杀”有可能因隐瞒病情而耽误及时治疗；“棒杀”的专注病情，可能造成健康人的心理阴影；“乱杀”最可怕，无中生有，有中生无。三种“杀”均该“刹”。

曾经，北京师范大学心理学院刘儒德教授率“学习优势项目组”来镇江市外国语学校听、评课。刘教授评课时很慎重，一再强调是自己的意见，并且对于具体学科评价可能与初中教育实际有距离，评课的结构有“可借鉴的地方”，有“一些遗憾”，还有“个人思考”。著名特级教师余映潮先生对于语文评课更全面、翔实、科学，充满着一位老特级教师对于年轻教师的精神激励与关怀，他对阅读课的评课结构一般是“我的解读——一个美点——一个亮点——一个弱点——我的设计”，其中，“我的解读”独到、精辟，是下面评点的基础；最后的“我的设计”则闪耀着智慧的光彩，令人叹服。

好的评课，从效果上看，要给人以启迪而不是自喜或懊丧；从内容上看，要有理有据而不是个人喜好；从表达方式看，应该语言平缓、情真意切，而不是情绪激动。从评课一般结构上看，有“捧”，要从宏观上去寻找授课人的理念，从中观上把握整节课的结构，从微观上发掘课堂的“美点”；也要“棒”，课堂本来就是“遗憾的艺术”，即使是“棒”也要点到为止，不可夸大，不可情绪激动地“棒喝”。既有“捧”，也有“棒”，才是完整的评课、辩证的思维，舍其一，都是不科学，最终导致“杀”。

其实，一次评课下来，评课者的学识与人品也同样被晒了一下。

## 基于网络的集体备课

集体备课是教师合作研究，发挥教师团队精神，集思广益，取长补短的最有效的备课形式，它是课堂教学的准备环节，是课堂教学取得成功的重要保证，是教师专业化成长的平台。应该说，这些已经得到了广泛的共识。但从操作层面上看，集体备课仍存在着发展不平衡的状况，有的演化成“分摊备课，大家共享”“一人备课，大家掺和”“捡垃圾式网络拼盘备课”，结果还是“单脑”，未能发挥“群脑”的优势；有的流于形式，到时间大家在备课室一坐，闲聊几句，最后是一哄而散。而借助于网络的集体备课，不仅便捷，而且从管理的角度有利于督促、检查和指导，从而引导集体备课的健康发展，最后促进教师专业发展和学生发展。

集体备课坚持要“四定”“五备”“四统一”，即定时间、定地点、定内容、定中心发言人；备教材、备大纲、备教法、备学法、备教学手段；统一教学目标要求、统一教学重点、统一“双基”训练、统一教学进度。网络条件下的集体备课在操作的层面上有集体一备、集体二备和个体三备三个阶段。

1. 集体一备

集体备课以每周一次、每次两到三节课为宜，备课组按照规划事先布置老师们集体一备。所谓集体一备，以苏教版七年级上册语文第一单元为例，老师们各自要对第一单元一、二课（一周课时量）进行“私下”备课，主要是文本解读、问题设计、方法设计、作业设计等。在集体一备时，要有一人主备，他要最后提供该课的教学设计（包括作业设计），可以以 PPT 形式呈现，在规定时间内传到校园 FTP 相应文件夹里，以供备课组老师们研习。

集体一备有两个关键点：一是虽然有一人主备，但并不等于其他人可以不备（备与不备在集体二备时可以发现）；二是主备人有物化的备课成果呈现，并且上传 FTP 以供检查、评价。这是基础性集体备课阶段，它决定集体二备的成效。教务处（或备课组）可根据其材料进行评价并纳入学术水平考核。

2. 集体二备

传统的方法是大家坐下来，先请主备人对所备内容“现身说法”，然后大家提建议、作补充、说质疑，几个来回后，文本的解读将更加明晰而有深度，问题的设计将更趋合理和巧妙，方法的选择则更接近学生的认知，作业的设计更具科学性和发展性。网络条件下可以实现不见面的集体二备，备课组设立一个QQ群，到二备时大家统一上线，这时的备课更容易形成你来我往的对话景观，能对问题做更深入探讨，QQ上停留的问题更容易保留以供大家长时间思索。在QQ里，先由主备人说课，即说课标要求、内容特点、学情分析、目标确定、教学过程、教法学法、教学资源的开发和利用，然后由组员发表补充意见，全组讨论，集体商定后确定集体教案。

如在对苏教版七年级上册《安恩与奶牛》一文进行二备时，就有老师提出了安恩也是一个孤独者的看法，大家按照这个思路再去阅读文本，果然有了全新的认识。并且，有老师提出分三个阶段来分析人物形象，即“初识安恩”（安恩和奶牛来到集市上的几段）、“再识安恩”（安恩三度拒绝卖奶牛）、“感受安恩”（安恩不卖奶牛的陈述段），随着情节的推动，安恩的形象也一步步高大丰满起来。

集体二备在整个集体备课中是关键点，也是体现“集体智慧”的重要环节，一场精彩的集体备课下来就是一场富含学术营养的盛宴，从QQ上下载下来就是一篇关于学术的论战。老师们还可以把记录从QQ里调出来反复研读，从中获益。

3. 个体三备

每一位老师，在集体一备中全面了解了文本，并有了初步教学设计，在集体二备中深入了解了文本，并不断修正自己的教案，接下来就要通过个体三备形成个性化的教案。老师根据自己面对的学情、教学要求、自己的教学风格等，对集体教案进行再一次备课修订，形成集众家之长又兼有个性特色的个人教案，并将其应用于教学实践，以便更好地促进教学，然后上传至校园FTP备课组文件夹里。在镇江市外国语学校，七年级语文备课组有11位老师，就有11份个性化教（学）案设计，点击点击，获益一定多多。教务处（备课组）教案检查，以此为准，焉能不促进教师的专业发展?

个体三备是集体备课的“果”，前两“备”是孕育期。这个环节的关键点是对共案进行修改补充，甚至再创造，使自己的教学既充满集体智慧又体现个人风格，实现共性和个性完美的结合。如果教师的教学都成了一个模式，不仅不能提高教师的教育教学水平，而且会步入另一种教学极端——思维“复制”，个性“粘贴”，失去自我。我们要以特色教案作为实现教学个性发展的平台。

基于网络的集体备课便捷、公开、共享，它可集思广益，将个人才智转化为集体优势，共同提高教学质量，值得提倡。

## 晚自习如何高效

——兼答中庸老师

我的博客阅读群中有很多读者是教学管理者，他们经常向我提一些问题，价值很高，能引发我的再思考，我很感谢这些朋友。

中庸老师提了这样一个问题：我们是寄宿制学校，根据山东省推行的素质教育规定，晚自习中不允许教师讲课，所以由任课教师布置作业，学生自主学习，但效果不理想。学生晚自习的专注度不够，有的能自觉完成作业，但完成老师布置的作业后就表现得无所事事。另外，很大一批学生抄袭作业或不做作业，晚自习效率低。请问这种情况该如何改变?

晚自习也上课，显然是一种陋习，是灌输式教育的又一表现。这种教学方式几乎完全剥夺了学生学习的自主性，把学生看成是一种机器。有一些学校，尤其是一些生源素质不好的学校，为了便于管理，用上课来约束学生，这些都背离了发展学生的办学宗旨。如何才能让晚自习与老师上课一样高效呢? 我认为，要科学地解决这样几个问题。

第一是管理者的心态问题，要认识到这种由“晚自习讲课”到“不允许教师讲课”的改革是需要一个过程的。管理者要学会等待，学生需要调整学习方式，老师也要重新习惯于新的教学策略，这些都需要时间。

然而，我们肯定不能被动地等待一种高效晚自习的自然产生，要解决的第二个问题是晚自习应布置怎样的作业的问题。老师要把晚自习看成课堂教学的一个有机组成部分，一个练习巩固、超前预习的必要环节。对于晚自习要完成的作业要精选，要分成必做题、选做题，以利于晚自习时不同程度的学生都有事可做。有的老师曾经做过这样的实验：在班级设置“问题篮”，一个精致的小篮子里面分科目放了一些卡片，卡片上有一些富有挑战性的问题供学有余力者选用，同时，学生还可以把自己学习中遇到的不能解决的问题写在卡片上投进“问题篮”。

高效晚自习要解决的第三个问题是学生对晚自习的重新认识问题。这对于一般学校的学生而言问题不大，他们习惯于写“家庭作业”了，寄宿也就是个集中写家庭作业的问题。但对于中庸老师所在的学校而言就不一样了，学生要有一个改变，学校要施加影响，告诉学生为什么要自习、怎样自习。我比较担心老师的思维习惯，别言不由衷地向学生说一些大道理。

第四个问题就是学校如何管理的问题。一开始可以用一些人海战术，一个班一位老师，如果晚自习是两个小时，可以一小时一轮换；走上正轨了，可以适当减少看晚自习的老师的人数。要有一些评价措施，看晚自习的老师要负责填写两样东西，一是作业量的调查，二是晚自习纪律的评价，之后年级部要进行公示，这个办法还是很有效的。各班都有“图书角”，要让学生在完成作业、完成预习、完成复习后扎进课外书里，直到晚自习结束还恋恋不舍。

我之所言，是一般意义上的办法，中庸老师可根据学校具体情况灵活处置，尤其要向老师们学习，解决具体问题的智慧永远在一线。

## 名校之名在乎名课堂

名校之名，不在乎名校长、名教师、名文化、名生源，而在乎名课堂也。

成为名校，是学校发展的目标与追求。对此，有的学校花重金聘请名校长，名校长之名如果不是因为他有名课堂，我想这位尊驾也就是个花瓶而已。有的学校以拥有名教师而名，但如果，只是因为有几个名教师而忽略了教师整体课堂之名，那么学校的命运也是不会长久的。还有一些学校请名家为自己的学校文化进行包装，学校精神文化动辄就是“子曰诗云”，但如果忽略了课堂文化这个核心，其文化充其量也就是个唬人的东西。至于名生源呢，一些学校许诺重金，从别校挖来几个尖子生，一朝高考，清华、北大题名，但如果，他们没有着力于课堂研究，到头来只能成为同行的笑柄。

一切之名，最后都指向课堂之名。

新课程推行以来，课堂追求得以提速，从单纯的“自主、合作、探究”的好看，到新课程推行者们自我修复后的“有效课堂”的扎实，再到具有蜕变性质的“高效课堂”，人们似乎从未停止过追求的脚步。朱永新等新教育实践者们干脆用“理想课堂”来表达对于课堂的梦幻般追求。

什么是名课堂？其要素何止千千万，我在这里只想说名课堂中一些共性的东西。

名课堂一定是规范的课堂。课堂是一个链，是由备课、上课、作业、命卷、辅导等环节组成的，有的老师可能只注重了其中的一个链或几个链。如只注重了课堂，还有的还只是注重了公开课的课堂，这样的课堂观是十分有害的，这也是一些名教师有令人叫好的课堂却没有与之相匹配的教学成绩的主要原因。一所名校，在这些课堂的常规上应该是十分出色的，从操作办法到检查措施再到整改方案是一个完整的链条。有一些学校在参观名校时总希望能找到名校的“偏方”，拼命地搜集。假如你能从他们的备课开始去溯源，一定能感觉到其实你也能为之。只是你不愿为之，或者说，不能一以贯之地为之。

名课堂一定是自主学习的课堂。有一句话，“教是为了不教”。如何才能达到“不教”，在于教“方法”，而不仅仅是教“知识”。基础教育界有两种比较成熟的课堂模式，一种是泰兴市洋思中学的“先学后教”，一种是南京市溧水区东庐中学的“教学案”。这两所学校课堂模式的最大特点，不是老师的“教”，而是学生的“学”，并且是在老师指导下的“先学”。这种学习方式的意义不仅是“以学定教”，更重要的是让学生学会学习，学会自主学习。我们的教学改革总是围绕“教什么”“怎么教”展开，在“怎么学”上还是少了些功夫。

名课堂一定是充满生成意义的课堂。特级语文教师钱梦龙早在20世纪80年代就提出过“教案剧”现象。名课堂有充分预设，但更多的是充满挑战的生成。这样一来，对话成了教学中不二的选择。民主和平等是生成性教学的第一要义，没有民主与平等，师生之间是无法对话的，也就无从谈起生成。因为对话的现代意义不仅仅是狭隘的语言交谈，而且是师生双方敞开精神和彼此接纳的过程。教师虽然闻道在先，知识丰富，但在与学生对话时应尽可能保持一种和学生类似水平的童心，甚至时常要保持一种“无知”的状态，将知识上的引导化为隐形、无形，充分激发学生自己思考的动机和热情。这应当是教学的真正智慧所在！

名课堂一定是充满生命关怀的课堂。李镇西老师是很反对面对陌生的学生上公开课的，因为教学是双边的，既然教师不了解学生，这样的课无非是名师在演绎自己或许已经上了百十次的教案，这种教案是没有生命参与的“死教案”。特级教师于永正有一次在新疆上公开课，当得知学生学习基础很差的时候，他毅然抛弃了教案，在整节课上就做了一件事，和学生一起阅读课文，反复地读，这种对于学习主体的客观尊重获得了在场上千名老师的长久掌声。一次端午小长假，我在南京会见几位朋友，他们无意中说到南京有的学校在一定程度上存在着老师拖堂现象。我很吃惊，难怪朱永新老师让我们从原点去寻找教育，试想这所学校的理念肯定有问题，应试的压力再大，也不能不让孩子们休息 10 分钟，连这点关怀也没有，这位老师一定是个具有刽子手心态的人。

全国著名特级教师夏青峰在《享受学校》一文中说过，学校应给师生三样东西。我改造了一下，应该可以做为名课堂的另一种阐述。

名课堂应该能给孩子们送去一缕阳光，让孩子们感受到人与人之间相处的乐趣，相信人性的美好，体验集体的力量，始终有一颗舒展的心灵和一份阳光的心态；名课堂还要给孩子们找一个支点，让不同特点的人，都能得到最大的发展；名课堂要为孩子们开一扇窗户，不沉湎于以往的旧经验、小天地中，从局限走向开阔，不断地让视野变得更为高远与宽广。

## 减负，请从减“心负”开始

从 1988 年国家教委发布《关于减轻小学生课业负担过重问题的若干规定》，到 2000 年教育部发出的《关于在中小学减轻学生过重负担的紧急通知》，再到 2010 年《国家中长期教育改革和发展规划纲要（2010－2020

年)》对于学校减负的规划，减负已成为我国中小学推行素质教育道路上绕不开的一道坎儿。为了把中小学生从过重的课业负担中解放出来，让学生有更多的时间思考、实践、创造，各省、市为给学生“减负”也出台了诸如规定学生上下学时间、控制作业量等刚性措施。很多学校在“减负不减质”的现实前提下也有了一些具体办法，如“提高教师专业素养”“提高课堂效率”“布置有效作业”等。但我认为，还有一条应成为常规性的减负路径，那就是给学生心理降压、减负。

我曾参观过数所名校（高中），几乎每所学校的教学楼大厅都有一块精美的“倒计时牌”，上面赫然用黑体字书写着“距××年高考还有××天”的字样，左右配有一幅“著名”的对联：“拼搏一年，幸福一生！”各班级的前后黑板上方的标语一律是励志性文字，如“十年磨剑为一搏，六月试锋现真我”“书山登峰，今日冲刺，秣马厉兵，竞相折桂夺魁”“进更理想大学，铸更辉煌人生，须更刻苦的奋斗”“抢时间，抓基础，勤演练定有收获；树自信，誓拼搏，升大学回报父母”……这些标语毫不掩饰高考的“功利性”。离中高考越来越近，“百日誓师”之类的活动也如火如荼地进行。这些措施，一方面在激励学生的潜能，另一方面是否也在增加学生的心理负担呢？诚然，高考是需要有适度紧张的，但如此“全校总动员”，少了一种精神的抚慰，多了一点儿“不成功便成仁”的悲壮！

何止是学校，家庭是增加孩子心理负担的又一施压方。家中有一个高考生，全家的生活方式都得因之改变，这对于一个已经知事的高中生来说无形中又增添了一份来自亲情的压力。中国青少年研究中心于 2009 年 3 月 23 日公布了《中日韩美四国高中生权益状况比较研究报告》，报告指出：就学习时间而言，无论是在校学习时间、在家学习时间、在课外补习班或家教的学习时间，中国普通高中学生所花费的时间都是最长的。“最长的”本来就是一种“高负担”，如果学校、家庭还不罢手的话，悲剧就要不可避免地要发生。

镇江市外国语学校在减轻高中学生心理负担上有一些不错的举措，例如，每天有“我的时间我做主”版块，每天下午都有 40 分钟属于学生自己的时间，学生可以尽情地做一点儿自己喜欢的事情，让“重压”的心理有一个释放口，全校各种场馆都对学生开放，学生可以选择打篮球、踢足球、跑步、进健身房、弹琴、散步、上校园BBS“骂人”、去涂鸦墙涂鸦、去图书馆翻阅时尚杂志……一天的紧张学习所带来的可能的不良情绪都有机会得到尽情释放。学生说，每天看似“虚度”了一节课，但带来的是更充沛的精力和更充足的信心以迎接晚自习和第二天的学习。

再有，学校经常举行学生心理讲座，如聘请南京师范大学心理学教授给学生上心理辅导课；举办一些励志性讲座，引导学生正确对待紧张的学习生活。现在，很多学校传统的心理辅导侧重于矫治这一层面，只为少数有问题和适应有困难的学生提供服务，补救性工作占主导地位，忽视对正常学生的辅导。而镇江市外国语学校把学生心理疏导作为常规，面向全体，面向发展，让不同的学生面对压力学会劝说、学会转移、学会释放、学会冷化、学会控制、学会选择、学会放松，以积极、坦然的心态面对学习、面对高考。

还有，学校应该建立学校、家庭、社区相结合的心理辅导网络。先在校内形成心理辅导员、班主任、学生辅导干部相结合的辅导网络，其中，心理辅导员由拥有专业心理知识的老师组成，重点辅导心理问题生；班主任是心理辅导的中坚力量，他们一般都经过专业心理辅导的培训，又拥有丰富的实践经验；同时，把一些乐观向上的学生干部也拉到这个网络里来。然后，让家长、社区积极分子也走进校园，与孩子们心与心接触，形成“心理辅导，人人有责”的局面。

我们曾经问来镇江市外国语学校参观的校长和老师，这所学校高中生最大的不同点在哪里。他们说：“这所学校高中生的阳光和笑脸是很多学校难得一见的！”

## 教案的写与查

时间：2008年12月12日（星期五）

地点：江阴市英桥国际学校决策室

人员：各部分管行政、教务人员、备课组长、其他特邀人员

一、写与不写

主持人：今天周末“教育沙龙”的主题是“教案的写与查”。之前，我们收集了大家的一些意见，进行了简单的分类。现在，请在学校管理方面有所研究的王益民老师谈一谈对相关问题的看法。

王益民：我愿意像学生一样回答各位老师的提问。

主持人：您对教案的写与不写有什么高见呢？

王益民：对于教案，各校、各地区都有不同的规定。教案从书写形式来分有四类：零教案、简案、详案、圈点案。其中，零教案不是不写教案，而是强调备课的过程尽量简写，可以不写，为课堂生成留下空白；圈点案是指在教材上做批注，不再写成流程式的教案。

现在较为普遍的规定是，年轻老师写详案，五年（各校不一）以上教师可以写简案。至于零教案和圈点案，因为不利于“检查”而不被很多学校采用。

主持人：您赞成哪种？

王益民：从众。

主持人：在网络背景下，有电子备课和手写备课两种选择，请问您赞同哪一种选择？

王益民：我还是要呼吁手写备课，这种考虑是基于以下认识。

第一，有调查研究表明，在现代技术条件下，人们对于汉字的遗忘现象很严重，还有汉字书写的美学意义也在被削弱。作为一名中国人，我们肩上所担负的不仅是知识的传授，还有文化的传承。

第二，手写备课有效地避免了备、教两张皮的现象。有一所学校，教师备课是分头准备，一人一个单元，备好后印发给组内每一位教师“共享”，每一位教师上课前只要“添加添加”“修改修改”就成功了，谓之“二次备课”。所谓共享的备课材料无非是网络下载的东西。

第三，“复制”永远是别人的经验。如果“复制”能够成功，那么把名师课堂搬过来，我们是不是都能成为名师呢？结果当然不是。备课时，我们还要考虑师情、生情、校情，网络上再优秀的教案也无法预设这“三情”。简单“复制”，浪费打印机耗材不说，对于教师的专业成长还起着“负作用”。

第四，手写的过程是一个慢思索的过程。打字时人很难做到“打字、思考两相宜”，而一边手写才能一边思考，与汉字亲密接触，重拾书写每一个笔画所带来的对于汉字的敬畏，更能在书写中不断修订教案的点滴，岂不快哉!

手写不能变成手抄，手写备课与电子备课只是形式的差别，更重要的是备课前对于教材的分析、学情的把握、考试的方向。回归手写，只是让大家备课时多一份宁静，少一点儿网络驰骋的浮躁；多一份独立理解，少一点儿“拿来主义”；多一份握笔的亲切，少一点儿敲击键盘的冷漠。

需要说明的是，我很赞同大家使用网络资源，包括查阅网上的教案，现代技术与传统手写完美结合才能产生有效的备课结果。

主持人：但是，手写总归没有键盘输入快，节省下来的时间可以用来做更多有益的事情。

王益民：手写，包括手写详案，其实并不需要太多的时间。我想，接下来要问我教案写什么的问题吧?

二、写什么

主持人：被您猜着了，就是这个问题。

王益民：我先给大家念一份浙江省某市教育局对于教案写什么的规定。

教案应一课一案，以课时为单位书写，常备常新，精益求精。教案一般应体现 11 个要素，即课题、课型、授课时间（指本课时首教班级的日期）、教学目标、重点难点分析、教学过程设计、课堂小结、练习与作业、板书设计、教学后记、作业中的典型问题记载。课型不同（如新授课、实验课、习题课、试卷讲评课、复习课等），教案的写法有所不同。为避免不必要的重复劳动，复印资料、打印件、试卷等可粘贴于教案中，作为完整教案的其中一个部分。

这个规定比较科学，可操作性强，但对于其中的某些环节，我们要有一个科学的认识。如教学目标，很多人喜欢从“三维角度”去写目标，洋洋洒洒，似乎这一节课之后学生就爱国了，能力就提高了。省省吧，一两句话足矣。再如重点难点分析，我看可以略去，或一两句话点点即可。还有教后记，教师未必堂堂有心得。

主持人：写什么，有时不是由老师们决定的，而是由教务处决定的。

王益民：面对“瞎指挥”，我们要有一种坚持真理的精神和勇气。教案是教师课堂的蓝图，是为课堂教学服务的，科学、简洁、实用是其首选标准。

苏南地区学校的教学硬件条件非常好，班班有多媒体，教师备课可以用PPT替代，再附上一份简案，可谓完美。

三、查什么

主持人：现在有两种力量主宰着教师教案的写多少与写什么：一种是教师的备课习惯，另一种是学校领导的检查。

王益民：在实际中，第一种力量十分微弱。据我所知，有一所学校把“教案检查”作为特色来抓，坚持举办教案展览。多年来，每学期的期中和期末，校长总是要求各教研组收齐各位教师的教案，由教导处整理、布置、公开展览。年年如此，已成为一个常规。

不少教师在备课中不惜花费大量时间，悉心撰写每份教案，务必做到具体、清晰、详尽。虽然有的教师不赞同这种办法，但为了在展览时不出丑、不失面子，也还是认真对待。有的教师甚至把教案重抄一遍，清清楚楚地存放着，以备展出。

主持人：您是怎样看待这一现象的？

王益民：从学校管理的角度出发，当然要查教案。查，但不要分出个高下，书面的东西最容易欺骗人。备课是教学的其中一个环节，还有上课、作业、辅导等其他环节，过分强调，甚至当作“特色”，这是把战术手段当作战略目标了。查，要有一个合格标准，以杜绝零教案。至于这所学校搞的教案展览就大可不必，一来教案属于教师的个人成果，与行政检查不同的是，未经个人同意的公开化涉嫌侵权；二来将会引导老师们把教案精致化，而不是在“备什么”“怎么上”下功夫，是抓小放大了。

主持人：是的，一些写教案认真的教师未必同样能取得优良的教学效果。

王益民：据我的网友介绍，就在最近，这所学校在教案展览上闹了点风波，主要是一些教案写得条理分明、字迹工整的教师其教学效果并不好。而且，有几位教案书写得好的老师，学生对他们的讲课大有意见，反应强烈。而有一位年近50岁的语文老师，调入学校不到一年，教案写得很简略、很潦草、很不规范，有的地方甚至用符号代替文字，别人很难捉摸其全部含义，但他的课却很受学生的欢迎。

主持人：看来问题还是存在的。

王益民：要回到管理的原点去看待问题。检查的目的是什么，无非是促使老师们研究教材、研究学生，进而促进教学质量的提升；而不是看谁写得多、字写得漂亮，停留在直观可感的教案检查是一种没有科技含量的教学管理。搞展览，尤其是全部展览，必然催生形式主义，还会引来很多专业质疑，陷自己于被动。我建议各个学校简化教案检查，还是搞好听、评课活动，来得实在，来得有效。

主持人：王老师对于“教案的写与查”的意见既贴近实际，又有理论支撑。主要表达了三个观点：教案要手写；篇幅当简则简，当详则详；教案检查后合格即可。谢谢王老师，也谢谢今天到场的所有老师和领导，我们下周再见！

## 听、评课的四种姿势

听、评课活动已成各校教科研之常态，到底应抱什么样的态度去听、评课却因人而异。细分，我发现有四种姿势。

第一种是卧式，也叫“休闲式”。这种人听、评课纯粹为了应付教务处的检查，点点卯即可，有时还迟到或借故数度离开，至于“课上了什么”“大家评了什么”与他无关。君不见他在听、评课时一派优哉状，目光游离，心不在焉，时而掏出手机看看时间、发发信息，时而梦游自己中了千万大奖，时而翻阅一本时尚杂志……轮到他评课了，要么摇头“谦虚”一番，要么说些套话，诸如“我是来学习的”“总体不错，细节还要注意”等不痛不痒的话。这种人属于“听课任务户”，即听课就是为了完成任务，没有问题，不去思考，甚至也没有什么反馈，按规定填完“听课笔记”了事。持“卧式”姿势的人往往是单位的“老油条”或“刺头”，偶见于某些领导。

第二种是坐式。持这种听、评课姿势的人占了多数，他们准时到达现场，认真记录，“听、评课记载表”是逐项填写，但并没有做一些事前的准备，听课时主要关注教师单方面的行为，没有对学生的学习给予足够的关注。他们听课时正襟危坐，手机按规定置于振动状态，即使不小心振动了，他也会瞧瞧这个、望望那个，“顾左右而言他”，然后低头记录。评课时除了认真记录每一个人的发言外，他们也有发言的冲动，只是要有人“三请四邀”，其发言内容“大而全”，缺乏有现场证据的观点，漫谈式、即席式话语过多，优点一二三，然后再说一些场面话，你好，我好，大家好。

第三种是跪式。此种人学术一般，但也生吞活剥过一两本书，知道了某些名家的姓名和有限轶事，总是怀着无限崇拜的心理去听别人的课，尤其去听名家的课，听罢是一片赞叹式的叫好。他们评课时有较强发言欲，想做第一，更想定调。遇到不同声音，表面无事，内心愤愤，要么抢白一番，要么背后损人。这种人看似学习态度认真，其实严重缺乏自信，喜欢拉大旗、作虎皮、装嫡系。他们是“仿课专业户”，有好课，赶紧查找实录、视频，问开课老师拷贝 PPT，回到学校“山寨”一把，倒也自得其乐。

第四种是立式。这种人永远是冷静的，不轻易去听一节课，要听必先通读文本，甚至查阅相关资料，因为他知道，不仅是听、评别人的课，别人何尝不是在听自己的课（理念）呢？他喜欢记录一些细节，常为精彩设计握拳鼓劲，也常为学生的精彩发言低声赞叹，更喜欢用最新研究成果从整体观照课堂，也为一些瑕疵遗憾，更为大的失误惋惜。他们评课时在一片虚假的与真实的溢美之词相伴的话语中发出一些兀兀声，在真理面前站了起来，大家频频点头，因为他是一个大写的人、一个说真话的小孩。

著名学者余嘉锡先生所著的《四库提要辨证》纠正了清代学者纪昀（纪晓岚）《四库全书总目提要》的许多错误，但是余先生认为，纪昀需要为浩如烟海的典籍作提要，而自己只挑自己有兴趣、有心得的内容作批评，所以，“纪氏之为《提要》也难，而余之辨证也易”。余先生断言，如果让他和纪昀身份对换，“纪氏必优于作《辨证》，而余之不能为《提要》决也”。著名学者齐世荣先生说：“批评者的意见即使正确，也只是在某一点或某几点上正确，而从总体水平上不见得就一定超过被批评者。”

虽然这是个浅显的道理，但立式的听、评课者往往为人所误会，一批评，别人就以为批判者自以为高出了被批判者。持立式听、评课者常有莫名的烦恼。

香港大学程介明先生说："观课文化是学校专业精神的集中表现，把学生放于第一位，虚心地互相观摩、批评，是每一位专业教师应该做得到的。"四种听、评课姿势，该取何式，一眼便知。持一种错误的姿势久了，漫说改变，就是接受新姿势也是个问题。

## 有效教学反思的几个要点

很多学校都把教师的教学反思作为重要的教学科研内容，直接规定老师们每课必有"反思"，并要求将反思写在课时备课的后面，曰"教后记"，作为教学检查的重要项目。这种行政式规定对于提升教师的教学水准有一定的作用，但极其有限。教学反思同样也存在一个有效性的问题，"教后记"式的教学反思具有个体性、内隐性、批判性的特点，但由于它是个体自我的心理行为，没有依靠实践的验证，因此它很难保证反思结果的合理性。有效的教学反思不止于内隐的心理活动，而是发现问题、提出假说并通过实践检验的完整过程。具体说来具有如下几个要点。

第一，有效教学反思的基本点集中，具有较强的创造性。这种反思不是经验性教师教学后简单回想一下自己的教学情况的"全面"反思，而是一种可重复实验的具有研究意义的反思。这就要求一段时间内的反思点相对集中。前几年，我重点反思"课堂生成性对于有效教学的意义"，最近开始反思"文本细读的教学策略"，从备课开始，着重于这个点，课堂实践后再来看这一点，观名师课堂也去挖掘这个点。长时间的对于"一点"的反思，有利于研究的深入，有利于进入问题的本质。只有这样，教学才有可能具有创造性。

第二，有效教学反思应该是群体性行为。现在很多学校很强调备课组建设，但多数强调其行政功能，如检查完成教务处任务的情况、月考评等，而忽视了备课组的学术功能——引领大家一起反思。反思一般都是教师个体单独进行的，即教师主要通过自我观察、自我监控、自我评价来进行自我反思，相对来说，具有一定的封闭性和局限性，容易囿于自我。群体间对话，不仅可以使自己的思维更加清晰，而且来自交流对象的反馈往往也会激起自己更深入的思考，激发自己更多的创意和思路。我所在初中语文备课组的群体反思有三种常规行为：一是对于教材中某课由中心发言人进行说课，大家交流、补充、反诘；二是对于名师课例进行专题性沙龙活动，我们称之为“语文咖啡茶桌”；三是“同课异构”。

第三，有效教学反思要从理论上去溯源，这样可以避免盲目反思或者想当然的反思。很多一线老师很拒斥教学理论，认为理论很空，倒很热衷于课例研究，尤其是一些名师的课例。实事求是地说，有些名师的课很热闹，但只有热度而缺乏深度；还有一些所谓素派老师，看起来“扎实”，其实是包装了一下的“满堂灌”。我们提倡教师的教学反思要有理论为依据，如作为一个中学语文老师，课程论、文学论、新课程解读方面的书籍就不能不去读。

第四，有效教学反思要以书面形式呈现。教师要积极、主动地对教学活动中具有教育价值的各种经验，以及在此基础上所进行的批判性的理解和认识予以真实的书面记录和描写，通过书写教学日志不断更新教育观念，改进教学工作，促进自身专业发展。比较常见的教学日志形式有：点评式、提纲式、专项式、随笔式等。内容可以包括：教学中的成功或不足、教学中的灵感闪光点、教学中学生的感受、教学中的改革创新等。有了这些积累，一段时间后就有可能据此写出较有系统的教学反思。

第五，有效教学反思还要以增强教师的道德感为突破口。一般来说，缺乏道德感的教师，除非因教学上的失误而面临外界压力，否则不会自觉反思自己的教学行为。在反思性教学理论家看来，对于大多数有合格师资的学校来说，要提高教学质量，增强教师的道德感似乎比进一步提高教师的教学技能与能力更为重要。著名特级教师夏青峰也说过，教师的专业素质首先应该是道德素质而不是学科素养。提高反思的有效性，对于道德感的反思是一种重要特征。在应试的压力下，很多的课堂完全“考试化”，有人直接扬言“课堂要看得见分数”。一位优秀的教师一定要坚守职业底线，放眼学生未来，而不仅仅用自己的“辛苦”去换取“分数”，这样简单的交换不能完全体现教师的劳动价值。

总之，有效的教学反思就是要从实际教学活动出发，发现、分析其中的问题，并通过理论介入、教师之间的合作讨论等方式来探求改进教学的途径。

## 论“教学模式”应该缓行

读《时代学习报·教研参考》上《模式化之风，可以休矣》一文，我很有同感。作为一名基础教育工作者，我一直在关注我国的教学改革和课程改革，但，尤其是近年来，一桩桩不可思议的事情悍然在神州大地发生。就拿“教学模式”的构建来说，不仅“你方唱罢我登场”，而且就连一些传统名校也公然“失身”，趋之若鹜。本来，这些非正常的流行早就应该由大学教授们（他们应该掌握着学术话语权的）来以正视听的，但教授们似乎并无心于此；一些学术报刊也有责任进行科学分析，但实际上却成了某些模式的“帮凶”。

对了，我要申明，这里提出要“缓行”的“教学模式”主要是指备受追捧的“洋思模式”“杜郎口模式”“东庐模式”等，并不反对学校自我建构属于自己的“模式”；即使对于这三大模式，也不是一概否定，只是对于其传播途中的非科学现象予以揭露。

泰兴市洋思中学、山东省杜郎口中学、南京市溧水区东庐中学的“先学后教，当堂训练”“三三六”“讲学稿”，共同的特点是瞄准了学生的“学”，这一点是符合新课改精神的，但它们的“成功”绝不是“瞄准学”所能达到的。我曾撰文《“洋、栟、杜、六”秘诀之私聊》，分析了它们“成功”的7个要素：“捆绑式”的考评制度，苛刻的班级管理，具体而微的“前学习”任务，“以学定练”“分层训练”的作业布置，高密度的考试手段，精致的试卷分析，强力的思想动员。这些手法的运用最直接瞄准的是学生成绩，记住，是学生成绩，而不是人的发展。打个比方说，瞄准的是GDP的提高，而不是低碳与生态。

对于农村学校，限于这些校长们的认识水平，能做到这点确实也不容易了，但很多人硬把它们往“素质教育典型”上靠，这大概是出于“应试”这个词名声不大好。其实这三所学校就是应试典型，至多是科学应试典型，你没有看到诸多的报道中最吸引人眼球的还是高升学率，家长趋之若鹜的最后一个原因无疑还是升学率高，与“素质”“课改”并无直接联系，硬说是“素质教育”，那只不过是记者们的发表需要和教育经济的需要，而已，而已。

这些“教学模式”的推广有四种危害。

危害一，“教学模式”构建的本身必然伴随着“贤人专制”，模式推广的同时，“专制”同时也被推广。我有一次在河南讲学，一位名师向我诉苦：全市在推广“高效课堂”，校长说不换脑筋就换人。作为省级名师，她的课堂教学已经有了自己的模式。校长几次谈话，让她“自废武功”，成为新模式的带头人。她说，“自废武功”并不难，难在要学一个自己并不认同的模式。一位名师尚且如此，普通老师何以堪？该市还请来了一位专家，据说是某某模式的推广专家。谈到学生自主学习时，有老师提问：“萝卜烧萝卜还是萝卜，肉烧萝卜才够味，我们不能忽视老师的作用呀!”这本来是一个很好的提醒，但这位专家回答：“万一你是一块烂肉呢!”跟我交流时，那位老师眼睛里依然闪烁着晶莹的泪花。“模式”在推广中到底发生了多少类似的“血腥事件”，只有老师们自己心里最清楚。

其实，我本人非常敬重蔡林森、崔其升、陈康金，他们对于教育的热爱与执著令人感佩。他们是“贤人”，我们要学习他们的教育情怀。“专制”能迅速达成“模式”的推广，且不说“模式”的科学性，仅“专制”本身就是“反教育”的。经济发展上“不换脑筋就换人”，至多再穷上几年，而教育上可能耽误的是整整一代抑或几代人，我们输不起。

危害二，“模式”的推广会让我们更加偏离本来就不太正的教育航向。应该说，这几所学校的“成功标志”是中考成绩一流，所有的模式都伴随对于个性的压制，而这一点正是素质教育所反对的。尤其是九年义务教育阶段，用考试成绩来评价学生、评价教师乃至评价学校，本身就是一种错误。当2010年诺贝尔奖陆续揭晓时，依然没有中国人的名字，就连华裔也没有。我们已经反思过若干次了，仅反思是没有用的，残酷的基础教育断送了一个个创新人才，貌似繁荣、公平的基础教育完全置民族命运于不顾，简单的经济增长掩盖了创新能力严重不足的真相。“模式”培养下的学生的确有超强的解题能力，但我不得不怀疑他们能否担当起民族创新的重任。

危害三，醉心于模式的构建，教育容易走向“急功近利”。教育是一种慢艺术，有些校长却急于构建起某种模式，似乎“模式”一来，一切皆有可能了。他们不去指导老师们读书，不去请名师大家来讲学，不要课程专家来指导，却浩浩荡荡地带领自己的团队去农村取经。我丝毫没有轻视农村的意思，但必须说明，学术的土壤一定发生在师范院校，缘木求鱼，“求”到的不是“辟邪剑谱”就是“吸星大法”，胜利一时，贻害终生。老师们呢，不用读书，不用看报，不用写论文，只要能成为流水线上的操作工就可以有骄人的成绩。这种视教师的教育为简单技术的“模式构建”让教师走向弱智。

危害四，推广过程中发生太多非教育的事情。先说媒体，“杜郎口模式”的推广是与某报的长篇累牍的报道分不开的。应该说，是媒体打造了一个教育神话，杜郎口出了名，报纸也跟着沾光，同时沾光的还有记者。我知道一些记者总喜欢把眼睛盯在一些名校或准名校上，他们善于包装、提炼，自己也一跃成为专家，还能到处推广。有的干脆自己开了公司，专干“名校推广”的勾当。再说名校，我定期会收到某著名“教育服务公司”的广告，每期都有这几家校长“登坛讲法”的广告。我并不嫉妒他们有不菲收入，但绝对担忧“被培训”的人食而不化，也担忧校长长期讲学而荒芜了学校管理。20 世纪 80 年代，湖北省某中学一举成名，我的很多老同事就是来自那个地区。他们说，在那年代，只要稍微动动脑筋操作点“某某密卷”就能一夜暴富。而今，神话不再，却又有新的地区在发着“教育经济”的财，正如同事吴非老师所说“他们在吃小孩”!

热衷于模式构建的校长们，多去读读圣贤的书吧，陶行知的、苏霍姆林斯基的、杜威的、还有孔子的。至于“教学模式”，理应缓行!

## 课外辅导班危害知多少

寒假结束了，各类课外辅导班也会消停几天，但其造成的影响从来没有消停过。翻看学生的寒假“小练笔”，看得出，孩子们并不轻松，他们大部分都接受了课外辅导班的“洗礼”。我们知道，在当前社会背景下，课外辅导班似乎已成为流行现象，甚至成了教育资源在学校之外的一种配置方式，而其所提供的辅导内容也成了学校课程模式在学校之外的延伸。我们在看到其积极意义的同时，必须对其保持足够的警惕，毕竟，教育是“百年大计”。

哪些人在开办课外辅导班呢？我调查下来，发现大致有四种：一种是从事公共教育的机构开办的课外辅导班，如文化馆、青少年宫、青少年科技活动中心，在常年招收各类艺术班的同时利用寒暑假、双休日开办各种类型的辅导班，教员以本单位工作人员为主，还有少量临时聘请的退休教师。这一些辅导班曾经有效地补充了学校艺术、体育、科学教育的不足，但现在的重点已经不是以上那三方面。第二种是由一些名牌学校利用自身的优质教育资源开办的辅导班。在各省“严禁有偿家教”的形势下，这类课外辅导班要么停办，要么转入地下了。第三种是某些个人开办的正式注册的诸如“家教中心”“教育中心”。目前，通过市场化运作，这已成为课外辅导班的主体。第四种是“游击队”，教师个人在自己家或租房开办的辅导班。

课外辅导班辅导的内容主要有三种：第一种是体、艺、科类；第二种是与学校课程相匹配的文化知识；第三种是奥数、英语等。不管什么内容，与小升初、初升高、高考都是密切关联，真正做到了考什么、有什么，缺什么、补什么。武汉市曾经对科技发明或国家专利进行中考加分，一段时期内催生了很多“科技培训班”。

但是，课外辅导班“繁荣”的背后，我们不得不提醒大家其危害之处。

第一重危害就是影响了学生的身心健康。中国的学生（何止是高中生），其课业负担之重是全球有名的，其健康状况之差也是全球排得上号的，直接证据就是近视率的居高不下。有位小学生告诉我，双休日连半天的休息都是奢望，除了要完成老师的作业，还有去英语强化班、奥数班、艺术特长班，连晚上的时间也被排满了。我曾以家长的身份“参观”过一家培训班，一间教室被分割成若干小间，学生的课桌一律面朝墙，互相隔开，其光线之差、空气之浊令人吃惊。辅导班的“策划师”是一位大姑娘，她十分“专业”地告诉我：“这样避免学生分神，也有利于进行‘一对一’辅导。”

《华商报》曾经有一篇文章指出："一百多年前，我们被外国人称为东亚病夫。如今我国经济总量跃居世界第二，竞技体育已经开始跻身世界前列，我们的金牌数量一次比一次多，国民体质却是一代不如一代，这样下去既令人感到讽刺又令人担忧。"我们当然不能把国民体质下降的原因归结于"辅导班"，但它们起到了"雪上加霜"的作用应该是不容置疑的。

第二重危害是可能造成学生思维的僵化。辅导班如何生存？靠分数。分数如何获得？靠训练！如果说，学校教育还有那么一点儿素质教育的影子，辅导班则是荡然无存，它们的目标是分数、分数，还是分数！为此，它们研究答题的"技巧"，通过大量的训练以"熟能生巧"。有时还教学生"怪招"，例如，某家作文辅导班让学生背熟几个故事，然后教学生如何"宿构"，也就是对文章进行"模板"式即类似"套作"的行文方式。说得普通一点儿就是给出一个写作文的"模子"，无论你出什么文章，我都能以不变应万变，把这文章的题目、重点、论点一一插入这"模子"中，完成文章。反复训练，直至"纯熟"，一种完完全全的应试教育。

第三重危害是带来了教育的不公正。有资料显示，这几年考入一流大学的农村孩子的比例明显低于上个世纪。这里有一个很重要的原因，就是城市的孩子比一些农村贫困家庭的孩子更有机会和能力去参加辅导班，辅导似乎成为保持并且可能增加社会不平等的一种机制。或许有人说了，这恰恰可以说明课外辅导班是有效果的，我从来就不否认辅导班的应试"效果"，只是痛心于孩子们没能获得"可持续发展"。"诺贝尔之痛"、"创新人才"的缺乏，其罪魁祸首正是这种应试教育及其背后的推手。

第四重危害是给家长带来经济负担。寒假期间走亲访友，遇到一位家长，她的女儿就要小升初了，三年初中下来要花费 7.5 万元。她算了一笔账，女儿要考当地最好的初中，三年费用 2.5 万元，三年全程上辅导班（某培训班开出的双休日、寒暑假"套餐"班）费用高达 5 万元。

还有，辅导班的师资问题。在"禁止有偿家教"的严令下，在编教师不能兼职辅导，辅导班的师资走向了两极化，要么启用刚毕业的大学生，要么就是离退休教师。大学生是很优秀，但没有一线教师的经验；老教师也很不错，但毕竟教育需要更新，需要活力。《北京晚报》有一篇文章《当心被"套牌"老师忽悠》，揭露了某些辅导班虚报自己的老师来自一所示范学校的知名老师。有的培训机构会在自己网站上挂出某某老师的名字或者一个相近似的名字，并注明教学科目。但实际上，此老师非彼老师，一些不明真相的家长很容易上当。此之谓“套牌”。

存在的，就是合理的；不合理的，在存在的背后。我们指出课外辅导班的危害，不是消灭之，而是提醒家长理性对待之。

## 案例呈现

# 合作学习课堂文化实践与思考

课堂文化是在特定课堂空间中师生教学活动所体现出来的思想意识、思维方式以及学习方式等方面的总和，并为师生所自觉遵循和奉行的共同的课堂精神、教学理念和教学行为。它是学校文化的子文化。镇江市外国语学校自 2006 年以来一直致力于合作学习课堂文化的构建，从文化的高度理解、实践、创生、积淀属于自己的课堂文化。

一、合作学习课堂文化的四种文化形态

合作学习是学生为了完成共同的任务，有明确的责任分工的互助性学习，它通过异质分组、同伴互助、资源共享、团队奖励等策略完成学生“学会学习”“学会合作”等品质的培养。通过四年的实践，镇江市外国语学校“合作学习课堂文化”呈现了多种文化形态，尤以以下四种为显。

1. 自主预习。课前 5 分钟，学生在完全自主的情形下完成几个问题的思考，这是合作学习的前提。但它不同于“教学案”，而只是对于本节课核心问题的一次个人探究，它有利于任务的明确，可从整体上观览本节课内容的全貌。这种自主预习还会在一节课中反复呈现，让接下来的“合作”是基于问题的合作，让自主成为学生优秀的学习品质。对于高中学生来说，这种学习品质的培养和发展随着选修课的开展变得更为急迫，它能使主体得到主动、生动、全面、和谐、充分的发展。

2. 小组讨论。合作是基于小组内外互动的“学生问学生、学生教学生、学生帮学生、学生检查学生、学生影响学生、学生引领学生”，这样，合作的意义不仅是学习上的互相帮助、共享共赢，更重要的是个性的张扬、人格上的相互影响和共同发展。正是在这样的学习环境中，每个人都解决了属于自己的问题，在自己原有的起点上提高、进步。如今，这一课堂改革已在全校推开，继续与创新是未来工作的出发点与归宿。

3. 白板展示。学校为每个小组都配备了一块 50cm×80cm 规格的白板，教室两边有白板挂架，白板可以展示合作学习的成果、疑问，而不仅仅是问题的答案。因为有了白板展示，激发了学生的创造欲；因为有了白板展示，让学习成果更直观；因为有了白板的展示，让课堂有了更多的生成；因为有了白板展示，让教学更加充满了智慧……

4. 问题质疑。合作学习的最后一个环节是质疑，这个环节的设立有利于学生对于知识的主动探究，能激活学生的思维，促进学生内部语言（思维）和外部语言的发展，保持学生对于学习的持续的兴趣。实践中，镇江市外国语学校克服了教学与质疑脱离、跟着学生质疑跑等“伪质疑”问题，形成了思疑有范围、质疑要梳理、解疑在分类的格局，将学路、文路、教路三路合一，恰当地处理了质疑环节中主体与主导的关系。

在合作学习的课堂中，“问题由学生自己去发现解决，规律由学生自己去探索应用，概念由学生自己去概括提炼，文本由学生自己去解读体悟，实验由学生自己去演示操作”。这四个动作持续地展现，逐渐形成了“倾听无声、讨论轻声、发言大声、质疑有声”“乐于交流、善于合作、勇于表达、敢于质疑”等课堂文化。2008 年底，中国教育学会高中教育专业委员会理事长王本中先生来校视察时，对合作学习给予了“很少见、效果好、有创新”的评价。

二、合作学习课堂文化的形成策略

1. 课题引领。有些学校在进行合作学习课堂文化构建的时候是基于一种模式的复制、一种精神的移栽，很难走向本土，更遑论科学。镇江市外国语学校的合作学习课堂文化从一开始就借助课题进行引领，全校教师参与的“合作学习背景下课堂文化的重构”课题获省级教育科学规划课题立项批准。2009 年，学校加盟了北京师范大学刘儒德教授主持的国家级课题“学习优势教育”，签约成为实验学校，其“自主—支架”式教学进一步丰富了合作学习的内涵。

2. 理论培训。《合作学习教师指南》《合作性学习 ABC》《教育中的心理效应》是镇江市外国语学校教师的必读书目，其余的由教师根据专业发展的需要挑选阅读。学校坚持以“自学为主，集中学习”为辅的原则，开展读书活动；要求学校领导、中层干部率先垂范，当好排头兵；定期检查教师的读书笔记、学习心得和教学反思，并通过多种形式及时组织交流。

3. 智慧相约。每个星期三下午开展“相约星期三”校本培训，这是一个智慧的舞台，有三个主打产品：“合作学习研究课”“合作学习经验与困惑论坛”和“合作学习专家讲座”。正是有了这个平台，很多具有镇江市外国语学校特色的成果在这里得以普及，很多疑惑在这里得以解决，很多智慧在这里得以碰撞……

4. 学会合作。前面三项是基于教师的培训，镇江市外国语学校的策略还有一个维度——学生。学生人人手中有一册《合作学习课堂要领》，详解了“如何分组”“如何自主学习”“如何跟你的同伴合作”“如何表达”等要领，还有“合作学习守则”等刚性要求。为便于学生记忆，学校还编撰了“合作学习四字诀”。

（1）小组构建。以 4～5 人围坐，形成学习小组，原则上要求每班分为 9 小组，以“3×3×3”形式排列，一般采用组间同质、组内异质的原则来分组。各小组有自己的规则，比如组长轮流制、用流动牌控制强势学生发言次数、课堂活动的秩序、定期对内部组员和小组自身进行评价等。

（2）课型模式。如新授课教学流程是：自学——合作——反馈——互助——点拨——巩固——检测——质疑，即感知自学是初步认知过程，合作探究是深加工过程，展示反馈是反馈共享过程，互助互帮是组间交流过程，点拨提升是释疑解难过程，巩固检测是课堂达成手段，质疑拓展的新问题生成过程。

（3）有效评价。真正的评价是引领发展，不是甄别优劣。评价体现多重结合，多元评价。镇江市外国语学校创新了评价办法，如笑脸、哭脸、大拇指评价办法，“一拖二”捆绑式评价办法，红黄绿牌制度评价方法，基础分与提高分评价方法，星级评价办法，等价评价办法等。此外，学校还把评价和班级文化建设结合起来，不断增强小组的凝聚力，激发学生的内驱力，进一步引领学生进行更高层次的合作。

构建合作学习课堂文化，必须以当前教育的神圣使命为依据，“关注高中教育对学生生存、就业和未来社会地位的深远影响”，对新课程的课堂进行全新的思考和定位，重建教师专业文化，对现有文化进行取舍、整合与转化，并提升自身的文化品位努力构建平等民主，和谐共处，互动合作，自主探究的课堂文化，以赋予课堂以生活意义和生命价值。

## 微博选粹　课改三部曲

第一部　雪化了变成水

课改初。

一个美丽的语文教师问：“同学们，雪化了是什么，大家知道吗?”

一个小男孩马上举起双手说道：“雪化了是水。”

于是，班上所有人都纷纷站起来，有人说是气体，有人说是冰。

这时，有一个小女孩很生涩地举起手。老师看到了，说道：“小黎，你说说看。”

小黎怯怯地说：“雪化了……就是……春天。”

全班同学大笑起来，老师也吃了一惊，正色道：“这么简单的问题也回答不出来，雪化了后当然变成水。”

（第二天，这位美丽的老师被校长喊去批评了一通，罪名是“没有课改理念，不尊重多元解读，扼杀了学生的想象力”。）

第二部　雪化了是春天

课改如火如荼时。

还是那位美丽的语文教师，不过略显成熟了些。她问：“同学们，雪化了是什么，大家知道吗?”

一个小男孩马上举起双手说道：“雪化了是水。”

于是，班上所有人都纷纷站起来，有人说是气体，有人说是冰。

这时，有一个小女孩很生涩地举起手。老师看到了，说道：“小黎，你说说看。”

小黎怯怯地说：“雪化了……就是……春天。”

老师并没有吃惊，带头鼓起掌来，于是全班都在鼓掌。

（课后，校长再次找到了这位教师，点评说："有时及时的鼓励可以成就孩子。"）

第三部 雪化了是春天！

课改进行到今天。

依然是那位美丽的语文教师，不过略显苍老了些。她问："同学们，雪化了是什么，大家知道吗？"

一个小男孩马上举起双手说道："雪化了是春天。"

老师很吃惊，这么快就有了"答案"，不符合对话教学原理呀！

"你是怎么知道的？"话刚问出口，老师就有点后悔。

"我姐姐说的。"小男孩轻轻地说。

（校长第三次找到这位女教师，怒曰："雪化了当然变成水，这是科学！什么是有效教学，你懂不懂？什么是本色教学，你会不会？误人子弟呀！"）

尾声

第二天，女教师没来上班，家人给校长打来电话说："她，疯了……"

# 要素10 德育要走向学生自塑

GaoPinZhi XueXiao ShengZhang YaoSu

## 本章导言

高品质的学校一定有高品质的德育，而高品质德育的一个重要标志是它的“自塑性”，也就是以学生身心健康发展为出发点和归宿，使学生通过自身的独立思考、自主选择和参与体验，以形成良好的道德能力和正确的价值判断力的德育。高品质的德育遵循着德育外化、制度规约内化和再外化的实践路径。外显有规，内涵有德。这一节，将以镇江市外国语学校的“五自”德育为蓝本，阐述高品质德育的基本特征和操作要领。目前，镇江市外国语学校已形成三大德育课程体系：一是由“‘五自’德育课程标准”“‘五自’德育规范100条”“‘五自’德育班会实施策略”等构成的认知性德育课程体系；二是由“艺术节”“科技节”“校园嘉年华”等活动构成的活动性课程体系；三是由创新型学校文化为主的隐形课程体系。

## 观点释放

### 德育工作的六个“多一点儿”与“少一点儿”

湖南师范大学刘铁芳教授说过：“烛光象征人类的古典智慧，是人文之光，是心智之光，这光曾经照亮过人类的历史，也照亮了人类的心灵史。

但现在，在便利而强大的灯光——技术之光照耀之下，烛光失落了。耀眼的灯光足以淹没飘摇而微弱的、充满古典意味的烛光。但与此同时，宁静、幽微、对世界充满敬畏的烛光正好让我们去重新寻找心灵世界的出路。”

我也想追寻这一缕古典之光，来透视一下自己20年班主任工作、27年教育工作的一点儿心得。在德育工作中，我们应该做到六个“多一点儿”和六个“少一点儿”。

第一点，多一点儿教育，少一点儿管理。“五自”德育已基本形成了校本课程体系，又被称之为“五自”自塑式德育。这种德育模式有一个“操作系统”，比如每天下午放学前，学生要对一天的学习生活进行总结。有些班级会通报学生的扣分情况，大有“算总账”的架势。这叫作管理。那么，什么是教育呢？我认为，不妨把这段总结称之为“夕会”。古人说：“晨读，午读，暮省。”夕会就是暮省。讲一个哲理故事，对班级当天发生的一件事情进行简单的讨论，这就是教育。《班主任》杂志的赵福江社长在镇江市外国语学校“班主任工作室”挂牌仪式上曾经说过：“班主任最重要的工作是价值引领，不应汲汲于细枝末节的扣分。”扣分并不是完全没有必要，只是这会让孩子们的心胸变得不够宽广，眼睛总是盯着别人的缺点，何况有些缺点不能称之为缺点。还有，扣分会影响班级的和谐，一些班级的“干群关系”是很紧张的。所以，德育工作还是要多一点儿教育，少一点儿管理。

第二点，多一点儿自我的改变，少一点儿情绪化管理。有这样一个故事，在滚滚东流的泰晤士河畔，在钟声回荡的国会大厦西南侧，耸立着英国最古老的建筑——威斯敏斯特教堂。在教堂里一个不显眼角落的一块墓碑上刻着一段非常著名碑文：

当年轻的时候，我的想象力从没有受到限制，我梦想改变这个世界。当成熟以后，我发现我不能改变这个世界，我将目光缩短了些，决定只改变我的国家。当进入暮年以后，我发现我不能够改变我的国家，我的最后愿望仅仅是改变一下我的家庭。但是，这也不可能。当躺在床上行将就木时，我突然意识到：如果一开始我仅仅去改变自己，然后，作为一个榜样，我可能改变我的家庭；在家人的帮助和鼓励下，我可能为国家做一些事情；然后，谁知道？我甚至可能改变这个世界。

在班级管理的过程中，我们经常会听到这样的言论，如“打你，是我对你负责”“骂你，是对你的爱”，典型的“打是亲、骂是爱”的封建残余思想。此外，我们还能听到“我气得不得了”“我忍无可忍”等。尤其是一些年轻的班主任，年轻气盛，容易冲动。我也曾冲动过，后来把曾经的一段经历写成了一篇文章《教育的惩罚不是惩罚》。面对情绪化管理，我的这段心路历程是很值得大家引以为戒的。那么，面对“挑衅”，怎么办？只有一种办法——改变自己。教育的克制是一个人成熟的标志，“修己”才能“达人”。

其实，改变自己的最好办法是改变自己对于问题的视角，这就是第三点：多一点儿人性的角度，少一点儿道德的苛求。

还是从一个故事说起。

课间的时候，一个小女孩在吃橘子，一个小男孩向她要，女孩不给，于是小男孩动手抢女孩的橘子。这时，一个大一些的男孩走了过来，制止了小男孩。于是，小男孩把橘子还给了女孩。最后，女孩把橘子分成三份，三人一起分享。

从道德的角度来看，女孩有点自私，小男孩有点霸道，大男孩有正义感，分吃橘子是一种团结，我们都习惯于这样进行分析。处理学生问题的时候也很容易“上纲上线”，学生间闹矛盾了，于是乎道德问题、品质问题，又是请家长，又是写检讨之类的。换一个角度呢？从人性的角度再来审视一下这个故事，女孩不给是出于本分，小男孩抢是出于本能，大男孩是因为同情，小男孩还橘子是因为害怕，分享是因为快乐。“本分”“本能”“同情”“害怕”“快乐”这些都是人的本性，也应该成为学校德育的起点与归宿。

人性只有善恶之分，没有好坏之别。认识了人性，对待身边每天发生的一切，就容易保持心平气和的态度；认识了人性，就找到了德育的切入点，可以以此为基础，参照道德标准，引导学生向善。没有人性基础的道德教育是不稳固的，因为中学生在青春期到来的时候容易走向叛逆甚至颠覆。所以，教师要在道德教育这一理性教育和人性教育这一诗性教育间保持一种张力，在德育中，守住人性教育的一脉古典余韵，让人性教育的精神散发出有着形上魅力的幽微心香。

第四点，多一点儿专业的视角，少一点儿经验主义的惯性。学科教师讲求专业化发展，班主任同样也需要专业化发展，但相对于学科教师，班主任的专业化发展明显滞后。什么是班主任的专业化呢？举个例子，一位班主任A老师的一个教育故事。

学校运动会中，班上的一名学生在男子100米决赛中扭伤了踝关节，住进了医院。家长十分恼火，要找学校“算账”。班主任急了，怎么办？按照《校园安全事故责任认定办法》，学校可以不承担医药费，但如果学校不承担医药费，那家长肯定会“胡搅蛮缠”，到时候学校领导也会因此而迁怒于班主任。于是，班主任选择了“爱心感动法”，每天下班后都要去医院看望受伤的学生，让妻子炖鸽子汤、排骨汤然后送到医院，还安排班里的学生每天放学后给受伤的学生去补课。这一招果然有效，家长再也没找学校“算账”。A老师的“爱心感动法”也因此多次被校长在各种场合传播，似乎这已经是“专业”的最佳表现了。

A老师很诚恳地请我点评这一做法。我认为，对待生病学生，如此做法无可厚非，也是应该的。但仅就这一件事而言，从班主任“专业”的角度来看，还仅仅是个开始，因为A老师所做的，除了请班里的学生去给受伤学生补课外，几乎都是学生的父母应该做的。那么，专业的班主任要做些什么呢？

首先，要教育孩子在运动中做好自我保护。比如，可以请体育老师向学生讲授准备动作、运动中的技巧等。对于“扭伤”不去寻找原因，下次还会“扭伤”的。其次，引导学生正确面对扭伤脚后的人生态度。人一旦住进医院，是有很多不适应的，老师要教会学生如何去面对，这就要有一定的心理学基础和生活积累。现在的孩子很少会有挫折，一旦发生了一定要抓住教育的契机，要教育学生如何直面一切困难，这是家长容易忽略的，而恰恰是班主任的职责范畴。再次，要向家长宣讲《校园安全事故责任认定办法》，这是教师的社会责任。文明社会的重要标志是法制意识，而不是迁就其“一搅三分理”。

现实中，班主任之所以停留在“爱”的基础上，主要是思维习惯的问题，太多的教育宣传和师德宣讲让教师的“专业”变得太“妈妈”了。在这个案例中，A老师的工作目的也有问题，A老师之所以启动“爱心感动法”，是因为要“搞定”家长，为自己赢得师德分。出发点的错误导致了行动的系列错误。

第五点，要多一点儿“花苞心态”，少一点儿“掰开心理”。

教育是一种等待的艺术，教师需要有足够的耐心来等待儿童生命世界的慢慢生长和生成。迟开的花儿同样鲜艳，这是一种“花苞心态”。与此相对应的是“掰开心态”，其行为古已有之，如“揠苗助长”者，他们未必是出于“歹意”，有时恰恰是“好心”，但缺少科学意义的“好心”往往更具有破坏性。在南京市浦口区行知实验小学有两块著名的实践基地——“艺莲苑”和“浦禾园”，“艺莲苑”是“荷花大王”丁跃生在学校东面开辟的种植七百多种荷花的地方，“浦禾园”是“果树专家”马飞在学校南面开辟的种植八十多种枣树的地方。巧合的是，丁跃生和马飞都是当年的高考落榜生，是迟开的花苞，鲜艳否?

张文质教授在《教育是慢的艺术》一书中说：“让我们时时提醒自己，克制自己，改变自己的否定性思维，让我们一点一滴地变得阳光一点儿，积极一点儿，主动一点儿，努力着慢慢地使自己成为建设性文化的一部分，成为赞美文化的一部分。”浦口区行知实验小学杨瑞清校长说：“花苞心态，耐心等待；花苞心态，缺点可爱；花苞心态，才是真爱；花苞心态，和谐时代。”

我还要说，花苞心态，本质上是一种等待花开的心态，但有些花儿一生一世，无论你怎样等待还是不开放的。这，也是科学。

第六点，多一点儿放手的坦然，少一点儿牵手的担忧。19号，是镇江市外国语学校七年级新生来校“一日体验”，我在门口执勤，学校门口挤满了送孩子的家长，有爸爸妈妈，也有爷爷奶奶，孩子第一天上学，送一下也无妨。但有一位女性家长特别着急，她走到我面前，说她要进到校园里面去帮孩子找班级。我说不用，因为教学楼前张贴着分班一览表。她勉强同意了。可20分钟后，这位家长又来要求进校门，她说女儿还没找到班级。我终于同意了，因为她已经帮女儿帮了十几年了，这次想例外也不可能了。镇江市外国语学校的“五自”德育正是基于这样一种社会现实而提出的，我们要少一点儿“不放心”的心理，还孩子们“自主”成长的权力。“牵手”很伟大，但“牵手”的目的是“放手”。

对于德育工作的这六点感悟，有六个关键词：教育、自省、人性、专业、等待、自治。最后，我还是想以故事结尾。有一个医生医术十分高明，医活了很多人，但有一次不幸医死了一个人。被医死的人到阎王那里告状，阎王很生气，后来，医生死后被罚下十八层地狱。医生在十八层地狱里很不甘心，认为自己虽然医死了人，但医活了很多人，不该下到这十八层地狱。他想着想着不由得大放悲声，口呼冤枉。突然，他的脚底下发出一个声音："你医死了人而下到18层地狱，还喊冤枉，可我没医死人，还不是下到19层地狱吗?"医生奇怪了："为啥?"那人说："因为我是你老师!"亲爱的老师们，试想一下，当不好医生的结果是下18层地狱，而当不好老师是要下19层地狱的。

联合国前秘书长安南先生有一篇美文《燃亮蜡烛而不只是诅咒黑暗》，面对学校面临的生源的结构性变化，我们需要的不是诅咒，而是点燃心中的烛光，温暖同伴，以心灵之烛照亮彼此前行的路。那样，百年之后，我们将相约在天堂!

## "五自"德育的核心是"自塑性"

镇江市外国语学校的"五自"德育是以学生发展为德育工作的出发点和归宿，尊重学生的主体地位，激发学生的主体潜能，关注学生的个性发展，关注学生对人生的认识和态度，使学生通过自身的独立思考、自主选择和参与体验探究活动，获得体验，提高认识，养成习惯，形成良好道德能力的一种学校德育模式。它包含健体自觉、学习自主、生活自理、行为自律、交往自信五个方面。在实践中分年级实施，其中，七年级为"他律"阶段，重在建立规范；八年级为"自律"阶段，能用规范约束自己的行为；九年级为"自觉"阶段，自觉遵守规范、运用规范。

多年来，尤其是近年来，镇江市外国语学校逐渐形成了《镇江市外国语学校"五自"德育课程标准》《镇江市外国语学校"五自"标准》《镇江市外国语学校"五自"德育评价办法》《镇江市外国语学校"五自"常规考评办法》《镇江市外国语学校学生手册》《镇江市外国语学校"五自"班会实施办法》等相关文件构成的课程体系。

其操作系统可以概括为“三会”“两操”“六文明”“一建设”，其中，“三会”是指班会（周五下午）、晨会（周一早上）、夕会（每天下午）；“两操”是指课间操、眼保健操；“六文明”是指文明教室、文明排车、文明路队、文明板报、文明餐厅、文明言行；“一建设”是指班级文化建设（班名、班徽、班旗、班训、班规、班博）。

有一个故事非常经典，名叫《孩子在为谁而玩》。故事讲的是一群孩子在一位老人家门前嬉闹，叫声连天，给孤寂的老人带去了快乐。于是，老人给了每个孩子25美分，对他们说：“你们让这儿变得很热闹，我觉得自己年轻了不少，这点钱表示我对你们的谢意。”孩子们很高兴，第二天一如既往地在老人家门前嬉闹。老人出来，给了每个孩子15美分。他解释说，自己没有收入，只能少给一些。15美分也还可以，孩子们仍然兴高采烈地走了。第三天，老人只给了每个孩子5美分。孩子们勃然大怒：“一天才5美分，知不知道我们多辛苦！”他们向老人发誓，他们再也不会为他而玩了！

人的动机分为两种：内部动机和外部动机。本来，孩子们是因为单纯的快乐才在老人家门口嬉闹，或许是老人家门口有一块空地，又或许是老人家周围有更多的玩伴，总之，孩子们自然而然地来了。但老人的出现打破了这一“纯玩”的游戏，孩子们开始为“美分”而玩，由内部动机转化为外部动机。当外部动机的诱因由25美分降到5美分的时候，孩子们自然就“再也不会为他而玩”了。

镇江市外国语学校“五自”德育的核心就是激发学生的“内部动机”，在自我教育与他人教育之间建构一个联动的机理、一个制衡的机制、一个优化的平台、一个实化的抓手，其目标指向就是培养高素质的“五自”“镇外人”。学校的“三会”“两操”“六文明”“一建设”都由学生来完成，让学生在自我管理中提升自我的道德内省。

“五自”德育重在其自塑性，它遵循了这样一条路径：德育外化（制度规约、规范行为）——德育内化（活动育人、文化建设）——德育再外化（道德行为）。可以说，“五自”德育是外显有规，内涵有德。

# 在“禁”与“放”之间智慧抉择

近一段时间，老师们在进行“手机进校园”的讨论，我明显感到教师的思维水平有了很大进步，法律意识、平等观念、民主意识、科学分析问题的能力都能在只言片语间得以显现，让我也颇受教育。对“手机进校园”这个问题，若时间倒推若干年，我的回答肯定是“禁”，但是在今天我的回答是“放”。

20世纪末，第一代手机（1G）登陆中国，人们称之为“大哥大”“砖头”“黑金刚”，此时别说“进校园”，就是“进家庭”也很难，毕竟是奢侈品。进入21世纪，第二代手机（2G）开始陆陆续续进入“寻常百姓家”，但此时对于绝大部分学生来说手机还是“半奢侈品”，先是在一些私立学校学生中流行起来。很快，问题也随之出现，如上课玩手机、半夜玩手机影响学习和休息，浏览黄色小说甚至黄色视频，引发攀比心理等。因此，很多学校制定了“禁止手机进校园”的校规，我也认为这是及时且必要的。

近年来，第三代手机（3G）开始风行。相对于第一代和第二代，第三代手机将无线通信与国际互联网等多媒体通信技术完美结合，它能够兼容图像、音乐、视频等多种媒体形式，这正好迎合了现代人追求时尚、方便、快捷、快餐的心理需求，加之价格低廉，资费也在不断下调，“人手一机”已成为现实，学生也不例外。此时，如果我们还有“禁”的打算，不客气地说，就是在逆潮流而动了。

现在，学生父母的工作都比较繁忙，并且很多父母的工作时间充满变数，学校生活和城市生活也存在一些变数，下班堵车无法准时接孩子怎么办？孩子提前下课无法通知家长怎么办？孩子出去玩或者参加学校活动无法联系家长怎么办？孩子遇到紧急情况来不及或者没办法打公用电话怎么办？手机可以解决太多的现实问题。至于全寄宿制学校的学生，拥有一部手机就可以将个人与世界联通，能部分解决寄宿制可能产生的诸如孤单等很多心理问题。

主张“禁”的人可能要问了，孩子拿手机玩游戏、发短信影响学习怎么办？孩子无节制地长时间给其他同学打电话怎么办？骗子电话、骗子短信、垃圾短信、黄色短信时时入侵怎么办？上课时突然有电话或短信影响课堂秩序怎么办？这些问题不同程度地存在于“开禁”的学校，我们姑且称之为“手机问题”。

我所在的学校有90%的学生（初中）都有手机，我随机问过一些学生：“你们会在同学面前炫耀自己的手机吗？”他们的回答很干脆：“现在谁还炫耀手机，也太老土了吧！”我承认，“开禁”的确会带来一些“手机问题”，但是我说的“放”不是“放纵”。事实上，为堵截“手机问题”，现在很多学校在“放”的前提下出台了一些规定以及相应的违规处理措施，如裸机价格控制在500元以内、上课时段关机、清洁手机信息、文明用机等。还有的学校请家长参与进来，签订手机进校园合约。

从教育角度来说，有条件的“放”正好可以锻炼学生的自制能力，还有助于提高班主任在管理上的智慧与魄力。对待新生事物，关键是班主任要提高管理能力和水平，“禁”是一种管理，“放”但限制使用并正确引导也是一种管理，多一份宽容、多一份等待、多一份思考、多一份智慧、多一份疏导、多一份责任，总比简单“封杀”更能体现教育的科学性，更合乎以人为本的原则。

应该说，手机的正确使用已经不仅是学校面临的问题，而是一个社会性问题了。现在，有的厂家已经生产出了“学生手机”，它可以限制通话，家长在添加号码时可自定义通话号码，从而避免了孩子拨打声讯电话而产生高额费用等问题；还有智能紧急呼救功能，当孩子遇到紧急情况时，可以直接长按紧急呼叫键，该手机会自动依次循环呼叫四个被设为紧急呼救的号码，直至呼通其中一个号码，在呼叫号码不通时，还会自动给该号码发送紧急求助短信；家长甚至可以进行手机定位；游戏也可以实现禁用。全社会都在关注“手机问题”，如果再谈“禁”，恐怕我们自己的头脑要“开开禁”了。

如今，市场上还出现了“学习手机”，在手机功能的基础上增加了学习功能，以“手机”为辅、“学习”为主，这种“学习手机”集教材、实用教科书学习为一体，对学习有着明显的辅助效果，可以随身携带，随时进入学习状态。此时，手机进校园，恐怕是“野火烧不尽”，“不待春风”吹又生了。

我认为，“禁”与“放”不仅取决于手机本身的普及与社会发展，还取决于其他要素，总体原则是：生源优秀的学校比生源一般的学校更适合于“放”；年段高的学校比年段低的学校更适合于“放”；开放程度较高的城市学校比开放程度较低的城市学校更适合于“放”；素质教育浓厚的学校比纯应试的学校更适合于“放”……如此，“禁”还是“放”，由您说了算！

## 德育处要以科研的眼光对待工作

教务处和德育处是学校管理体系之两翼，随着新课程的推进，教务处工作的“科技”含量是越来越高了。德育处呢，一方面受传统的政治思想教育模式的影响，另一方面在应试为学校工作主体的思路下受到弱化，甚至在某些学校是被“边缘化”。但这一翼关乎“培养什么样的人”的问题，在很多学校，尤其是教育部《中小学班主任工作规定》和绩效工资改革关于班主任待遇的硬性条款颁行后，德育工作开始重新进入学校发展的视野。

当一觉醒来时，我们突然发现德育工作事实上已经产生了“三个滞后”：滞后于社会的发展，滞后于学生心理的变化，滞后于教育的改革。一些学校的德育处还停留在20世纪80年代的水平，德育处还是“政教处”，有的成了“坏蛋”学生的“集中营”，班主任往往以“送政教处”来恫吓学生。面对“90后”的学生，德育处往往是束手无策。这些可能是个例，但跟着感觉走的德育处就不在少数了，它们只能完成上传下达，搞个征文，评个“先”什么的。

一天，我在教育在线论坛看到一所学校的德育处号召大家利用寒假去家访的帖子，顺便问了句：“有具体指导意见吗？”有人回答说：“就是个号召，有家访的要求。”类似的工作作风具有一定的普遍性，其实随着电话、网络等交流形式的兴起，传统家访已成为一道美丽而落寞的风景线，再加上人们对于私密空间的保护，很多家长并不希望老师去家访。针对这种新情况，又要加强家校合育，这就要对传统家访进行反思，不要拿着地址就去敲人家的门，不吃“闭门羹”，也会给家访减效的。

对于家访，学校应该做好三件事：（1）对于是否家访，进行两个层面的调查，一是家长，一是学生，问问他们是否欢迎家访，不欢迎的原因的什么；（2）根据调查的结果，改善家访的传统做法；（3）探索家校联系的其他办法。这是一种科研的态度。调查结果表明，60%的家长和50%的学生还是欢迎老师家访的；有20%左右的家长和学生是取中间态度；反对老师家访的家长主要原因是“太忙，经常不在家”，少数是“不方便”，反对家访的学生是因为怕老师“告状”。

针对这一情况，德育处可以提出家访“七要七不要”：一要事先告知，不要突然袭击；二要态度谦和，不要盛气凌人；三要实事求是，不要添油加醋；四要胸有成竹，不要临时编造；五要言出必果，不要轻诺寡信；六要控制时间，不要喋喋不休；七要廉洁自律，不要自毁形象。此外，学校可以建立网络条件下的班级家长QQ群，构建家校合育网络平台，用学校的专业优势影响家长的家庭教育，向家长传达正确的教育观念，传播科学的教育方法，提高家长的教育素养，实现最佳的教育效应，还可以让教师进一步了解学生，增进教师与家长之间的感情从而达成教育孩子的最广泛的共识。

德育处通过调查研究出办法、出思路，是增强工作科学性的途径之一。更为常见的途径恐怕是对于班主任的培训。说到培训，大家可能马上联想到各级各类的“研讨会”，在现实中，很多德育工作的研讨会相比于学科研讨会效率更低，大话、空话、“普通话”充斥会场，爱心、诚心、假惺惺大行其道。智慧是不可以复制的，一线班主任需要适合自己班级的“鲜招”，而不是放之四海而皆准的“兵法”。我并不反对此类培训，只是呼吁德育处要首先学会研究自己的问题，比如期末要写“评语”了，不要“布置”了事，要告诉班主任，尤其是年轻的班主任，评语对于一个成长中的孩子是多么的重要，要进行校本化的培训。

科研的眼光还表现在对于集体智慧的采集。《班主任》杂志社社长赵福江曾经说：“很多班级管理的智慧是深藏‘民间’的，《班主任》杂志就是要做收集这些智慧的工作，为更多的班主任提供班集体建设的办法。”德育处有一项很重要的工作，就是收集“深藏民间”的工作办法。可惜的是，一些学校的德育处连唯一的一次期末收缴班主任总结报告的工作也是虎头蛇尾，以至于班主任们也摸透了德育处的“脾气”，下载一篇总结报告算是完成了任务。德育处对待学期总结要“变脸”、要“打假”，一方面要求总结要弄成主题式“总结”，如“我最得意的一件事”“我管理班级的独门绝技”“我和学生的故事”；另一方面，对于这些“民间智慧”，德育处要点评，进行分类，并能从理性上进行指导，因为“独门绝技”有时“太猛”，缺乏科学依据的班级管理招式不论怎样有效都是有害于学生身心健康的。

德育处要懂得调查研究，学会提炼，要善于从本校老师中发掘智慧的教育办法并能有效提升。如此，是一种科学态度，善莫大焉。

## 我们到底需要怎样的班规

很多班主任认为《中学生守则》《中学生日常行为规范》等规定缺少具体而微的条例，过于宏大、庄严，于是乎抱着“班规一出，方圆定成”的良好愿望而制定自己的个性化的班规。我曾参观一所学校，用相机记录了该校七年级某班张贴上墙的《班规三十二条》，先让我们客观地、心平气和地阅读一遍。

《班规三十二条》：

1. 上课不讲话，不起哄，不插嘴。2. 说话要有礼貌，着装整洁。3. 每位同学只要看到地上不干净，就应该清洁干净。4. 不可以在阳台玩、打闹。5. 不可以在教室里做危险性强的游戏。6. 排队时要做到“快、静、齐”。7. 发作业本的时候不要飞作业本，要走过去放在同学的桌子上。8. 放学了值日生值日时，没有事情的人快速离开。9. 不允许说粗口。10. 不可以在教室里乱扔垃圾。11. 每天课桌要摆放好，由组长安排人负责。12. 门要轻关，不能“砰”一声关门，不要踢门。13. 不要把课桌弄响，要尽量小声。14. 讲台的粉笔掉了，要主动捡起来，保持讲台卫生。15. 不可以在教室吃零食。16. 不准迟到、早退。17. 不准背单肩包。18. 不是课代表、班委，不准用粉笔在黑板写东西。19. 不迟交作业。20. 不要在班里大声说话、打闹。21. 不要在饮水机旁打闹。22. 不许在洗手盆玩水。23. 不许追逐打闹。24. 值日用具要摆放整齐。25. 每天的卫生监督员要管理好、不包庇。26.

不在教室里玩粉笔。27. 值日生做好值日，如被扣分，罚做一个星期的卫生。28. 男生头发不准超过眉毛。29. 缺笔记的，下课须找同学补回笔记。30. 早、中餐都要吃。31. 不可以玩弄教室内的植物，如有枯死，罚带三盆。32. 不可以私自乱用多媒体。

违反以上任何一条者，当着全班面大声诵读《班规》，当面鞠躬道歉，抄写《班规》三遍；累计违反三次，直接找家长面谈。请同学们自重、爱护我们的集体！

我把这则班规分别贴到三家 BBS 的“班主任论坛”上，两天后，除四位老师表示该班规“只见制度不见人”“要在学生心灵上‘种庄稼’”外，其余五十多位老师都表示该班规“很细致”“实用性强”“正需要”，并表示“下载学习、沿用”。应该说，这位班主任在制定此班规时是费了一番脑筋的，针对性很强，是基于问题而制定的“班规”，如果不是最后的“处罚”过于扎眼，粗略一看，似乎真没有太大问题。但是，既然是班规，就是育人的手段，要经得起推敲，这样一来，问题就出来了。

第一，班规要合法，而不是合班主任的个人意志。北京教育科学研究院基础教育研究所王晓春老师曾谈到，对于学生旷课，他是“没有商量余地”的，因为“不旷课”是国家规定的；至于“压堂”，他向来是反对的，保证学生课间休息权也是国家规定的，老师不能把个人意志强加给学生，哪怕是“为了学生好”。我无法考证《班规三十二条》是否是该班师生共同商议的结果，仅从内容上看，一些条文对于学生天性是有所压制的，例如，“6. 排队时要做到‘快、静、齐’”，部队集合要“快、静、齐”，那是战争的需要，也是针对成人的，打着“准军事化”的招牌，把孩子们培养成弹簧似的人是对儿童天性的又一次扼杀；“18. 不是课代表、班委，不准用粉笔在黑板写东西”，这是不是“特权”？孩子们连涂鸦的权利也被剥夺了；“19. 不迟交作业”，这条班规的直接结果可能是学生抄袭作业，其实迟交作业的学生需要的不是班规催促，而是老师对于迟交现象介入后的帮助；“27. 值日生做好值日，如被扣分，罚做一个星期的卫生”，被扣分就要罚做值日，偶尔的失误呢？值日后新产生的垃圾呢？扣分的公正性呢？管理的简单化会带来被管理者的战战兢兢；“31. 不可以玩弄教室内的植物，如有枯死，罚带三盆”，当然不能“玩弄”，一般性“玩弄”不会直接带来“枯死”，罚带三盆，天理何在？

在这样的班规统治下，教室里的孩子们肯定像被灌了哑药一样的一片宁静，可怕的宁静。学生就会像林黛玉进贾府后一样“不敢多说一句话，不敢多走一步路”。如“13. 不要把课桌弄响，要尽量小声”，学生恐怕都难做到这一点，换句话说，大家都会有“挨罚”的可能。一则班规，无人违反，是要求低了，已经失去了存在的必要；如果大多数人都会一不小心违反，则是要求高了，要求高，就是违反人性。这样的班规的出台，完全是管理者“统治”的需要，是管理者个人意志凌驾于法权之上的产物。班规要体现以生为本，而不单纯是以管理方便为本，这是原则。

第二，班规要全面，不要片面。班规是一种养成公约，应具有全面性的特点，而《班规三十二条》几乎每条都是针对教室里的“公约”，是“教室行为公约”。《中学生日常行为规范》有 40 条，涵盖了学生思想品德、行为习惯、学习习惯养成的各个方面，它有五个大类：一是，自尊自爱，注重仪表；二是，诚实守信，礼貌待人；三是，遵规守纪，勤奋学习；四是，勤劳俭朴，孝敬父母；五是，严于律己，遵守公德。这五类是从关爱自己、关爱他人、关爱学习、关爱父母、关爱社会五个方面作出要求的，应该说比较全面，是《中学生守则》的细化和有效补充。

《班规三十二条》的片面，从另一个角度看，就是班主任教育思想的片面，只管教室里“平安无事”，至于“在家好子女”“社会好公民”甚至走出教室都与自己无关了。很难想象这种班规的出台并堂而皇之地张贴上墙、被人传颂，是学校德育处的失职，还是教育畸形发展的结果？

第三，是要“堵”，还是要“疏”。《班规三十二条》中出现的“不(许、准)”有 25 处之多，这哪里是班规，分明就是禁令。美国有一位教师名叫罗恩·克拉克，他有一部畅销书《优秀是教出来的——创造教育奇迹的 55 个细节》，来看看他的陈述。

细节 1：回答大人的问话要有礼貌。回答大人的问话时，要用文明礼貌用语，如“是的，妈妈”“是的，阿姨”……如果只是点头或用其他方式表达“是”或“不是”，那是不可取的。

细节 2：用眼睛和他人沟通。有人对你说话时，眼睛要注视着他；有人发表意见时，你的身体和脸要正对着他。

细节3：向表现出色的人表示祝贺。假如班里的某个孩子玩游戏赢了，或把某件事做得特别出色，我们都要祝贺他。鼓掌至少要持续三秒钟的时间，还要确保两个手掌充分接触，以便掌声足够响亮。

……

显然，两者的区别在于《班规三十二条》是"堵"的办法。同样是发言，"班规"是"三不"——"不讲话，不起哄，不插嘴"；"55个细节"是"疏"的法子，如告诉学生应该怎样有礼貌地回答问题："回答大人的问话时，要用文明礼貌用语，如'是的，妈妈''是的，阿姨'……"泰戈尔说："不是因为槌的敲打，而是因为浪花的歌舞，才有了鹅卵石的日臻完美。"教育其实就是"疏"，无论是传授知识还是思想品德教育，都必须采用疏的办法。现在的教育不是在想如何积极引导，采取一些疏的办法来解决教育中存在的问题，而是什么都禁止、什么都不能做，给教育画地为牢。教育是人性化的教育，要充分体现对于人的教化，尊重教育规律和科学发展观。我们不能因怕负责任而什么都去说"不"，不能怕学生出现事故而什么都禁止。或许，对于管理者来说，"一刀切"是最简单的管理，虽然能够防止某些事故的发生，但其管理效益也是最低的。从本质上说，学校教育是教育而不是管理，我们不能"一刀切"，而要"切一刀"。

第四，对于违反班规的处罚问题。一些班主任之所以热衷于"不字牌"班规，是因为有了它，就有了处罚学生的理由：你违规了就要接受处罚。对于未成年人的教育，国家并没有赋予班主任处罚权，于是，班主任就自己在寻找，寻找一种"权力"，似乎有了权力，班级管理就万事大吉了。国外有一位心理学家说过："教师中最迫切期待权力的人往往是最不擅长使用权力的人。"班规制定后，当然应该有一些"处罚"措施，但"处罚"只能是对于违反者教育的手段之一，陶行知先生在育才学校任校长期间奖励犯错误的同学四块糖果的故事给人的启迪是深刻的。《班规三十二条》对于"违反以上任何一条者"要诵读、道歉、抄写，"累计违反三次"则"找家长面谈"。诵读、道歉、抄写、面谈并没有太多的教育因素，学生是因为怕"处罚"而不去违规，一旦脱离班集体这个有班规的"场"，比如回到家，他就有可能"把课桌弄响"，现在很多学生"家、校两面人"不能说与太苛求的班规无关。这种处罚，我们并不陌生，多见于军营，那是针对成年的军人，他们有较强的自省能力，处罚似乎可以取代教育；对于孩子们则不可，除了教育，别的手段都要慎用。

班规要合法，要关注学生养成的各个方面，要告诉学生怎样去做，对于违反者要采用教育的方法，这样，班规才能登堂入室，才能用心灵赢得心灵。

## 班级建设应大量减少各类检查评比

检查、评比，是很多学校德育工作中管理班级的一种基本办法。有的学校在这方面下足了功夫，有这样一所学校，在上世纪末提出了班级“三文明”检查评比，包括夕会、路队、餐厅，每项10分，还制定了这三项最基本的评比办法，不可谓不细，从而从根本上确立了该校“准军事化”特色；到本世纪初，发展为“六文明”评比，添加了“卫生”“纪律”“课间”三项内容，进一步“规范”了学生的行为；2005年以后，更是发展到了包括“安全”“板报”“文化”“校服”“自习”等内容的“十文明”“十几文明”。检查、评比几乎是无孔不入，“纳入考核”“张榜公布”“周结”“月结”等跟进措施纷至沓来，学生每天生活在“规则”中动弹不得，班主任被“数字化”弄得晕头转向……

对于这种大量检查、评比的弊端，我们可以进行以下分析。

1. 误导班主任工作步入“重管理、轻教育”的误区

教育，肯定姓“教”，而不姓“管”。“管理”是企业的、可视化的、数字化的；产品的数量、质量等均可量化；企业的职员是成人，管理者制定好制度，监督执行即可。而教育（基础教育）是“以促进人的发展、社会的进步为目的，以传授知识、经验为手段，培养人的社会活动”，教育者应关注人的发展，引导学生自我发展。教育的很多指标是不能量化，也无法量化的，比如道德，比如守纪。量化后接踵而至的必然是惩戒，妄想通过惩戒即达到教育的目的是一种教育的简单化倾向。如果那样也能产生教育的话，车间主任就是最优秀的班主任了。

这是从管理形式上看，那么从内容上看，要求学生整齐划一地排队，

就餐时不能言语，是否也有悖于教育的基本精神呢？

2. 滋长形式主义

比如检查卫生，其评比的结果并不能代表这个班级真实的卫生状况。有的班主任平时并不注意引导学生养成卫生习惯，教室里常有卫生死角，“责任区”卫生也很一般，但一旦要检查，他会亲临指挥，学生倾巢出动，结果自然是得分最高。如果要检查班级文化布置，他加个班，第二天班级里光光鲜鲜，又拿了个第一。文化的熏陶作用呢？他才不管那一套，拿个第一，又有流动红旗，班主任津贴上去了，师生皆大欢喜。其实，不论检查、评比的制度有多么完善，过程有多么细致，处罚有多么力度，都无法涵盖学生成长的每一个角落，被检查的学生也学会了“应付”。检查不到的东西，如价值观的偏颇，谁去“量化”？

3. 看重外在的分数，忽视内在的班风建设

很多学校都会在教学楼大厅设立一块“三文明”评比栏，每天由学生统计后上墙，最后一栏是“总分”，几十个班级孰优孰劣一看便知。这种“高透明度”，不由得班主任不重视，于是乎班主任是时时讲、天天讲、月月讲。一些“负责任”的班主任，哪一项被扣了分，就要总结一下，查查“责任人”，责成其作出检查。学生有时为了逃避责任，推说学生会检查人员不公。到后来，班主任亲自出马，查问打分学生，甚至威胁打分学生，严重自毁形象。更令人担忧的是，由于班主任每天要应付大量的检查、评比，从精力上严重削弱了学习意识和研究意识，整天看“评比栏”的脸色行事，长此以往，思维惰性，班主任工作永远停留在“流水线”上，产生不了真正意义上的思考和研究。

4. 增加了班级之间的矛盾，容易形成“小团体主义”

与检查、评比相配套的是具体操作的学生会，培养学生自治能力是件好事，但又有多少学校对学生参与检查做了全面培训并不断关注检查过程呢？很多学校负责学生会工作的是课时量不满的教师，有的学校干脆就用职工，这是对班主任工作以及德育管理工作的一种轻视。由学生做检查，因为学生来源于各班，又因为检查眼光难免有误差，造成班级之间的矛盾已经是不可避免了。在检查中，给自己班打满分是全班学生的心声，或许学生的狭隘的小团体思想就是从此时开始养成的。

5. 班主任陷入事务的泥淖，阻碍了班主任的专业化发展

现在，几乎没有班主任说自己不累的，这种“累”的来源有两个，除了学生，就是每天都要应付五花八门的检查、评比，一天下来，身心俱疲，何来专业化发展的闲暇与心情？有的学校对于班主任日常工作已经事无巨细地作了“周详”的安排，班主任感觉自己就是个“干活的”，是流水线上的工人，是个“准体力劳动者”。这样的班主任很少有成就感，看似卖力，班级管理也有效果，但他们付出的不是智慧，而是辛劳，他们的工作不是在发展自我而是在自我磨损，这样的班主任哪来专业化发展的动力？我想，人的智慧绝对不是靠“管”能产生出来的。

诚然，我国目前的班集体更像一个行政单位或者一个企业的班组，免不了要进行一些必要的检查、评比，从而实施有效管理，但这种管理与企业管理的最大差别是应富含教育因子，大量减少检查、评比，有助于我们把目光聚焦在教育上而不是管理中。

## 请勇敢地拿起批评这个武器

说批评是武器，很容易使人理解为批评是对付“敌人”的法子，但在我看来，批评是积极地影响学生并帮其改正不足的法子。

现在大家感到做班主任很难，以前还可以骂一骂学生，甚至动动手也无可非议，“孩子是打大的，葫芦是吊大”的思想在老一辈家长的头脑中是根深蒂固，但现在，漫说“打”，就是批评也变得小心翼翼了。稍不注意，学生就要“出走”，甚至轻生，一率说是受不了班主任的批评。以前孩子受批评不敢跟家长告状，现在倒好，一有委屈，不仅告家长，有的还要报110。不能“体罚”，班主任倒也想得通了。那批评呢？批评再不能使用，这个班主任还怎么当？因为工作的关系，我经常需要“巡堂”，一次亲眼看着某老师在“训”学生，“声色俱厉”，但见到我在教室外，口气马上缓和了下来：“我这都是为了你们好……”

看来还得重新审视一下批评这个武器。其实，批评同表扬、惩罚、说服、奖赏、磨炼等一样，都是班主任影响学生的手段，完全可以理直气壮

地使用之。只是因为所处的时代有别，班主任使用这个武器的时候有了一些新的禁忌。消除这些禁忌，会让班主任使用起批评来更加顺乎人心，也更加得心应手。

第一，要克服情绪化批评。班主任这个职业很特殊，自己有了情绪是不宜在学生中宣泄的，尤其不能拿个别学生撒气。但人是有七情六欲的，知识分子更甚，这样一来，对班主任的职业道德和专业化提出了更高的要求，需要“不以物喜，不以己悲”。有一位班主任受了领导的批评，心里很“郁闷”，正好又碰到一位学生上课回答问题时不着边际，平时这位班主任会心平气和地予以纠正，此时他竟然说出了这样的话：“你故意捣乱是不是？我看着你就讨厌!”这是批评吗？这和街妇是同一档次，与“批评”无关。很多“谩骂”“侮辱”性批评正是在“情绪激动”时候宣泄出来的。事实上，我们每天都面临一个克服情绪化的问题，年轻的班主任和性格直率的班主任可能更突出一些。如果确实“郁闷”，我建议可以调一下课，待情绪平静了再进入课堂，免得破坏了自己的专业形象，也容易给学生带去伤害。

第二，克服滥用批评。一位班主任向我诉苦，有一位学生天天挨批评，就是不改正，几乎刀枪不入了。我告诉他，这位学生对你的批评已经产生“抗体”了，一开始你的批评是轻微的，你一看不起作用，于是乎越来越严厉，学生的“抗体”也随之变得越来越强，如此恶性循环下去，刀枪不入的功夫就这样练成了。家庭教育中也常有这样的现象，妈妈整日唠叨，孩子就是不听，当爸爸偶尔说上一句时，孩子立即照办，很多母亲一直到孩子成人也没有明白这到底是怎么一回事。

面对这种产生“抗体”的学生，“批评”既然已经不管用，为什么不变变招式呢？明知药无效，还在用，你就是个庸医，说得再严重点就是误人子弟了，其班主任的专业水平也就和为数不少的妈妈列为同类项了。批评这个武器如同尚方宝剑，悬而不用，方为至用。

第三，关注批评的语气、内容、场合、方式，也就是给批评“变变脸”。批评并非非要一张“教育的面孔”，变变脸，有时能收到奇效。用什么样的语气、语调，是严厉的，还是温和的；批评的内容是直接指责，还是含蓄提醒，或是绵里藏针的；场合上是公开的，还是私下里的。这些都很复杂，因错误大小而变，因犯错误人的心理承受能力而变，因初犯、屡犯而变，因男、女生而变，因群体错误和个体错误而变。

批评的方式，可以有很多，如模糊批评（点事不点人）、商讨批评（用“你看怎样?”“你想过没有?”“你考虑考虑?”等商讨的方式引导学生自我批评）、暗示批评（用眼神等肢体语言告诉学生“不”）、扬抑批评（先表扬，后批评）、换位批评（让学生进行心理换位，站在教育者的位置去看待自身的缺点）、体验批评（让学生亲身体验自己犯的错误所带来的后果）、迂回批评（“顾左右而言他”）、幽默批评、谈心批评等。

记得有一年冬天，一场雪后，校园里银装素裹。大课间时候，我所教的九年级七班学生在室外打起了雪仗，还把雪团带进了教室。上课铃响后，这班学生“余兴未消”，甚至把雪团放到女生的颈脖里，教室里惊叫一片。我理解他们的兴奋，但基本秩序还是要遵守的。于是，我敲了敲桌子，喊道：“昨天天气预报报错了!”学生都望着我，我接着说：“应该这样报：今天雪后天晴，但九年级七班人心浮动，教室大乱；王老师很生气，后果很严重。”这时，学生们才发觉已经上课了，像往常一样安静了下来。如果改为指责：“上课了，没听见铃声啊？九年级了，还不想好好学习？对得住谁呀!”如此上纲上线，不仅会招来学生的反感，也会破坏一名语文老师的专业形象。

第四，批评要直抵人心。批评的目的是唤起人的羞耻感，从而改变其想法和外部行为。不着边际的批评和地毯式批评，只会让学生处在云雾之中找不着北。所有的批评要一语中的，直奔要害而去，从而在学生心中激起波澜，达到自省的目的。一次巡堂，我听到八年级某班乱哄哄的，一看，班主任正在严厉呵斥一位高个男生，而那位男生“昂首挺胸”，一副“刘胡兰视死如归的英雄气概”。一问，很简单，他在课上离开座位去踢了另一位男生。的确可恶，并且这位男生是年级“小霸王”。班主任一见到我，马上说道：“王老师，你看看，打了人还这么横！不开除他，我这个班主任没法当了!”这时，直接让学生远离“事故现场”是当务之急，但我又怕他扭着不走，于是说道：“你以为这是英雄行为吗？我想，你们班，包括12位女生，都为你的鲁莽行为而感到羞耻的。”他马上低下了那“高贵的头颅”，跟随我离开。后来，这位班主任问我：“他怎么就低下头跟你走了呢?”我反问班主任："他踢人，是踢给谁看的?""女生!"班主任恍然大悟。

对于学生的教育，批评是常规武器之一，但尽可能少地有批评的声音，仍是一个优秀班集体的显现标志，毕竟影响学生的手段还有很多，"只有一把锤子，会把什么都当作钉子去敲"的。在勇敢地拿起批评这个武器的同时，不妨试试"无批评日""无批评周"，逼自己变招，你会发现：教育的手段原来也是丰富多彩的!

## 学生单人单座的隐忧

目前，我国的学校普遍采用学生单人单座形式，对此，我表示很忧虑。

记得，20世纪70年代，我读小学的时候，课桌是从自己家里带去的，一条木凳子，50厘米长、20厘米宽的样子。父亲说太窄了，请木匠加宽了些。每学期之初，我便用稚嫩的肩膀扛着这张"课桌"到学校。这已经是"奢侈"的了，其他小朋友用的是土坯垒砌的课桌。班级人数多，密密麻麻的一屋子"小老鼠"，随处都有"同桌的你"。读初中了，课桌是双桌肚的那种，120厘米长的普通木制课桌，自然有了"同桌的你"，我们还经常为占桌位的多少闹矛盾，后来画了一条"分水岭"，不小心"过了关"，用拳头捶打"侵略"的胳膊，同桌无怨无悔，只是"伺机报复"。读师范学校时也是这种课桌，只是用油漆刷亮了桌面，"同桌的你"在毕业留言本上的留言已有近30年了，仍记忆犹新："锃亮的桌面照出了我们不离不弃的影子……"

现在，很多学校的课桌是钢结构、复合板桌面，这是一种物质的进步，但与传统课桌的最大区别是一人一桌。我曾经去参观一所名校，发现学生座位都摆成"秧田式"，校长说这样避免学生互相影响，也能"有效实施教学"。

这种单人单座从教育的角度来看是存在很多隐忧的，最主要的是不利于弥补独生子女人际交往能力不足的缺陷。不少专家指出，独生子女普遍存在某种程度上的性格缺陷，如性格孤僻、固执任性、自私懒惰，不会关怀他人，更不懂得感恩报答。究其原因，十分复杂。其中，小时候的生活环境对其性格形成影响很大，他们基本生活在一个没有玩伴的家庭环境下，没有获得与同龄人更多的接触机会，缺少了与同伴交流、处理事情的锻炼，很容易产生性格孤僻、自私自利、依赖性强的性格缺陷。到学校后，又让他们单人单座，自私、褊狭、个人中心主义此刻就埋下了祸根。一个人长大后，最容易记住的往往是兄弟情和同桌谊，遗憾的是，这点人生最温馨的记忆却被“有效实施教学”“改革”掉了。

我认为，同桌间的合作学习有助于培养学生的合作精神、团体意识和集体观念，有助于培养学生正确的竞争意识和能力，同时通过同桌间的互助，可以实现每个学生都得到发展的教育目标。孩子的成长需要同伴，为什么要硬生生将他们分开？他们有生字不会写，他们有公式忘了，他们有辅助线不会加，他们有青春期悄悄话要说，但是“盈盈一水间，脉脉不得语”。他们还要有矛盾，要吵闹，要在矛盾中长大，要知道这个世界除了他还有别人的存在；要在吵闹中懂得原谅，懂得退让，懂得真理并不时时掌握在自己的手中。很多人都说现在孩子的社会适应能力欠缺，自私，那么“单人单座”，我们“单”了谁？都说学校就是“小社会”，这个“小社会”离真实的社会是多么的遥远？

## 案例呈现

### 不要以“教育需要惩戒”的名义体罚

我在某论坛上发现一个帖子《某某中学德育处副主任C老师打学生》，内容是这样的：

“我是某某中学初一学生的家长，长期在外打工，上周回家时发现孩子不太正常，追问之下，孩子才说出原因。原来，上个月末期中考试后，数学教师C老师在中午静校时间将孩子叫到二楼楼梯间，用棍子狠狠地打了孩子，同时被打的还有十多个学生。据说，C老师还是德育处副主任。请问现在老师可以打孩子吗？还是主任有权利打孩子？”

该论坛是某市教育局网站下的民生论坛，该学校在随后进行了回复

(节略)：

“经调查了解到，此事发生在期中考试以后。期中考试之前，学校曾经要求科任教师结合期中考试情况对自己的教学情况进行认真总结和反思，同时要找学生进行谈话交流，帮助他们分析考试失误的原因，提出改进的办法。为此，C老师在中午休息时间找了相关学生，并对其中学习习惯不好（如不能按时完成作业、学习马虎等）的学生提出了相关改进要求。过程中，除说服教育外，C老师用竹棍敲打了少数学生的臀部。

学校认为，C老师之举出发点是好的（希望学生养成良好的学习习惯，提高成绩），但方法上有点操之过急。学校领导与C老师进行了认真交流，对其教育过程中的不足之处给予了批评，并结合学校相关规章制度进行了考核，希望C老师引以为戒，随后在全校教职工会上再次强调了师德教育、注重教育方式。学校同时也希望贵家长及时与学校相关人员进行当面沟通，以便能更好地帮助孩子解决问题，扫清孩子前进道路上的障碍。最后感谢你对学校工作的关注。”

我把这个案例贴在博客里，一时间，大家争相发表意见。

有同情C老师做法的：

网友“仰望幸福的角”从现在学生的特点谈起：“现在的教育理念是不准惩罚学生，但学生太调皮，大部分是独生子女。就是打了，也是恨铁不成钢，教师没有什么恶意的！”网友“scayxl”则认为老师是因为爱而动手：“要了解情况，到底为什么打？不能一味地说老师打学生就是不对！适当的惩戒其实很有必要，家长需要理性对待！”网友“coolgaosun”则作出一个推断：“家长长期在外打工，孩子在养成教育方面依靠其他亲属肯定是有缺失的。教师因孩子的学习习惯不好，进行适度惩戒还是应当的。这位家长应当换个角度考虑问题。对于现在调皮的孩子，即使是父母亲的说服教育都不起效果，何况这位教师面对那么多孩子呢！教师、家长其实都是父母心，现在没有责任心的教师怎会搭理这些调皮的孩子啊？”

还有的人认为应该慎重：

网友“快乐每天”问：“现在的形势下，老师打学生，不是顶风而上吗？学生调皮、不听话，当老师的只能是教育。可对于有些孩子，教育真的有用吗？”网友“清泉石上流”作了一次理性分析：“首先，我赞同适当对学生进行惩戒，但不赞同C老师的做法。这种做法还是有些简单粗暴，缺少一个教育工作者应有的智慧和冷静。我想C老师更多的是把学校、教学和考试中的压力简单直接地转嫁给了学生，这是不恰当的。其次，我认为家长做得并没有什么错，这是事实。C老师确实做得欠妥，需要加以改进。”

大家似乎都赞成对犯错的孩子进行惩戒，那什么是惩戒呢？按照《现代汉语词典》的解释，惩戒是“通过处罚来警戒”。处罚的手段有很多，魏书生让犯错的孩子“为班级做一件好事”不失为一种很人本的手法。从各级各类教育主管部门的规定看，“体罚”显然不在允许的惩戒手段内。什么是“体罚”呢？《现代汉语词典》的解释是：“用罚站、罚跪、打手心等方式来处罚儿童的一种教育方法。”从学校“用竹棍敲打了少数学生”的调查结果来看，C老师的行为属于“体罚”无疑。

因此，我们给C老师的这次行为定性为“体罚”，并且，本次体罚呈现出这样几个特征。

第一，使用了棍子（学校说是竹棍）。试想一下，一位为人师表的老师，拿着棍子一一体罚七年级的学生，这是怎样的一种“师表”形象？假如有人能将镜头定格，相信C老师会后悔一辈子的。气愤之余有一些零碎的“小动作”已属不应该，使用棍子动粗，堪称“恶劣”。

第二，被体罚的学生有十多个（学校说“少数学生”），这是一种集体体罚。俗话说：“法不责众。”C老师已经突破了传统的底线，把体罚当作常规的教育手段而不知其已经严重违规。教育，是要借助学生的自尊才起作用，集体受罚的结果很有可能导致一些学生“不在乎”，反正他（她）也挨打了。更何况，打一个学生都是不允许的呢！

第三，C老师是在非常冷静的情况下进行有“预谋”的体罚，属于非突发性事件中的冲动行为。期中考试结束了，C老师要按照学校要求“结合期中考试情况对自己的教学情况进行认真总结和反思，同时要找学生进行谈话交流，帮助他们分析考试失误的原因，提出改进的办法。”“用竹棍打”，不知是属于“总结和反思”，还是属于“分析考试失误的原因”，但总之是缺少客观理性的分析。用竹棍说话，这种行径，实在与教师教育的专业性向去甚远。

第四，体罚的部位为“臀部”，属于孩子们的敏感部位。中国传统观念认为孩子就是孩子，肉体与精神都是长辈的。现代教育理念认为，孩子是尚未长大的成人，他们和大人一样，是平等的。用竹棍打其臀部，是一种具有侮辱性的体罚，相比打手心（当然也是不允许的）要野蛮得多。我不知道被体罚的十几个（抑或少数）的孩子中有没有女生，如有，则更不应当。

第五，“C老师在中午休息时间找了相关学生”，学校在表述这句话时，充满对C老师利用休息时间教育孩子的敬意。但我要说，午休，也是孩子们的休息时间！人们常说：“中午不睡，下午崩溃。”一个真正爱自己学生的教师，会考虑到每一个细节，尤其在涉及孩子们的休息权等这些关乎生命意义的权利时。现在很多学校都制定了学生午休的规定，并严令老师利用午休进行包括补课在内的行为。生命教育在中小学教育中的缺乏，这里又添一例。

第六，体罚地点在二楼楼梯间。此时此刻，学生正在午休，“教育”地点的错误选择也影响了其他学生的午休，难道“杀鸡儆猴”？很多成功的班主任十分重视教育地点、教育时间乃至教育时机的选择。选在学校的操场、郊外，让风儿作证，两颗心很快融到了一起，孩子们很容易敞开心扉。其实，地点的选择就是一种自尊的保护，这本身就蕴含了教育。

第七，体罚的原因是“学习习惯不好（如不能按时完成作业、学习马虎等)”，但孩子们来学校接受教育就是要培养好的习惯的。教育者应该有一种“花苞心态”，花开有先，成才有序，我们怎么可能要求学生个个成绩优秀呢！况且，孩子有错，在过程中就要教育，而不是考差了就来体罚，搞秋后算账，这种以成绩量优劣的理念是一种落后的教育理念。

第八，“上周回家发现孩子不太正常”，这说明这一事件已经对孩子造成了一定心理压力。退一万步说，打了学生，还要“给个枣”。为什么家长打了孩子，孩子的反应不会太大？是因为两代人有了感情。孩子“不太正常”，还要告知家长，可见C老师在这孩子心中是没有什么好印象的。惩戒的目的是“警戒”，这种结果表明C老师的教育方式是没有什么警戒效果的。

第九，C老师是学校中层，且为德育处副主任。我想问，C老师是经常使用这种“教育方法”吗？校长们知道吗？如果是“集体无意识”，那情况就严重了。有一些班主任，他们的优秀是由考试成绩决定的，而考试成绩的取得有了太多的“非阳光手段”，往往伴随着恐吓、体罚和变相体罚，一旦这样的人被擢升，不仅全校争相仿效，而且他会将自己的“心得”私下传播。作为德育处干部，这种品性早已失去了一位德育干部应有的素质，岂是“考核”一下所能了之的？

此外，有一位名叫“一叶扁舟”的网友的评论十分耐人寻味：

“我觉得老师的心情可以理解，是恨铁不成钢啊！如果他对你的小孩不闻不问，你愿意吗？家长心疼小孩，也要分清事实，一味护短，只会让你的小孩在学习或其他方面更落后于他人。老师不能打人，但必要的惩戒手段还是需要的。如果光‘晓之以理，动之以情’就能教育好学生，这个世界还要警察干什么？作为家长，如果你认为孩子在学校遭遇了什么事情，应该和老师积极沟通，而不是随便发帖，扰乱视听。据我的孩子介绍，这位C老师是学校德育处副主任，同时还是数学老师，他们班的数学成绩是最好的。”

看来，这位“一叶扁舟”也是一位家长（或者是本校教师兼家长，应该不会是C老师本人）。在我看来，这段发言有五处错误：一是，“如果他对你的小孩不闻不问，你愿意吗？”试问，老师除了体罚没有第二种方法选择（假如体罚也是一种方法），而只有“不管不问”了吗？二是，“家长心疼小孩，也要分清事实，一味护短，只会让你的小孩在学习或其他方面更落后于他人。”从学校处理意见中对于事实的陈述来看，家长对于事实“分得很清”，谈不上“护短”。至于“更落后于他人”，这句话说得太早，并且有威胁的味道（假如发帖者身份是该校老师的话）。三是，“这个世界还要警察干什么？”我来回答你，因为有坏人。我还要提醒你，警察也不能体罚犯人！四是，“而不是随便发帖，扰乱视听”。实事求是地说，作为C老师的同行，我也不赞成这位家长在教育局论坛上点名道姓发这个贴，但这是家长的民主权利，何况他说的是事实，何来“扰乱视听”？五是，“他们班的数学成绩是最好的”，如果成绩的背后是“体罚”，我们宁愿选择不要这“最好的”。当我们面对成绩的时候，一定要有这样的“三问”：成绩是多少？成绩是怎么取得的？成绩的背后还有什么？只关注“成绩是多少”，悲剧还会再次上演！

更令人担忧的是，“一叶扁舟”们绝非少数，或许这才是体罚屡禁不止的社会根源，或者说是文化基础，我们在高喊民主、平等的同时，却喜欢干一些与平等、民主相悖的事情，更可怕的是还理直气壮，呜呼哀哉！

## 微博选粹 关于家教

1. 公共道德比历史知识更重要

陪同夫人和儿子去看《建国大业》，坐在我右边的是一个七八岁模样的男孩，旁边坐着他的妈妈，一位在黑暗中依稀可见其年轻的妈妈。开始放映了，这位妈妈用标准的镇江话给儿子做起解说。半个小时过去了，“解说员”没有倦怠感，反而越说越兴奋。我终于忍不住了，轻轻地提醒这位年轻的妈妈：“请您不要说话。”她倒也听话，停了下来。可惜好景不长，还没过五分钟，她又絮絮叨叨起来。

电影放映了一半，孩子不知是疲倦了，还是也忍受不住妈妈的解说了，终于睡着了。谢天谢地！

那天，在放映室，我一直在思考一个教育问题：传授公共道德比历史知识更重要！可惜很多家长，甚至一些教育工作者也没有拿捏好这个分寸。

2. 不好好学就去当清洁工

一位同事说起一篇作文，有一位学生的作文中有这样一段：在过马路的时候，他看到一位清洁工非常辛苦地在清理垃圾筒里的垃圾，又脏又累。他无比感慨：“我一定要好好学习，要不，也会像这位清洁工一样，既辛苦又脏，还挣不到钱。”

同事问我该怎样给评语。我认为，很多家长就是这样教育孩子的，似乎无可厚非，望子成龙，望女成凤。其实不仅含有严重的职业歧视，还会让孩子变得眼高手低，考不上“秀才”，也不去做“短衣帮”，只好做了“孔乙已”。于是，我对同事说：“可以这样写：清洁工同样受人尊敬，但今后有更重要的工作等着你去做。”

3. 以人为本还是以饭为本

一天，我和一位朋友的全家共进晚餐。结束时，朋友的孩子在碗中剩下了一些饭，孩子的妈妈立即说："不能浪费，把饭吃掉。"朋友赶紧劝道："算了，又不是在家里。"孩子的妈妈知道我是老师，请我评理："要养成孩子节约的习惯，老师你是应该知道的，周总理就是这样的。"

搬出了周总理，我也似乎无话可说了。事后，我对朋友说："这里有一个以人为本还是以饭为本的问题。"

# 附录

## 镇江市外国语学校三年发展规划

(2009.9～2012.8)

“十一五”是我国全面建设小康社会、加快推进社会主义现代化建设的关键时期，是镇江教育实现跨越式发展的关键时期，也是我校抓住机遇、乘势而上，向高质量、高效能、高品质办学目标迈进的关键阶段。为加快学校改革发展步伐，全面提升学校教育品牌的核心竞争力，特制定本规划。

### 第一章 发展背景分析

1. 学校发展简况

我校成立于 2003 年 6 月，是经镇江市人民政府批准，在原镇江市第十二中学东校区基础上挂牌成立的公办民营改制学校。2007 年 8 月，学校迁址至梦溪路 50 号，校园面积由原来的 22024.4 平方米扩大至现在的 57112 平方米，校园总建筑面积从原来的 21150 平方米扩展到现在的 35752 平方米。拥有现代化的教学大楼、多功能的实验楼和综合性的运动场馆。现有初中教学班 58 个，学生 2358 人，教职工 210 人。专职教师中有省特级教师 1 人，市有突出贡献的中青年专家 1 人，市学术技术带头人 2 人，市学科带头人 4 人，市中青年骨干教师 19 人，中学高级教师 68 人，教师中本科及以上学历占 95.2%，多名教师在全国、省、市教学评比中获一等奖。学校先后获得省文明学校、市模范学校、市科技教育特色学校、市教育信息化先进学校等 27 项市级以上荣誉称号。

2. 优势与特色

2.1 精神文化建设取得实效。几年来，我们努力构建了充满活力的学习型组织和学校精神力系统，形成了学校主体成员共有的思想观念、价值取向和行为方式，在传承和发展中逐步形成了全体教职工对教育的理解、对职业的认同和对发展的期待，以教育创新为主导、协同进取为主流的学校精神文化的渗透力和影响力开始显现。

2.2 教师专业发展卓有成效。我们以市教育局“专业思想大讨论、专业知识大学习、专业技能大比武”的“三大”活动为契机，通过“全员读书”“全员培训”“交流驿站”“随堂听课”“网络议课”“教师论坛”等多元化的校本管理手段，有效激发了教师专业发展的内在需求和自觉意识，促使了教师“个体发展”和“群体发展”的协同推进。在骨干教师的引领下，一批青年教师崭露头角，全校教师整体专业能力和学术品质获得明显提升。

2.3 教学模式改革成效显著。2006 年以来，我们围绕“构建高效课堂、促进学生自主”这一主题，进行了大胆的改革尝试。从对课堂生态环境的整体构思到对“合作学习”课堂教学环节的整体设置，走过了一个艰难而又意义非凡的探索历程。“自主预习、小组交流、教师点拨、学生展示、检测反馈、质疑拓展”成为课堂教学模式的主要环节；“倾听无声、讨论轻声、发言大声、质疑有声”是学生课堂中的普遍表现；“善于交流、乐于合作、勇于表达、敢于质疑”成为教师课堂教学三维目标落实的着力点，学生学习的主动性、生动性和创造性得到有效提升，

2.4 办学体制改革优势显现。2008 年 8 月，在市委、市政府的直接关心和市教育局的全力支持下，我校与安博教育集团实行了合作办学。一年来，从教育理念到教师培训，从管理机制到运行效率，都显示出了明显的优势和活力。同时，具有丰富海外资源的安博教育集团将国际教育理念和资源引入学校教育，不仅使我们的国际学校获得了良好的起步，更拓展了我们的办学视野，使学校发展迈上了新的平台。

2.5 教育教学质量稳步提升。通过“五自”（交往自信、学习自主、行为自律、健体自觉、生活自理）活动的全面实施，通过合作学习背景下“高效课堂”的努力构建，通过全体师生员工的协同努力，几年来，学校教育教学质量稳步提升，学生综合素质发展成效显著，学校教育品牌的社会美誉度不断提高。

3. 问题与不足

3.1 名师群体发展战略的推进力度与学校发展的目标要求不相适应。几年来，我校专职教师中无论是拔尖人才还是市骨干教师人数，无论是中

学高级教师还是在全国、省、市教学评比中获一等奖的人数，在市区初中均名列前茅，但随着近几年学校办学规模的逐渐扩大，优质师资比例已有所稀释。为适应学校的高品质发展，满足学生对优质教育的高质量需求，我们仍需加大名师群体的发展战略和培养力度，以带动各学科教学梯队的前位发展。

3.2　高品质课程资源的建设力度与学生素质全面提升的目标要求不相适应。课程是面向全体学生，促进学生全面发展的有效载体。如何围绕“培养出能自主发展的具有中国灵魂和世界胸怀的现代公民”的培养目标，在国家统一课程的总体框架下，通过校本特色课程的有计划建设、通过国家课程和校本课程的有机结合、通过国内外优质课程资源的有效引入，有效改善和优化目前的课程资源与课程配给，是我们面临的重要课题。

3.3　高效能管理的提升力度与学校管理体制改革的目标要求不相适应。高效能的学校管理取决于管理方向的把握、管理结构的设定、管理流程的建立和管理工具的配套。如何以办学体制改革为契机，寻求学校管理结构和管理流程的创新，实现管理效能的突破至关重要。虽然“教育就是服务”的意识现已深入人心，但全体教职工在提供优质教育服务的全方位、多元化和高品质上仍有大量艰巨的工作要做。另外，在家长资源、社区资源以及高校资源的综合利用等方面，还有很大的拓展空间。

3.4　办学特色的创建成效与学校品牌的社会期待不相适应。学校先后经历了“一次改制、两次搬迁、数轮改革”，在不断经受着挑战自我的变革中，虽一直致力于办学特色的创建，但与省内外名校相比，目前叫得响、亮得出、社会公认的办学特色还需一段时间的锻造和积淀。

4. 面临的挑战

4.1　“十一五”时期，教育将进入以提高教育质量和办学水平为主要特征的“大提高”阶段。特别是新修订的《义务教育法》，将促进义务教育均衡发展作为方向性要求给予确定。伴随着一系列推进义务教育均衡发展的政府行为的实施，学校优质资源上的差距将逐步缩小，办学水平的上升空间将更多取决于学校特色和内涵发展，我们将在变化中接受挑战。

4.2　全省“规范办学行为，深入实施素质教育”的大背景为我校健康可持续发展提供了有利机遇，同时也要求我们在遵循规律、减负增效、推进科学发展等方面继续作出新的探索，这无疑对我校的教育教学和管理提出了更高更新的要求，如何积极应对并寻求突破，努力创造并积累可示范辐射的经验，是摆在我们面前的又一重大课题。

4.3　作为安博教育集团旗下的直营学校，学校管理无疑要受到现代企业文化的影响。在“管办分离”的背景下，如何积极寻求现代学校文化与现代企业文化的最佳融通点，努力追求教育事业和教育服务的最优发展路径，为学校实现可持续发展的有效突破，将是我们面临的又一考验。

## 第二章　指导思想和办学理念

1. 指导思想

以党的“十七大”精神和科学发展观为指针，全面贯彻党的教育方针，紧紧围绕镇江教育科学发展“一大主题、两大重点”的全新战略，努力遵循教育教学规律和学生成长规律，以学生全面发展为核心目标，以教师专业发展为主要依托，以“规模发展与内涵充实并重、质量提高与特色创建并重、规范管理与文化引领并重”为办学方针，促进学校事业健康持续发展。

2. 办学理念：培养三年，服务一生

2.1　坚持实施素质教育，坚持教育的“三个面向”，即“面向现代化、面向世界、面向未来”，以联合国教科文组织提出的“学会认知、学会做事、学会共处、学会生存”的教育“四大支柱”为指导，把学生终身发展所需要的学习能力和综合素质的培养放在突出位置。

2.2　面向全体学生，关注每位学生，因材施教，发展个性，为各类学生的全面发展制定策略，并为他们创造自己的美好人生奠定良好基础。

2.3　突显教师对学生发展的主导作用，重视学校文化对学生成长的化育作用，强调管理机制对学校发展的长效作用，多管齐下，为学生培养提供强有力的保障。

## 第三章　三年发展目标

1. 总体目标

在科学发展观指引下，全面提升办学理念和学校精神，持续优化教师资源和课程资源，不断深化教学改革和管理改革，完善与国际教育理念相适应的学生培养体系，构建与教育科学发展相适应的学校生态环境，形成与学校品牌相适应的鲜明办学特色，力争成为省内一流、国内知名、走向世界的教育品牌。

2. 培养目标

培养出能自主发展的具有中国灵魂和世界胸怀的现代公民。

这里有四个关键词：自主发展、中国灵魂、世界胸怀、现代公民。我们把“自主发展”作为学生最重要的品质去培养，让学生从内心求得学习的动力并可持续终身，同时，他们又是具有中国元素、深受中国文化濡染的中华民族优秀子孙，兼具一种现代气息，能放眼全球和未来，具有博大的情怀、民主科学精神，能以国家富强、民族振兴和人类发展为自觉使命。

3. 具体目标

3.1 学校课程目标：实施课程领导，提高课程意识，加强课程资源的优化整合和对课程设置的科学研究，组织进行国家课程与校本课程有机结合的改革探索，形成富有本校特色并具有弹性特征的校本课程。

3.2 高效课堂目标：通过丰富以“合作学习”为主要特征的教学模式，推动“合作学习”的深度发展，形成“合作学习”评价体系，让学生在“自主、合作、探究”中学会学习、学会思考、学会实践、学会创造，真正成为学习的主人。

3.3 自塑式德育目标：在自我教育与他人教育之间，建构一个联动的机理、一个制衡的机制、一个优化的平台、一个实化的抓手，也就是自塑式德育。其目标指向就是培养“交往自信、学习自主、行为自律、健体自觉、生活自理”的“五自”“镇外人”。

3.4 外语特色目标：建立动态的“1＋2＋N”（基础课程＋原文阅读、实用口语＋原版视听、词汇突破、小语种选择等）自助式外语教学模式，完成每位学生的“1＋2”与“N”的整合和个性化选择，并努力实现目标达成。

3.5 教师专业发展目标：建设一支具有专业精神、专业思维、专业品质的，以“服务、规范、高效、一流”为作风特质的，具有“务实高效、追求卓越、超越自我”学校精神的教师团队、班主任团队和管理团队。

3.6　管理模式目标：在现有管理模式基础上追求以兼具现代学校管理和现代企业管理的“协同管理”的校本管理模式。

3.7　教科研目标：促进与“北师大安博教育发展研究院镇江工作站”的合作，完善科研管理制度，构建科研网络，加强对科研骨干的培养，促进教科研工作的常态化实施。在“合作学习”“自主一支架式”“优势学习”的行动研究中改善教育教学行为，“研、训、教”一体化，并形成对教育教学实践有指导价值的研究成果。

3.8　联盟办学目标：以合作为导向，不断扩大学校发展空间，引进新的资源，促进学校内涵发展。

3.9　“幸福家园”建设目标：不断拓展教职员工生活、工作的物理空间和精神空间，共创、共建、共享具有浓郁人文色彩的“幸福家园”。

3.10　学校文化建设目标：通过学校文化工程建设（SCSP），构建以“镇外”文化为特征的学校文化体系，彰显学校主体成员独特的处世态度和做事方式，实现价值引导、观念整合、情感激励、规范调节等重要的整合作用，显示学校生命特征之所在。

## 第四章　目标实施策略（“十大工程”）

一、重点工程

1. 整合、开发具有校本特色的课程

策略：

1.1　实施课程领导。唤醒教师课程意识，形成课程改进和开发合作组织，开展课程实施的行动研究，加强教师、研究人员和行政人员之间的合作，并提升“对话”和“课程协商”能力。

1.2　加大课程培训。提倡教师在行动研究中反思自己课程开发的实践，提高自己的能力和素养；通过与课程专家的合作、与其他教师的协作及与学生的探究等，逐渐积累课程开发的能力；组织教师参与校本课程的开发，要求教师从课程的使用者转化为课程的创造者，使教师在课程开发的过程中体会到课程意识的内在含义。

1.3　制定课程规划。围绕培养目标，在国家课程实施方案和课程标准指导下，倡导教师将国家课程与校本课程进行有机结合，并在条件成熟时，形成富有本校特色并具有弹性特征的校本课程。

2. 丰富以“合作学习”为主要特征的教学模式

策略：

2.1 加强“合作学习”的理论研究。通过全员学习“合作学习”理论，改善教师心智模式，从而改变其传统教学观；用“微格式”课堂研究来推动这一模式的深度发展。继续将“自主—支架式”教学和“学习优势”开发理论运用于“合作学习”课堂，丰富其理论内涵，全面构建高效课堂。

2.2 探究不同课型“合作学习”的基本模式及其变式，构筑“合作学习背景下的课堂文化”。

2.3 开展有效评价，形成“合作学习”评价体系，推动“合作学习”深度发展。“合作学习”强调“人人进步、共同发展”，合作小组中应有自我评价、小组评价、教师评价等，评价体现多重结合，多元评价。还可把评价和班级文化建设结合起来，不断增强小组的凝聚力，激发学生的内驱力，进一步引领学生进行更高层次的合作。

2.4 通过“教学节”、教学开放日、专题研讨会等形式推动“合作教学”的进一步研究与发展。

3. 完善以“五自”活动为载体的自塑式德育模式

策略：

3.1 自塑式教育由重管束转到了重扶放，由重表象转到了重心灵，由重学业转到了重素养，由重眼前转到了重长远，由重说教转到了重垂范，使学生逐渐完成由“要我做”为“我要做”“我会做”的战略转移。

3.2 自塑式教育的抓手就是我校业已实施并内涵不断丰富的“五自”教育（交往自信、学习自主、行为自律、健体自觉、生活自理）。在出台《“五自”课程标准》后分年级编写《“五自”活动教程》。

3.3 修订完善《我与我的学生》班主任常规管理手册，引导新型师生关系。确立“用思想去引领、用人格去影响、用感情去凝聚、用制度去规范”的班主任工作原则，规范家访、谈心等常规工作，形成民主、平等的师生关系和家校合育关系。

3.4 鼓励班主任每周实施“五个一”工程。找一名学生谈话，即每周选择一名学生作为自己的重点成长指导对象，实施“预约谈心”和“预约辅导”；读一篇专业理论文章；写一篇育人随笔；上好一堂具有课程特色的自主性班会课；思考一个教育或社会问题，并告诉学生你的理解，把世界搬进教室。

4. 建立动态的“1＋2＋N”自助式外语教学模式

策略：

4.1 我校已初步建立了有效的“1＋2”（基础课程＋原文阅读、实用口语）外语教学模式。我们还将引入如词汇突破、原版视听、小语种等语言学习方式，建立起动态的自助式外语教学模式，形成“1＋2”与“N”的整合和个性化选修方案。

4.2 为英语特长生搭建更高的发展平台。办好校园“英语角”；尝试开设小语种兴趣班，为学生的个性智能的发展提供广阔的空间，对常规课程教学起到有效的补充。

4.3 加快提升英语教师专业水平。扩大和省内外同类学校的协作交流，开展国际文化交流，提升办学品位，使学校成为教学教研及中外文化交流的平台。

4.4 探索校本化的英语口语等级考查制度。初步设定四级：A级、B级、C级、D级，制定相应课程标准和教材，出台《镇江市外国语学校学生口语英语等级考评办法》。逐步推进“阅读等级”“作文等级”的校本化进程。

二、支撑工程

5. 建设教师专业发展概念学校

策略：

5.1 教师专业发展从类别上有教师的专业发展、班主任团队的专业发展、管理团队的专业发展三大块。我们要将其提升到学校的高度，用课程的思维促进这所“概念学校”的全面发育。

5.2 教师的专业发展、班主任团队的专业发展、管理团队的专业发展的根本之策在于终身学习，我们要把推进教师“全员读书”作为一项持久的工程去实施，提升全体员工的人文素养和专业素养。

5.3 建设教师专业发展概念学校。坚持“以发展教师来发展学生”的理念和思路，完善“专家引领、同伴互助、自我发展”的校本培训模式，关注理念更新、实施课堂入手策略，围绕学校确立的“善学习、能实践、肯研究、会反思”的教师专业发展目标，通过“交流驿站”“随堂听课”“网络议课”“微格式课堂研究”“教师论坛”等多元路径发展教师。

5.4 确立“名师培养工程”，制定校级骨干教师评选条例，评选出一定数量的校级骨干教师，形成专业化教师团队的中坚力量。评定一定数量的“教坛新秀”，鼓励青年教师迅速成长，让更多的优秀教师脱颖而出，为专业化团队的形成奠定坚实的基础。

5.5 提高班主任的学习能力和工作能力，培养学习型、研究型、专家型的班主任梯队。与《班主任》杂志合作，挂牌成立全国“班主任工作研究室”，推动我校德育工作的科学发展。

5.6 建设专业化管理团队。以提升管理团队领导力为核心，逐步建设以领导力建设为中心的学校可持续发展动力体系。

5.7 每年教师节评比表彰先进。如“感动校园十大人物”“优秀教师”“优秀班主任”“优秀青年教师”“优秀教辅人员”“优秀管理干部”“优秀团队”（含年级部、教研组、备课组等）等。

6. 构建“协同管理”为特色的校本管理

策略：

6.1 将安博集团的现代企业管理模式与现代学校的管理模式进行有效整合，完善人事制度、处室设置等，形成“协同管理”的校本管理模式。

6.2 坚持教育管理权和重心的下移，运用分权、授权、协作、团队等组织行为学的原理和技术，构筑校长室与年级部的新型关系。

6.3 坚持理性管理与人文管理并重，在强化规范管理和科学管理的同时，努力追求文化管理的发展方向。坚持有效领导和科学管理两手硬，真正实现由对人的管理向对人力资源管理的转变。各级管理干部在坚持“理念引领、思路引领、方法引领”的同时，更要注重人格引领（榜样引领），用自身的人格魅力影响、凝聚广大教职工，共同实现学校的发展目标。

6.4 坚持以促进教师发展为目的的发展性教师评价，重点强化以落实常规、实现目标、改进完善工作、鉴定筛选为主要目的的绩效性教师评价，坚持定量评价与定性评价相结合，并在此基础上引入学生评价、家长评价等元素，实现多元测评。

6.5　实现全员逐层聘用制，激活学校用人机制。建立以聘用制为核心的岗位管理制度，建立能上能下、能进能出的教师任用新机制，并建立起与聘用制相匹配的形式多样、自主灵活的分配激励机制。

7. 探索“合作—行动”为表征的教科研

策略：

7.1　加强专家引领，发挥“北师大安博教育发展研究院镇江工作站”的作用，并引进北师大心理学院“学习优势教育”项目。继续增强科研意识，搞好“研、训、教”一体化研究：做到教育科研与提高教学质量结合；教育科研与培训优秀教师结合；教育科研与提升学校办学水平结合。

7.2　成立10个（约）由省特级教师、市学科带头人、市骨干教师领衔的名师工作室，每个工作室成员5～6人，设立专项活动经费，围绕课堂教学、班级管理、课题研究、校本课程开发、品牌建设等方面，开展业务研究和理论探讨。在培养校内“高端人才”的基础上，引领教师不断提高教育教学水平，发展专业能力和专业品质。

7.3　实施课题引领，以“合作—行动”为实践基础，引领学校科研的理性发展。目前正在研究的省“十一五”规划课题“合作学习背景下课堂文化的重构的研究”已初见效果，还要将“自主—支架式”理论和“优势学习”理论运用到课堂文化的重构中，形成具有“镇外”特色的高效课堂模式。

7.4　根据学校发展的实际，做到骨干教师以上的教师人人都有个人专项课题，实现“日常工作课题化、课题工作日常化”。

8. 以“合作联盟”形式寻求学校新发展

策略：

8.1　继续发展“三校发展共同体”。与无锡蠡园中学、盐城建湖实验学校合作，以“携手合作、发展共赢”为共同愿景，通过有效途径和方式，共同研究发展中以提高课堂效率为中心的各种问题。

8.2　加强与集团直营学校的交流与合作；并在条件成熟时在全国范围内选择2～3所名校（如上海、北京等地）以扩展“发展共同体”，以“共研、共享、共创”为基本原则，共同分享学校改革和发展中的教科研成果，共同创造属于各自学校和教育发展共同体的教育发展品牌。

8.3　加强与加拿大、美国、英国、德国等国中学的交流，并在时机成熟时选择1～2所结成友好学校并实施相互交流计划。

9. 构筑师生共创共享的“幸福家园”

策略：

9.1　将师生在教学活动中的愉悦程度和在校园生活中的幸福指数作为衡量学校管理工作成功与否的重要指标。

9.2　没有教师的幸福就没有学生的幸福。学校党政要时刻关注教师的工作与生活，利用教师生日、国家节假日等契机，把温暖送到员工的心坎。营建良好的教师成长生态环境，改善办公条件，开设教师休闲室，提供可适当调节身心的场所。

9.3　努力营造民主、开放、和谐的校园氛围，通过“预约谈心”等形式，让学生在校园里找到自己的“心灵寓所”。不断丰富学生校园生活，创造机会使不同优势智能的学生都有展示和成功的机会。以多种载体，培养学生成为“交往自信、学习自主、行为自律、健体自觉、生活自理”的学子。

9.4　从深层次关心教职员工。为教职员工创设更多的专业发展的平台；用诸如“专业发展积分制”、引进专家资源等策略激励教师的专业发展。

9.5　规划校园建设，拓展师生生活的物理空间。根据校园整体规划和实际需求，拆除原办公楼；新建一栋生活楼（含学生宿舍、餐厅、外教宿舍等）；对校园整体景观（道路、广场、景观小品）进行改造和命名。

10. 创设“镇外”学校文化的教育生态体系

策略：

10.1　“SCSP”是英文School Cultural Strategic Project的缩写，中文意为“学校文化战略工程”。要从研究我校文化现象入手，形成学校办学理念，设计文化经营、战略服务、科学管理的途径与方法，提高教育教学的整体运作水平，力求形成具有浓郁校本特色和独特品牌内涵的学校形象和经营模式。

10.2　充分运用现校址大学山的历史文化资源，以“镇江三老”在大学山艰苦创建私立京江中学的历史业绩作为生动的校园文化教育素材，宏扬镇江人自我发展、追求卓越、拒绝平庸、超越自我的精神。

10.3　构建学校文化的“精神力系统”；“执行力系统”组成要素（校名使用规范、行政机构建设、品牌策略、公共关系策略、制度建设、校本仪式、教科研策略、教学行为规范、教工手册、学校文化传播系统、仪行训练、人力资源开发策略、学校危机管理等）和“形象力系统”（校标、校名标准字、标准色、辅助图形、辅助色、卡通形象、办公系统、导示系统、环境系统、宣传系统、建筑物与道路的命名、环境改建等）将渐次完成。

## 第五章　发展保障措施

1. 思想保障

办学思想是学校一切工作的灵魂，只有将办学思想内化为教职工的共识，并成为教职工自觉的教育教学行为，才能在实践中真正得以落实。实施和管理本规划是一项系统工程，学校将定期召开各级会议，积极学习本规划，以取得全体教工的共识，将规划作为学校教育教学工作的行动纲领，在本职工作中加以贯彻执行。

2. 组织保障

成立以校长为组长的规划管理领导小组，具体负责三年规划实施的全程管理。各分管领导、处室、教研组具体落实，全员参与，是完成规划的可靠保证。管理小组根据总目标和阶段目标，负责本规划的全程实施和管理，努力做到团结协作，分工明确，条块清晰。

3. 制度保障

3.1　畅通信息渠道，加强监督反馈。不断完善校内各项规章制度，健全民主管理制度，根据实际情况对本规划不断修订、完善、提高，加强实施过程的调控和改进。建立立体、交叉、多维的信息网络，在规划的具体实施阶段，学校规划管理领导小组和各部门做好规划的咨询指导、检查控制和调节平衡工作，及时纠正偏差的管理行为，形成干部接受群众监督的工作机制，齐心协力，保障三年规划的顺利实施。

3.2　测评成效，利益挂钩。及时作好规划各阶段实施的检查测评工作。通过建立一套科学的评价标准，对各部门及个体的短期目标行为进行评估，将行为绩效与实施奖惩结合，鼓励先进，激励全体，真正提高学校组织的整体效应。

4. 后勤保障

合理配置资源，提高教育经费的使用效益，为学校发展目标的实现提供物质保障。

5. 安全保障

以高度的事业心和责任感，切实做好校园安全和稳定工作，创建平安校园。强化安全教育意识，加大安全技术防范投入，加强校园网络管理，切实保障校园安全。

未来三年是我校发展的关键时期，任重而道远。我们一定要统一思想、振奋精神、齐心协力，继续发扬“务实高效、追求卓越、超越自我”的学校精神，为实现学校三年发展规划，努力成为省内一流、国内知名、走向世界的“镇江外国语”之教育品牌而努力奋斗！

2009 年 8 月

# 后　记

## 我为什么要写这本书

我为什么要写这本书？又为什么要出版这本书？这两个问题对于很多作者来说都不是问题，但于我却有话要说。为什么要写？这得从我的从教经历谈起。我在安徽省皖南地区的农村学校工作过 15 年，在发达地区的城市学校工作过 12 年。这 27 年，先后在五所学校任教（职），有公办、有民办、有公有民办；这 27 年，除教书外，当过 18 年班主任、做过 9 年学校管理；这 27 年，见证了农村学校由小变大，见证了民办学校由盛及衰，见证了两所公有民办由“民”回“公”。27 年，我见证了中国教育一次次的重新起航与艰难搏击……我，有话要说。

2009 年，我作为“人才引进”被“挖”到了镇江，镇江市外国语学校“因人设岗”，因“我”设立了“学校发展中心”，全面独立负责学校的品牌建设。那年暑假，我用了整整一个月的时间制定了学校第二轮“三年发展规划”（见附录），并在九月份的教育局专家评估中获得好评。他们认为“（学校的三年发展规划）思想前瞻、立意高远、蓝图光明、愿景灿烂，是一首教育的抒情诗”，并当即决定，“规划”文本作为初中段唯一范本在全市交流。接下来的三年征程中，我和同事们一起构建了学校精神文化体系，规范了学校制度文化，展开了课程体系建设，改造了班级文化，重构了教师专业发展概念学校……我把学校改造过程中的一切都写在了这本书中。

我要感谢潘晓芙校长，没有她那教育家般的胸怀，我是很难在短短的两年内能持续为学校的发展出谋划策并付诸实践的。其实，为自己的学校担任“幕僚”是很艰难的，一方面是“熟悉的地方没风景”的审美疲劳，另一方面还要颠覆“外来的和尚好念经”的传统意识。很多专家在外“光鲜”，在本单位却很“狼狈”，但我是个例外。不是我人情练达，而是“镇外”的土壤本有一种原始的淳朴，我爱这片土地，以至于不计代价地去爱。

我更要感谢同事们，他们年轻，他们上进，他们能迅速跟上学校发展的步伐，并以不断的创造热情与智慧时刻点燃我创作的欲望！

我承认，我是一个教育的理想主义者，本书中也不乏理想的因子。就在定下这个书名的时候，读高中的儿子从旁提醒我：用“成长”，不要用“生长”。我说：“‘成长’会变得成熟，而成熟是走向衰败的开始；‘生长’是自然的发育，需要遵循教育生命的规律。”我祈盼学校有教育家般的校长，他是领导者，而不仅仅是管理者；我祈盼学校有原点意义的“顶层设计”和满足学生个性需求的课程体系；我祈盼学校员工有强烈的使命感和学习力；我祈盼学校用制度看护校园，并让评价走向激励；我祈盼学校的课堂充满生命的张力；我祈盼孩子们能够不断地向自己的内心寻求道德的高尚……我一千次地确信，那一天，高品质的学校就在您的手里诞生了。

或许是因为丰富的从教经历和对于学校管理有些许的感悟，我与很多校长成了朋友，甚至成了他们的“办学顾问”，也有幸在全国各地宣讲自己对于高品质学校发展要素的理解。在这本书出版的过程中，我得到了他们不断的鼓励，国家督学成尚荣先生更是欣然作序，上海的郑杰校长、广东的樊瑞校长、北京的夏青峰校长、镇江的潘晓芙校长、无锡的邱华国校长、湖北的陈良俊校长、云南的汪茜校长、新疆的米贤辉校长、山东的韩彦君校长、黑龙江的贯书建校长等纷纷写信予以勉励。值此书出版际，一并向他们表示由衷的感谢。

2013年1月22日（除夕）写于书斋三槐堂